LECTURES
POUR LES
JEUNES FILLES
OU
LEÇONS ET MODÈLES
DE LITTÉRATURE EN VERS
CHOISIES
PAR Mme A. TASTU

PARIS
DIDIER, LIBRAIRE-ÉDITEUR
35, QUAI DES AUGUSTINS

Bibliothèque d'Ouvrages choisis pour la Jeunesse

LECTURES
POUR
LES JEUNES FILLES

—

VERS

BIBLIOTHÈQUE
D'OUVRAGES D'ÉLITE POUR LA JEUNESSE,

publiée

sous les auspices de M. le Ministre de l'Instruction publique.

53 volumes format anglais grand in-18 jésus

Tous les volumes de cette belle Collection sont imprimés sur papier vélin satiné,
et ornés de très-jolies vignettes sur acier.

Chaque ouvrage se vend séparément.

OUVRAGES DE MAD. GUIZOT.

L'Écolier, ou Raoul et Victor, ouvrage couronné par l'Académie française; 6ᵉ édition, 2 vol., ornés de 8 jolies vignettes.

Une Famille, ouvrage continué par madame A. Tastu; 6ᵉ édit., 2 vol., ornés de 8 jolies vignettes.

Les Enfants, contes à l'usage de la jeunesse; 6ᵉ édit., 2 vol., ornés de 8 jolies vignettes.

Récréations Morales (les), contes à l'usage de la jeunesse; 6ᵉ édit., 1 vol., 4 vignettes.

Nouveaux Contes à l'usage de la Jeunesse; 6ᵉ édit., 2 vol., ornés de 8 vignettes.

Lettres de Famille sur l'Éducation, ouvrage couronné par l'Académie française; 3ᵉ édit., 2 vol., portrait.

Conseils de Morale, ou Essais sur l'homme, le monde, l'éducation, etc., avec une notice, par M. Ch. de Rémusat; 2ᵉ édit. 2 vol.

MESD. TASTU ET VOIART.

Éducation morale populaire, Lectures graduées pour l'enfance, l'adolescence, la jeunesse, etc., ouvrage imité de l'italien de César Cantù; 2 beaux vol., ornés de 8 jolies vignettes.

Lectures pour les Jeunes Filles, leçons et modèles de littérature en prose et en vers, extraits des auteurs modernes; 2ᵉ édit., 2 vol., ornés de beaux portraits.

Les Enfants de la Vallée d'Andlau, ou Notions familières sur la Religion, la Morale et les Merveilles de la Nature, par mesd. E. Voiart et A. Tastu; 2ᵉ édit., 2 vol., 8 jolies vign.

Robinson Crusoé, de D. de Foé, traduit par madame A. Tastu; 2 vol., *illustrés de 40 grav.*

Robinson Suisse, traduit de Wyss, par madame E. Voiart; 4ᵉ édit., 1 gros vol., 9 vign.

MAD. J. DELAFAYE-BRÉHIER.

Les Petits Béarnais, ou Leçons de morale; 7ᵉ édit., 2 vol., ornés de 8 jolies vignettes.

Les Enfants de la Providence, ou Aventures de trois jeunes orphelins, 5ᵉ édit., 2 vol., ornés de 8 jolies vignettes.

Le Collège incendié, ou les Écoliers en voyage; 5ᵉ édit., 1 vol., orné de 4 jolies vignettes.

MAD. LAURE BERNARD.

Les Mythologies de tous les Peuples, racontées à la jeunesse; 2ᵉ édit., 1 vol., *illustré de 60 jolies vignettes d'après l'antique.*

L'ABBÉ BARTHÉLEMY.

Anacharsis ou le jeune Voyageur dans l'ancienne Grèce; abrégé du grand ouvrage de Barthélemy; 2 vol., ornés de vignettes.

MAD. MÉLANIE VALDOR.

Les Heures de Récréation, 3ᵉ édit., 1 vol., orné de 4 jolies vignettes.

MADAM. ULLIAC-TRÉMADEURE.

Les Jeunes Naturalistes, ou Entretiens familiers sur les Animaux, les Végétaux et les Minéraux; 3ᵉ édit., 2 forts vol., ornés de 32 jolies vignettes.

Les Jeunes Savants, ou Entretiens familiers sur l'Astronomie, la Météorologie, la Géologie, la Physique, la Chimie, la Mécanique et l'Industrie; 2 forts vol., ornés de 100 vignettes.

Claude Bernard, ou le Gagne-Petit, ouvrage couronné par l'Académie française; 1 vol., orné de 4 jolies vignettes.

Étienne et Valentin, ou Mensonge et Probité; suivis de Jean Marie, ouvrage couronné; 3ᵉ édit., 1 vol., orné de 4 jolies vignettes.

Émilie, ou la Jeune Fille auteur, ouvrage dédié aux jeunes personnes; 2ᵉ édit., 1 vol., 4 vign.

Contes aux Jeunes Naturalistes sur les Animaux domestiques; 3ᵉ édit., 1 vol., 4 vign.

Contes aux Jeunes Artistes sur la Peinture, la Sculpture, la Gravure et la Musique; 4ᵉ édit., 1 vol., orné de 4 jolies vignettes.

Contes aux Jeunes Agronomes; 7ᵉ édit., 1 vol., orné de 4 jolies vignettes.

LÉON GUÉRIN.

Beautés de la Poésie Française, ou Leçons et Modèles en vers, extraits des auteurs modernes, précédés d'un Traité de versification; 1 très-fort vol. avec portrait.

Simples Récits historiques et moraux pour la jeunesse, 1 vol., orné de 4 vignettes.

Beautés de la Littérature Française. Modèles en prose et en vers extraits des auteurs modernes; 2 gros vol., ornés de beaux portraits.

MICHEL MASSON.

Les Enfants Célèbres, ou Histoire des enfants qui se sont immortalisés par le malheur, la piété, le courage, le génie, le savoir et les talents; 3ᵉ édit., 1 vol., orné de 8 vignettes.

MISTRISS EDGEWORTH.

Contes de Miss Edgeworth, à l'usage de la jeunesse, trad. de l'anglais; 2 forts vol., 16 fig.

DE MARLÈS.

Les Jeunes Voyageurs en France et en Angleterre. Voyages pittoresques dans ces deux grands pays; 1 vol. avec vignettes et cartes.

BERQUIN.

L'Ami des Enfants, nouvelle édition conforme à l'édition originale; 2 gros vol., 16 vignettes.

DEPPING.

Merveilles et Beautés de la Nature en France; 9ᵉ édit., 2 vol., 16 fig.

MAD. CAMPAN.

Théâtre d'Éducation pour les jeunes personnes; 4ᵉ édit., 1 vol., orné de 4 jolies vignettes.

LECTURES
POUR LES
JEUNES FILLES

OU
LEÇONS ET MODÈLES DE LITTÉRATURE
EN VERS

CHOISIS

PAR Mme A. TASTU

Nouvelle édition.

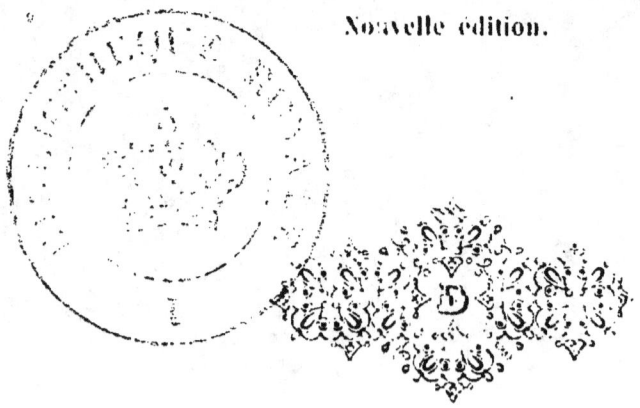

PARIS
DIDIER, LIBRAIRE-ÉDITEUR
35 QUAI DES AUGUSTINS

1847

Imprimerie de Gratiot, 11, rue de la Monnaie.

LETTRE

A UNE JEUNE AMIE.

―•―

Les divisions que nous avons adoptées pour la prose peuvent s'appliquer à la poésie (1); mais on sent que celle-ci est séparée de la prose. Le nombre déterminé des syllabes, ou la mesure, le retour convenu des mêmes sons, ou la rime, la coupe régulière des périodes, ou le rhythme, en font une langue à part, qui est au langage ordinaire ce que la musique est au

---

(1) Voir le volume de prose.

bruit de la nature. Les vers, étant une chose de forme, ont multiplié les combinaisons du langage; la forme y est devenue, pour ainsi dire, toute matérielle, et les noms des divers genres de poésie ont fini par ne plus en désigner que le rhythme ou la mesure; mais de quelque nom qu'on l'appelle, la poésie se rattache toujours par ses caractères principaux aux divisions que nous avons adoptées, celles de *lyrique*, d'*épique* ou de *dramatique*, selon qu'elle exprime un sentiment personnel, qu'elle raconte, ou qu'elle met en scène.

A la poésie lyrique appartiennent d'abord les genres auxquels on a donné ce nom par excellence : l'*ode*, l'*hymne*, le *dithyrambe*, c'est-à-dire les compositions qui exigent le plus d'enthousiasme, et par conséquent le style le plus véhément et le plus élevé; ou encore, si l'on ne considère que la forme, tout ce qui semble destiné à être chanté : le *cantate*, la *chanson*, la *romance*, et en second lieu, la *poésie élégiaque*, la *satire*, l'*épître*, l'*héroïde*, l'*idylle* enfin, quand on n'entend sous ce nom qu'une sorte d'élégie revêtue d'images champêtres.

A la poésie épique appartiennent l'*épopée* proprement dite, le *poëme* ou *roman poétique*, le *poème didactique descriptif*, etc., le *conte*, la *fable*, l'*allégorie*.

A la poésie dramatique, la *tragédie*, la *comédie*, le *poëme dramatique*, l'*églogue* ou *dialogue pastoral* qui se confond quelquefois avec l'idylle.

Il est inutile de parler d'une foule de genres maintenant hors d'usage, tels que la *ballade*, le *rondeau*, le *sonnet*, et toutes ces pièces qui, ne se distinguant que par la forme matérielle, c'est-à-dire par une certaine combinaison de vers et de rimes, ne sont que des emprunts faits aux peuples du midi, et n'ont été pour nous qu'une affaire de mode.

Il est à remarquer que presque tous les noms de poésies que j'ai cités nous viennent des langues antiques, et que longtemps ces mêmes poésies n'ont été en France que l'imitation des Grecs et des Latins; les préceptes que Boileau a tracés dans son *Art poétique* ne s'appliquent guère qu'à cette littérature factice; à mesure que la poésie se naturalisait parmi nous, ces noms et ces formes cessaient de lui convenir, il a fallu en chercher d'autres. Ainsi notre *chanson* est exactement ce qu'était l'*ode* (1) pour les Grecs, et sa différence avec ce que nous-mêmes appelons *ode*, c'est qu'elle sort du convenu et des généralités poétiques, pour entrer dans les particularités qui caractérisent

---

(1) *Ode* signifie *chant*.

l'époque et le pays. Enfin, dans l'embarras de pouvoir préciser le genre d'une pièce, on en est venu aujourd'hui à ne plus l'indiquer, ou à créer de nouveaux noms, comme l'ont fait les auteurs des *Méditations* et des *Messéniennes*. Il serait donc inutile de retracer les règles qui établissaient les limites des différents genres, puisque ces règles sont aujourd'hui tombées en désuétude; plusieurs même de celles qui regardaient le mécanisme des vers ont subi le même sort. Le vers qui, depuis Malherbe, *sur le vers n'osait plus enjamber*, enjambe de nouveau hardiment; c'est-à-dire que le sens, au lieu d'être terminé ou suspendu à la fin du vers, se continue et va s'arrêter au commencement, au milieu ou à la fin du vers suivant, sans même avoir égard à l'hémistiche ou repos indiqué à la moitié du vers.

Par les champs, par les blés, par les plaines, voyez
Comme elle court, la jeune fille!

Victor Hugo.

L'*hiatus*, ou rencontre de deux voyelles, si sévèrement interdit, commence à se faire jour ; plusieurs de nos modernes, qui font autorité, l'admettent dans les locutions adverbiales *çà et là, peu à peu, une à une*. Vous voyez, ma chère enfant, combien je vous induirais en erreur en vous répétant le vieux Code poétique aussi peu en vigueur aujourd'hui que la législation de notre ancienne monarchie. Je me bornerai donc à vous dire : Quand vous voulez juger une poésie, examinez si le sentiment vous touche, si la pensée vous frappe, si une image juste ou brillante rend l'un et l'autre plus sensible à votre esprit, si en lisant haut, simplement, avec le soin de bien observer la ponctuation, votre oreille est satisfaite, enfin si après la lecture une impression douce ou profonde vous demeure dans l'âme et dans la mémoire, et vous serez sûre de ne pas vous tromper sur le mérite d'un morceau ; en un mot n'écoutez, en fait d'art, que votre impression, et, comme l'a dit un plus grand que moi : « Laissez-vous aller de bonne foi aux choses qui vous plaisent, et ne cherchez point de raisonnements pour vous empêcher d'avoir du plaisir. »

Amable Tastu.

POÉSIE LYRIQUE.

POÉSIE LYRIQUE.

REMERCIEMENT

A MONSEIGNEUR L'ÉMINENTISSIME CARDINAL MAZARIN

Non, tu n'es point ingrate, ô maîtresse du monde !
Qui de ce grand pouvoir sur la terre et sur l'onde,
Malgré l'effort des temps, retiens sur nos autels
Le souverain empire et des droits immortels.
Si de tes vieux héros j'anime la mémoire,
Tu relèves mon nom sur l'aile de leur gloire
Et ton noble génie, en mes vers mal tracé,
Par ton nouveau héros m'en a récompensé.
C'est toi, grand cardinal, ame au-dessus de l'homme,
Rare don qu'à la France ont fait le ciel et Rome !
C'est toi, dis-je, ô héros ! ô cœur vraiment romain !
Dont Rome, en ma faveur, vient d'emprunter la main.
Mon bonheur n'a point eu de douteuse apparence ;
Tes dons ont devancé même mon espérance,
Et ton cœur généreux m'a surpris d'un bienfait
Qui ne m'a pas coûté seulement un souhait
La grâce s'affaiblit quand il faut qu'on l'attende.
Tel pense l'acheter alors qu'il la demande ;
Et c'est je ne sais quoi d'abaissement secret,

Où quiconque a du cœur ne consent qu'à regret.
C'est un terme honteux que celui de prière,
Tu me l'as épargné, tu m'as fait grâce entière.
Ainsi l'honneur se mêle au bien que je reçois :
Qui donne comme toi donne plus d'une fois.
Son don marque une estime et plus pure et plus pleine;
Il attache les cœurs d'une plus forte chaîne;
Et, prenant nouveau prix de la main qui le fait,
Sa façon de bien faire est un second bienfait.
Ainsi le grand Auguste, autrefois dans ta ville,
Aimait à prévenir l'attente de Virgile.
Lui, que j'ai fait revivre, et qui revit en toi,
En usait envers lui comme tu fais vers moi.
Certes, dans la chaleur que le ciel nous inspire,
Nos vers disent souvent plus qu'ils ne pensent dire;
Et ce feu, qui sans nous pousse les plus heureux,
Ne nous explique pas tout ce qu'il fait par eux.
Quand j'ai peint un Horace, un Auguste, un Pompée,
Assez heureusement ma muse s'est trompée,
Puisque, sans le savoir, avecque leur portrait,
Elle tirait du tien un admirable trait.
Leurs plus hautes vertus, qu'étale mon ouvrage,
N'y font que prendre un rang pour former ton image.
Quand j'aurai peint encor tous ces vieux conquérans
Les Scipions vainqueurs et les Catons mourans,
Les Pauls, les Fabiens; alors de tous ensemble
On en verra sortir un tout qui te ressemble;
Et l'on rassemblera de leurs pompeux débris
Ton ame et ton courage épars dans mes écrits.
Souffre donc que pour guide au travail qui me reste,
J'ajoute ton exemple à cette ardeur céleste,
Et que de tes vertus le portrait sans égal
S'achève de ma main sur son original;
Que j'étudie en toi ces sentiments illustres

Qu'a conservés ton sang à travers tant de lustres ;
Et que le ciel propice et les destins amis
De tes fameux Romains en ton ame ont transmis
Alors, de tes couleurs peignant leurs aventures,
J'en porterai si haut les brillantes peintures,
Que ta Rome elle-même, admirant mes travaux,
N'en reconnaîtra plus les vieux originaux,
Et se plaindra de moi de voir sur eux gravées
Les vertus qu'à toi seul elle avait réservées,
Cependant qu'à l'éclat de tes propres clartés
Tu te reconnaîtras sous des noms empruntés.
Mais ne te lasse point d'illuminer mon ame,
Ni de passer ta vie à conduire ma flamme ;
Et de ces grands soucis que tu prends pour mon roi
Daigne encor quelquefois descendre jusqu'à moi.
Délasse en mes écrits ta noble inquiétude,
Et tandis que sur elle appliquant mon étude,
J'emploierai pour te peindre et pour te divertir
Les talens que le ciel m'a voulu départir,
Reçois, avec les vœux de mon obéissance,
Ces vers précipités par ma reconnaissance.
L'impatient transport de mon ressentiment
N'a pu pour les polir m'accorder un moment.
S'ils ont moins de douceur, ils en ont plus de zèle.
Leur rudesse est le sceau d'une ardeur plus fidèle,
Et ta bonté verra dans leur témérité,
Avec moins d'ornement, plus de sincérité.

Pierre Corneille.

ÉPÎTRE A RACINE.

Que tu sais bien, Racine, à l'aide d'un acteur,
Émouvoir, étonner, ravir un spectateur !
Jamais Iphigénie, en Aulide immolée,
N'a coûté tant de pleurs à la Grèce assemblée,
Que, dans l'heureux spectacle à nos yeux étalé,
En a fait sous son nom verser la Champmeslé.
Ne crois pas toutefois, par tes savans ouvrages,
Entraînant tous les cœurs, gagner tous les suffrages.
Sitôt que d'Apollon un génie inspiré
Trouve loin du vulgaire un chemin ignoré,
En cent lieux contre lui les cabales s'amassent :
Ses rivaux obscurcis autour de lui coassent ;
Et son trop de lumière, importunant les yeux,
De ses propres amis lui fait des envieux.
La mort seule ici-bas, en terminant sa vie,
Peut calmer sur son nom l'injustice et l'envie,
Faire au poids du bon sens peser tous ses écrits,
Et donner à ses vers leur légitime prix.
Avant qu'un peu de terre, obtenu par prière,
Pour jamais sous la tombe eût enfermé Molière,
Mille de ses beaux traits, aujourd'hui si vantés,
Furent des sots esprits à nos yeux rebutés.
L'ignorance et l'erreur à ses naissantes pièces,
En habits de marquis, en robes de comtesses,
Venaient pour diffamer son chef-d'œuvre nouveau,
Et secouaient la tête à l'endroit le plus beau.
Le commandeur voulait la scène plus exacte.
Le vicomte indigné sortait au second acte.
L'un, défenseur zélé des bigots mis en jeu,

Pour prix de ses bons mots le condamnait au feu ;
L'autre, fougueux marquis, lui déclarant la guerre,
Voulait venger la cour immolée au parterre.
Mais sitôt que d'un trait de ses fatales mains
La parque l'eut rayé du nombre des humains,
On reconnut le prix de sa muse éclipsée.
L'aimable comédie, avec lui terrassée,
En vain d'un coup si rude espéra revenir,
Et sur ses brodequins ne put plus se tenir.
Tel fut chez nous le sort du théâtre comique.

 Toi donc qui, t'élevant sur la scène tragique,
Suis les pas de Sophocle, et, seul de tant d'esprits,
De Corneille vieilli sais consoler Paris,
Cesse de t'étonner si l'envie animée,
Attachant à ton nom sa rouille envenimée,
La calomnie en main, quelquefois te poursuit ;
En cela, comme en tout, le ciel qui nous conduit,
Racine, fait briller sa profonde sagesse.
Le mérite en repos s'endort dans la paresse ;
Mais par les envieux un génie excité
Au comble de son art est mille fois monté :
Plus on veut l'affaiblir, plus il croît et s'élance.
Au Cid persécuté Cinna doit sa naissance ;
Et peut-être ta plume aux censeurs de Pyrrhus
Doit les plus nobles traits dont tu peignis Burrhus.

 Moi-même, dont la gloire ici moins répandue
Des pâles envieux ne blesse point la vue,
Mais qu'une humeur trop libre, un esprit peu soumis
De bonne heure a pourvu d'utiles ennemis,
Je dois plus à leur haine, il faut que je l'avoue,
Qu'au faible et vain talent dont la France me loue.
Leur venin, qui sur moi brûle de s'épancher,
Tous les jours en marchant m'empêche de broncher.
Je songe, à chaque trait que ma plume hasarde,

Que d'un œil dangereux leur troupe me regarde ;
Je sais sur leur avis corriger mes erreurs,
Et je mets à profit leurs malignes fureurs.
Sitôt que sur un vice ils pensent me confondre,
C'est en me guérissant que je sais leur répondre ;
Et plus en criminel ils pensent m'ériger,
Plus, croissant en vertu, je songe à me venger.
 Imite mon exemple, et lorsqu'une cabale,
Un flot de vains auteurs follement te ravale,
Profite de leur haine et de leur mauvais sens :
Ris du bruit passager de leurs cris impuissans.
Que peut contre tes vers une ignorance vaine ?
Le Parnasse français, ennobli par ta veine,
Contre tous ces complots saura te maintenir,
Et soulever pour toi l'équitable avenir.
Et qui, voyant un jour la douleur vertueuse
De Phèdre, malgré soi perfide, incestueuse,
D'un si noble travail justement étonné,
Ne bénira d'abord le siècle fortuné
Qui, rendu plus fameux par tes illustres veilles,
Vit naître sous ta main ces pompeuses merveilles ?
 Cependant laisse ici gronder quelques censeurs,
Qu'aigrissent de tes vers les charmantes douceurs ;
Et qu'importe à nos vers que Perrin les admire ;
Que l'auteur du Jonas s'empresse pour les lire ;
Qu'ils charment de Senlis le poète idiot,
Ou le sec traducteur du français d'Amyot ;
Pourvu qu'avec éclat leurs rimes débitées
Soient du peuple, des grands, des provinces goûtées ;
Pourvu qu'ils puissent plaire au plus puissant des rois :
Qu'à Chantilly Condé les souffre quelquefois,
Qu'Enghien en soit touché, que Colbert et Vivonne,
Que La Rochefoucauld, Marsillac et Pomponne,
Et mille autres qu'ici je ne puis faire entrer,

A leurs traits délicats se laissent pénétrer?
Et plût au ciel encor, pour couronner l'ouvrage,
Que Montausier voulût leur donner son suffrage !
 C'est à de tels lecteurs que j'offre mes écrits ;
Mais pour un tas grossier de frivoles esprits,
Admirateurs zélés de toute œuvre insipide,
Que, non loin de la place où Brioché préside,
Sans chercher dans les vers ni cadence ni son,
Il s'en aille admirer le savoir de Pradon [1] !

BOILEAU.

A LOUIS XIV.

 A quoi bon, d'une muse au carnage animée,
Échauffer ta valeur déjà trop allumée ?
Jouissons à loisir du fruit de tes bienfaits,
Et ne nous lassons point des douceurs de la paix.
 Pourquoi ces éléphans, ces armes, ce bagage,
Et ces vaisseaux tout prêts à quitter le rivage?
Disait au roi Pyrrhus un sage confident,
Conseiller très-sensé d'un roi très-imprudent.
— Je vais, lui dit ce prince, à Rome où l'on m'appelle.
— Quoi faire ? — L'assiéger. — L'entreprise est fort belle,
Et digne seulement d'Alexandre ou de vous ;
Mais, Rome prise enfin, seigneur, où courons-nous ?
— Du reste des Latins la conquête est facile.
— Sans doute, on les peut vaincre : est-ce tout ?—La Sicile
De là nous tend les bras, et bientôt sans effort

---

[1] Auteur d'une ridicule tragédie de *Phèdre et Hippolyte*, qui fut applaudie.

Syracuse reçoit nos vaisseaux dans son port.
— Bornez-vous là vos pas?— Dès que nous l'aurons prise,
Il ne faut qu'un bon vent, et Carthage est conquise.
Les chemins sont ouverts : qui peut nous arrêter?
— Je vous entends, seigneur, nous allons tout dompter :
Nous allons traverser les sables de Libye,
Asservir en passant l'Égypte, l'Arabie,
Courir de là le Gange en de nouveaux pays,
Faire trembler le Scythe aux bords du Tanaïs,
Et ranger sous nos lois tout ce vaste hémisphère.
Mais, de retour enfin, que prétendez-vous faire?
— Alors, cher Cinéas, victorieux, contens,
Nous pourrons rire à l'aise et prendre du bon temps.
— Eh! seigneur, dès ce jour, sans sortir de l'Épire,
Du matin jusqu'au soir qui vous défend de rire?
Le conseil était sage et facile à goûter :
Pyrrhus vivait heureux, s'il eût pu l'écouter ;
Mais à l'ambition d'opposer la prudence,
C'est aux prélats de cour prêcher la résidence.

Ce n'est pas que mon cœur, du travail ennemi,
Approuve un fainéant sur le trône endormi ;
Mais, quelques vains lauriers que promette la guerre,
On peut être héros sans ravager la terre.
Il est plus d'une gloire. En vain aux conquérans
L'honneur parmi les rois donne les premiers rangs :
Entre les grands héros ce sont les plus vulgaires.
Chaque siècle est fécond en heureux téméraires ;
Chaque climat produit des favoris de Mars :
La Seine a des Bourbons, le Tibre a des Césars.
On a vu mille fois des fanges Méotides
Sortir des conquérans goths, vandales, gépides ;
Mais un roi vraiment roi, qui, sage en ses projets,
Sache en un calme heureux maintenir ses sujets,
Qui du bonheur public ait cimenté sa gloire,

POÉSIE LYRIQUE.

Il faut, pour le trouver, courir toute l'histoire.
La terre compte peu de ces rois bienfaisans ;
Le ciel à les former se prépare long-temps.
Tel fut cet empereur, sous qui Rome adorée
Vit renaître les jours de Saturne et de Rhée ;
Qui rendit de son joug l'univers amoureux ;
Qu'on n'alla jamais voir sans revenir heureux ;
Qui soupirait le soir, si sa main fortunée
N'avait par ses bienfaits signalé la journée.
Le cours ne fut pas long d'un empire si doux.

BOILEAU.

MADAME DESHOULIÈRES A SES ENFANTS [1].

   Dans ces prés fleuris
   Qu'arrose la Seine,
   Cherchez qui vous mène,
   Mes chères brebis :
   J'ai fait, pour vous rendre
   Le destin plus doux,
   Ce qu'on peut attendre
   D'une amitié tendre ;
   Mais son long courroux
   Détruit, empoisonne
   Tous mes soins pour vous,
   Et vous abandonne
   Aux fureurs des loups.
   Seriez-vous leur proie,

[1] Elle était veuve.

Aimable troupeau !
Vous, de ce hameau
L'honneur et la joie,
Vous qui, gras et beau,
Me donniez sans cesse
Sur l'herbette épaisse
Un plaisir nouveau !
Que je vous regrette !
Mais il faut céder ;
Sans chien, sans houlette,
Puis-je vous garder ?
L'injuste fortune
Me les a ravis.
En vain j'importune
Le ciel par mes cris ;
Il rit de mes craintes,
Et, sourd à mes plaintes,
Houlette, ni chien,
Il ne me rend rien.
Puissiez-vous, contentes,
Et sans mon secours,
Passer d'heureux jours,
Brebis innocentes,
Brebis mes amours !
Que Pan[1] vous défende,
Hélas ! il le sait,
Je ne lui demande
Que ce seul bienfait.
Oui, brebis chéries,
Qu'avec tant de soin
J'ai toujours nourries,
Je prends à témoin

[1] Le roi Louis XIV

Ces bois, ces prairies,
Que, si les faveurs
Du dieu des pasteurs
Vous gardent d'outrages,
Et vous font avoir
Du matin au soir
De gras pâturages,
J'en conserverai
Tant que je vivrai
La douce mémoire,
Et que mes chansons
En mille façons
Porteront sa gloire
Du rivage heureux,
Où, vif et pompeux
L'astre qui mesure
Les nuits et les jours,
Commençant son cours,
Rend à la nature
Toute sa parure,
Jusqu'en ces climats
Où, sans doute, las
D'éclairer le monde,
Il va chez Téthys
Rallumer dans l'onde
Ses feux amortis.

ÉLÉGIE AUX NYMPHES DE VAUX [1].

Remplissez l'air de cris en vos grottes profondes,
Pleurez, Nymphes de Vaux [2], faites croître vos ondes,
Et que l'Anqueuil enflé ravage les trésors
Dont les regards de Flore ont embelli ses bords.
On ne blâmera pas vos larmes innocentes :
Vous pouvez donner cours à vos douleurs pressantes ;
Chacun attend de vous ce devoir généreux ;
Les Destins sont contens, Oronte est malheureux.
Vous l'avez vu naguère, au bord de vos fontaines,
Qui, sans craindre du sort les faveurs incertaines,
Plein d'éclat, plein de gloire, adoré des mortels,
Recevait des honneurs qu'on ne doit qu'aux autels.
Hélas ! qu'il est déchu de ce bonheur suprême !
Que vous le trouveriez différent de lui-même !
Pour lui les plus beaux jours sont de secondes nuits.
Les soucis dévorans, les regrets, les ennuis,
Hôtes infortunés de sa triste demeure,
En des gouffres de maux le plongent à toute heure.
Voilà le précipice où l'ont enfin jeté
Les attraits enchanteurs de la prospérité.
Dans les palais des rois cette plainte est commune ;
On n'y connaît que trop les jeux de la Fortune,
Ses trompeuses faveurs, ses appas inconstans :
Mais on ne les connaît que quand il n'est plus temps.
Lorsque sur cette mer on vogue à pleines voiles,
Qu'on croit avoir pour soi les vents et les étoiles,
Il est bien malaisé de régler ses désirs ;

---

[1] Sur la disgrâce de Fouquet, surintendant des finances. Il encourut la haine de Louis XIV, qui le fit juger pour dilapidation du trésor. Il fut condamné à une prison perpétuelle.

[2] Maison de campagne de Fouquet.

Le plus sage s'endort sur la foi des zéphyrs.
Jamais un favori ne borne sa carrière;
Il ne regarde pas ce qu'il laisse en arrière;
Et tout ce vain amour des grandeurs et du bruit
Ne le saurait quitter qu'après l'avoir détruit.
Tant d'exemples fameux que l'histoire en raconte,
Ne suffisaient-ils pas sans la perte d'Oronte?
Ah! si ce faux éclat n'eût pas fait ses plaisirs,
Si le séjour de Vaux eût borné ses désirs,
Qu'il pouvait doucement laisser couler son âge!
Vous n'avez pas chez vous ce brillant équipage,
Cette foule de gens qui s'en vont chaque jour
Saluer à longs flots le soleil de la cour;
Mais la faveur du ciel vous donne en récompense
Du repos, du loisir, de l'ombre et du silence,
Un tranquille sommeil, d'innocens entretiens,
Et jamais à la cour on ne trouve ces biens.
Mais quittons ces pensers, Oronte nous appelle.
Vous, dont il a rendu la demeure si belle,
Nymphes, qui lui devez vos plus charmans appas,
Si le long de vos bords Louis porte ses pas,
Tâchez de l'adoucir, fléchissez son courage;
Il aime ses sujets, il est juste, il est sage;
Du titre de clément rendez-le ambitieux:
C'est par là que les rois sont semblables aux dieux.
Du magnanime Henri qu'il contemple la vie:
Dès qu'il put se venger, il en perdit l'envie.
Inspirez à Louis cette même douceur:
La plus belle victoire est de vaincre son cœur.
Oronte est à présent un objet de clémence:
S'il a cru les conseils d'une aveugle puissance,
Il est assez puni par son sort rigoureux,
Et c'est être innocent que d'être malheureux.

La Fontaine.

MA CHARTREUSE

Pourquoi de ma sage indolence
Interrompez-vous l'heureux cours?
Soit raison, soit indifférence,
Dans une douce négligence,
Et loin des Muses pour toujours,
J'allais racheter en silence
La perte de mes premiers jours.
Transfuge des routes ingrates
De l'infructueux Hélicon,
Dans les retraites des Socrates
J'allais jouir de ma raison,
Et m'arracher, malgré moi-même,
Aux délicieuses erreurs
De cet art brillant et suprême
Qui, malgré ses attraits flatteurs,
Toujours peu sûr et peu tranquille,
Fait de ses plus chers amateurs
L'objet de la haine imbécile
Des pédans, des prudes, des sots,
Et la victime des cagots.
Mais votre épître enchanteresse,
Pour moi trop prodigue d'encens,
Des douces vapeurs du Permesse
Vient encore enivrer mes sens ;
Vainement j'abjurais la rime :
L'haleine légère des vents
Emportait mes faibles sermens.
Aminte, votre goût ranime
Mes accords et ma liberté :
Entre Uranie et Terpsichore

Je reviens m'amuser encore
Au Pinde que j'avais quitté;
Tel, par sa pente naturelle,
Par une erreur toujours nouvelle,
Quoiqu'il semble changer son cours,
Autour de la flamme infidèle
Le papillon revient toujours.
  Vous voulez qu'en rimes légères
Je vous offre des traits sincères
Du gîte où je suis transplanté;
Mais comment faire en vérité?
Entouré d'objets déplorables,
Pourrai-je de couleurs aimables
Égayer le sombre tableau
De mon domicile nouveau?
Y répandrai-je cette aisance,
Ces sentimens, ces traits diserts
Et cette molle négligence
Qui, mieux que l'exacte cadence,
Embellit les aimables vers?
Je ne suis plus dans ces bocages
Où, plein de riantes images,
J'aimai souvent à m'égarer;
Je n'ai plus ces fleurs, ces ombrages,
Ni vous-même pour m'inspirer.
  Sur cette montagne empestée
Où la foule toujours crottée
Des prestolets provinciaux
Trotte sans cause et sans repos;
Vers ces demeures odieuses
Où règnent les longs argumens
Et les harangues ennuyeuses,
Loin du séjour des agrémens;
Enfin, pour fixer votre vue,

Dans cette pédantesque rue
Où trente faquins d'imprimeurs,
Avec un air de conséquence,
Donnent froidement audience
A cent faméliques auteurs,
Il est un édifice immense,
Où, dans un loisir studieux,
Les doctes arts forment l'enfance
Des fils des héros et des dieux
Là, du toit du cinquième étage
Qui domine avec avantage
Tout le climat grammairien,
S'élève un antre aérien,
Un astrologique ermitage,
Qui paraît mieux dans le lointain
Le nid de quelque oiseau sauvage
Que la retraite d'un humain.
C'est pourtant de cette guérite,
C'est de ce céleste tombeau
Que votre ami, nouveau Stylite,[1]
A la lueur d'un noir flambeau,
Penché sur un lit sans rideau,
Dans un déshabillé d'ermite,
Vous griffonne aujourd'hui sans fard,
Et peut-être sans trop de suite,
Ces vers enfilés au hasard.
Et tandis que pour vous je veille,
Long-temps avant l'aube vermeille,
Empaqueté comme un Lapon,
Cinquante rats à mon oreille
Ronflent encore en faux-bourdon.
 Si ma chambre est ronde ou carrée,

[1] Saint-Siméon-Stylite s'était construit, au haut d'une colonne, une niche où il passa quarante ans.

C'est ce que je ne dirai pas :
Tout ce que j'en sais sans compas,
C'est que depuis l'oblique entrée
De cette cage resserrée
On peut former jusqu'à six pas
Une lucarne mal vitrée
Près d'une gouttière livrée
A d'interminables sabbats,
Où l'université des chats,
A minuit, en robe fourrée,
Vient tenir ses bruyans états ;
Une table mi-démembrée,
Près du plus humble des grabats ;
Six brins de paille délabrée
Tressés sur de vieux échalas ;
Voilà les meubles délicats
Dont ma *Chartreuse* est décorée,
Et que les frères de Borée
Bouleversent avec fracas,
Lorsque sur ma niche éthérée
Ils préludent aux fiers combats
Qu'ils vont livrer sur vos climats ;
Ou quand leur troupe conjurée
Y vient préparer ces frimas
Qui versent sur chaque contrée
Les catarrhes et le trépas.
Je n'outre rien ; telle est, en somme,
La demeure où je vis en paix,
Concitoyen du peuple gnome,
Des sylphides et des follets ;
Telles on nous peint les tanières
Où gisent, ainsi qu'au tombeau,
Les pythonisses, les sorcières,
Dans le donjon d'un vieux château ;

Ou tel est le sublime siége
D'où, flanqué des trente-deux vents,
L'auteur de l'almanach de Liége
Lorgne l'histoire du beau temps,
Et fabrique avec privilége
Ses astronomiques romans.
Sur ce portrait abominable
On penserait qu'en lieu pareil
Il n'est point d'instant délectable
Que dans les heures du sommeil.
Pour moi, qui d'un poids équitable
Ai pesé des faibles mortels
Et les biens et les maux réels,
Qui sais qu'un bonheur véritable
Ne dépendit jamais des lieux ;
Que le palais le plus pompeux
Souvent renferme un misérable,
Et qu'un désert peut être aimable
Pour quiconque sait être heureux,
De ce Caucase inhabitable
Je me fais l'Olympe des dieux.
Là, dans la liberté suprême,
Semant de fleurs tous mes instans,
Sous l'empire de l'hiver même
Je trouve les jours du printemps.
Calme heureux ! plaisir solitaire !
Quand on jouit de ta douceur,
Quel antre n'a pas de quoi plaire ?
Quelle caverne est étrangère
Lorsqu'on y trouve le bonheur,
Lorsqu'on y vit sans spectateur,
Dans le silence littéraire,
Loin de tout importun jaseur,
Loin des froids discours du vulgaire

Et des hauts tons de la grandeur ?...
Jugez si toute solitude
Qui nous sauve de ces vains bruits
N'est point l'asile et le pourpris
De l'entière béatitude :
Que dis-je ? est-on seul, après tout,
Lorsque, touché des plaisirs sages,
On s'entretient dans les ouvrages
Des dieux de la lyre et du goût ?
Par une illusion charmante
Que produit la verve brillante
De ces chantres ingénieux,
Eux-mêmes s'offrent à mes yeux ;
Non sous ces vêtemens funèbres,
Non sous ces dehors odieux
Qu'apportent du sein des ténèbres
Les fantômes des malheureux,
Quand, vengeurs de crimes célèbres,
Ils montent aux terrestres lieux,
Mais sous cette parure aisée,
Sous ces lauriers vainqueurs du sort
Que les citoyens d'Élysée
Sauvent du souffle de la mort.
Bornant aux doux fruits de leurs plumes
Ma bibliothèque et mes vœux,
Je laisse aux savantas poudreux
Ce vaste chaos de volumes
Dont l'erreur et les sots divers
Ont infatué l'univers,
Et qui, sous le nom de science,
Semés et reproduits partout,
Immortalisent l'ignorance,
Les mensonges et le faux goût.
   C'est ainsi que, par la présence

De ces morts vainqueurs des destins,
On se console de l'absence,
De l'oubli même des humains;
A l'abri de leurs noirs orages,
Sur la cime de mon rocher,
Je vois à mes pieds les naufrages
Qu'ils vont imprudemment chercher :
Pourquoi dans leur foule importune
Voudriez-vous me rétablir?
Leur estime ni leur fortune
Ne me causent point un désir.
Pourrais-je, en proie aux soins vulgaires,
Dans la commune illusion,
Offusquer mes propres lumières
Du bandeau de l'opinion?
Irais-je, adulateur sordide,
Encenser un sot dans l'éclat,
Amuser un Crésus stupide,
Et monseigneuriser un fat;
Sur des espérances frivoles,
Adorer avec lâcheté
Ces chimériques fariboles
De grandeur et de dignité;
Et, vil client de la fierté,
A de méprisables idoles
Prostituer la vérité?
Irais-je, par d'indignes brigues,
M'ouvrir des plaisirs fastueux,
Languir dans de folles fatigues,
Ramper à replis tortueux
Dans de puériles intrigues,
Sans oser être vertueux?
Irais-je pâlir sur la rime
Dans un siècle insensible aux arts,

Et de ce rien qu'on nomme estime
Affronter les nombreux hasards?
Et d'ailleurs, quand la Poésie,
Sortant de la nuit du tombeau,
Reprendrait le sceptre et la vie
Sous quelque Richelieu nouveau,
Pourrais-je au char de l'immortelle
M'enchaîner encor pour long-temps?
Quand j'aurai passé mon printemps,
Pourrai-je vivre encor pour elle?
Car en vain au lyrique effort
Fait pour nos bouillantes années,
Dans de plus solides journées,
Voudrais-je me livrer encor?
Persuadé que l'harmonie
Ne verse ses heureux présens
Que sur le matin de la vie,
Et que sans un peu de folie
On ne rime plus à trente ans,
Suivrais-je un jour à pas pesans
Ces vieilles muses douairières,
Ces mères septuagénaires
Du madrigal et des sonnets,
Qui, n'ayant été que poètes,
Rimaillent encore en lunettes
Et meurent au bruit des sifflets?
Égaré dans le noir dédale
Où le fantôme de Thémis,
Couché sur la pourpre et les lis,
Penche sa balance inégale,
Et tire d'une urne vénale
Des arrêts dictés par Cypris,
Irais-je, orateur mercenaire
Du faux et de la vérité,

Chargé d'une haine étrangère,
Vendre aux querelles du vulgaire
Ma voix et ma tranquillité,
Et dans l'antre de la chicane,
Aux lois d'un tribunal profane
Pliant la loi de l'Immortel,
Par une éloquence anglicane
Saper et le trône et l'autel ?

Des mortels j'ai vu les chimères ;
Sur leurs fortunes mensongères
J'ai vu régner la folle erreur,
J'ai vu mille peines cruelles
Sous un vain masque de bonheur,
Mille petitesses réelles
Sous une écorce de grandeur,
Mille lâchetés infidèles
Sous un coloris de candeur,
Et j'ai dit au fond de mon cœur :
Heureux qui, dans la paix secrète
D'une libre et sûre retraite,
Vit ignoré, content de peu,
Et qui ne se voit point sans cesse
Jouet de l'aveugle déesse,
Ou dupe de l'aveugle dieu !

A la sombre misanthropie
Je ne dois point ces sentimens ;
D'une fausse philosophie
Je hais les vains raisonnemens ;
Une indifférence suprême,
Voilà mon principe et ma loi ;
Tout lieu, tout destin, tout système,
Par là devient égal pour moi ;
Où je vois naître la journée,
Là, content, j'en attends la fin,

Prêt à partir le lendemain,
Si l'ordre de la destinée
Vient m'offrir un nouveau chemin.
    Sans opposer un goût rebelle
A ce domaine souverain,
Je me suis fait du sort humain
Une peinture trop fidèle;
Souvent, dans les champêtres lieux,
Ce portrait frappera vos yeux.
En promenant vos rêveries
Dans le silence des prairies,
Vous voyez un faible rameau
Qui, par les jeux du vague Éole,
Enlevé de quelque arbrisseau,
Quitte sa tige, tombe, vole
Sur la surface d'un ruisseau;
Là, par une invincible pente,
Forcé d'errer et de changer,
Il flotte au gré de l'onde errante
Et d'un mouvement étranger;
Souvent il paraît, il surnage,
Souvent il est au fond des eaux;
Il rencontre sur son passage
Tous les jours des pays nouveaux :
Tantôt un fertile rivage
Bordé de coteaux fortunés;
Tantôt une rive sauvage
En des déserts abandonnés :
Parmi ces erreurs continues,
Il fuit, il vogue jusqu'au jour
Qui l'ensevelit à son tour
Au sein de ces mers inconnues
Où tout s'abîme sans retour.

                      GRESSET.

POÉSIE LYRIQUE.

LE MÉNAGE DES DEUX CORNEILLE.

Bonnes femmes, je vous salue.
Bien sot qui ne vous choisira.
Oui, quiconque vous connaîtra
A ses amis d'abord dira :
« Par une faveur imprévue
» Qu'il en tombe une de la nue,
» Nous verrons de nous qui l'aura. »
   L'immortel auteur d'Athalie,
Et de Phèdre et d'Iphigénie,
Ce peintre enchanteur de l'amour,
Qui, plein d'esprit, de goût, de grâce,
Couvert des lauriers du Parnasse,
Charma la plus brillante cour,
En sa maturité sévère,
Dans sa femme que chercha-t-il ?
Une très-simple ménagère,
Qui fit avec lui sa prière,
Et répondit : Ainsi soit-il.
   Et ces oncles de Fontenelle,
Du Cid et d'Ariane auteurs,
Ces frères, époux des deux sœurs,
Qui de l'amitié fraternelle,
Et conjugale et paternelle,
Goûtaient ensemble les douceurs,
Dont les enfans, troupe agréable,
Gentils, pas plus hauts que leur table,
Y montraient, lorgnant tous les plats,
Et le doux ris de l'innocence,
Et leurs dents encor dans l'enfance,
Et leurs petits mentons tout gras :

Sont-ce des femmes adorables,
D'encens, de luxe insatiables,
Que l'hymen mit entre leurs bras?
Ce n'étaient que de bonnes mères,
Des femmes à leurs maris chères,
Qui les aimaient jusqu'au trépas;
Deux tendres sœurs qui, sans débats,
Veillaient au bonheur des deux frères,
Filant beaucoup, n'écrivant pas.
Les deux maisons n'en faisaient qu'une;
Les clefs, la bourse était commune,
Les femmes n'étaient jamais deux.
Tous les vœux étaient unanimes;
Les enfans confondaient leurs jeux,
Les pères se prêtaient leurs rimes,
Le même vin coulait pour eux.

 Oui, sur leurs urnes fraternelles,
Toute la Grèce aurait encor,
Au sein des fêtes solennelles,
Par ses chants et ses lyres d'or,
Cru pour Pollux et pour Castor
Entonner des hymnes nouvelles.
 Sans art, dans son style inspiré,
Comme Platon aurait montré
Le front méditant Léontine,
Chimène, Sévère et Pauline,
Parmi les jeux et les berceaux,
La veillée et ses doux travaux,
Les enfans et les ménagères
Maniant de leurs mains légères
Les dés, le fil et les ciseaux;
Et Corneille, au sein des caresses,
Couvert des pleurs de leurs tendresses
Et des présens de leurs fuseaux!

Et toi qui sus cacher ta vie
Loin des cours et loin de l'envie ;
Qui, fuyant ses traits meurtriers
Avec le travail qui console,
Et la liberté, ton idole,
Dans le calme et sous les lauriers,
Mourus au pied du Capitole ;
Si ton art, Poussin, nous l'offrait
Quand l'hiver, sous nos planchers sombres,
Vient, sur le jour qui disparaît,
A la hâte entasser ses ombres,
D'une lampe il éclairerait
La modeste chambre de Pierre.
Son ton poétique et sévère
Au premier coup d'œil frapperait.
Le luxe antique on y verrait :
Le fauteuil à bras, dans sa gloire,
Les hauts chenets, la vaste armoire,
Sa table où s'enorgueillirait
De ses Romains l'immense histoire ;
Sur la table et la serge noire
Sa large Bible s'ouvrirait ;
Un jour magique y descendrait ;
Un sablier s'écoulerait
Devant la tragique écritoire.
Dans l'auguste alcove, assez près,
Sous des rideaux purs et discrets,
S'enfoncerait un lit austère
Où le doux sommeil l'attendrait.
Volant au ciel, quittant la terre,
L'air pensif, Corneille écrirait.
Sa femme sans bruit sortirait ;
Jean La Fontaine dormirait ;
Le père Larue entrerait

Pour voir Corneille, son compère,
Qu'en silence il contemplerait.
 O le pur sang du vieil Horace
Toi qui si bien nous crayonnas
Sa vigueur et sa noble race,
Et leur mâle et romaine audace
Dans les traits que tu leur donnas ;
Oui, dans ce vieillard magnanime,
Dans son *qu'il mourût* si sublime,
Oui, c'est toi que tu dessinas.
Au sein de Rome encor de brique,
Des mœurs, de la rudesse antique,
Sur les dieux fondant ton appui,
Avec ton fils, avec ta fille,
Je te vois là dans ta famille :
C'est le vieil Horace chez lui.
Qu'en rassurant Sabine en larmes,
Ton fils, prêt à prendre les armes,
Comme toi me paraît Romain !
Plus ferme, plus impénétrable
Que le bouclier redoutable
Dont je le vois armer sa main.
Avec ces Romains invincibles,
Et leurs femmes incorruptibles,
En qui trois cents ans éclata,
Sous leur demeure austère et pure,
La pudeur, leur riche parure,
Corneille, oui, ton ame habita.
Comment pouvoir, dans tous les âges
Accabler d'assez de suffrages
Ces vers que le ciel te dicta,
Ces vers que ton cœur enfanta,
Parés de leur rouille adorable
Et de la force inimitable

Dont Melpomène te dota?
La chambre où tu cachas ta vie
Gardait la flamme du génie
Près du feu sacré de Vesta.
 Avec quel respect, ô Corneille!
Sur la table où ta lampe veille,
Incliné, j'aurais vu Cinna,
Fier, malgré sa haute fortune,
Des pleurs que Condé lui donna ;
Ce beau Cid qui tout entraîna ;
Héraclius et Rodogune,
Dont l'effort qui les combina
A toi seul, Corneille, assigna
Le sceptre de la tragédie ;
Et Nicomède et Cornélie,
Dont la grandeur nous étonna ;
Et Polyeucte où rayonna
Le ciel ouvert par ton génie.
Tu vécus pauvre ; mais, dis-moi,
Que pouvaient t'offrir les richesses,
Et la fortune et ses promesses ?
Vieux Romain, n'étais-tu pas toi?
 C'est ainsi qu'au sein du silence
Ces deux frères, loin des grandeurs,
Vivaient opulens d'innocence,
De travail, de paix et de mœurs.
Doucement vers la rive noire
Ils s'avançaient d'un même pas.
Des maris on vantait la gloire,
Des femmes l'on ne parlait pas.
Leurs deux moitiés, chastes Sabines.
De leur Melpomène humbles sœurs,
A leurs foyers jamais chagrines,
D'hymen leur ôtaient les épines,

Ils n'en sentaient que les douceurs.
Non, non, divine bonhomie,
Douce et franche et de l'ordre amie,
Non, l'esprit ne t'imite pas.
Ton accent eut pour le génie
Toujours je ne sais quel appas.
Tu le charmes par ta mesure,
Par tes mœurs, ton heureuse paix,
Ta simplicité, ta droiture,
Et ce bon sens de la nature
Qui ne t'abandonne jamais.
Au petit jour de la lanterne
Qui te précède et te gouverne,
Tu marches sans faire un faux pas.
Ta lumière est courte, mais sûre :
C'est la lampe de la nature ;
Elle éclaire et n'éblouit pas.
Toujours la même, en tous les cas,
Ce que tu fis, tu le feras.
Aussi jamais tu ne t'apprêtes,
De l'or ton cœur est peu jaloux ;
Conserver, voilà tes conquêtes ;
Faire du bien, voilà tes fêtes.
Tes conseils sont sages, sont doux.
Vous, bonnes femmes qu'elle inspire,
Dans nos mains vous laissez l'empire,
Vous gardez les fuseaux pour vous.
Vous n'êtes point ambitieuses ;
Vous rendez heureux vos époux,
Sans peine ils vous rendent heureuses :
Oh ! j'aurai l'esprit, mes fileuses,
De passer mes jours avec vous.

Ducis.

A MON PETIT LOGIS.

Petit séjour commode et sain,
Où des arts et du luxe en vain
On chercherait quelque merveille ;
Humble asile où j'ai sous la main
Mon La Fontaine et mon Corneille ;
Où je vis, m'endors et m'éveille
Sans aucun soin du lendemain,
Sans aucun remords de la veille ;
Retraite où j'habite avec moi,
Seul, sans désirs et sans emploi,
Libre de crainte et d'espérance ;
Enfin, après trois jours d'absence,
Je viens, j'accours, je t'aperçoi.
O mon lit ! ô ma maisonnette !
Chers témoins de ma paix secrète !
C'est vous ! vous voilà ! je vous voi !
Qu'avec plaisir je vous répète :
Il n'est point de petit chez soi !

Ducis.

LE LAC DE GENÈVE.

O maison d'Aristippe, ô jardins d'Épicure !
Vous qui me présentez dans vos enclos divers
    Ce qui souvent manque à mes vers,
Le mérite de l'art soumis à la nature ;
Empire de Pomone et de Flore sa sœur.
    Recevez votre possesseur ;

Qu'il soit, ainsi que vous, solitaire et tranquille.
Je ne me vante point d'avoir en cet asile
  Rencontré le parfait bonheur :
Il n'est point retiré dans le fond d'un bocage,
  Il est encor moins chez les rois ;
  Il n'est pas même chez le sage :
De cette courte vie il n'est point le partage ;
Il y faut renoncer ; mais on peut quelquefois
  Embrasser au moins son image.
 Que tout plaît en ces lieux à mes sens étonnés !
D'un tranquille océan l'eau pure et transparente
Baigne les bords fleuris de ces champs fortunés ;
D'innombrables coteaux ces champs sont couronnés ;
Bacchus les embellit : leur insensible pente
Vous conduit par degrés à ces monts sourcilleux
Qui pressent les enfers et qui fendent les cieux.
Le voilà ce théâtre et de neige et de gloire,
Éternel boulevart qui n'a point garanti
  Des Lombards le beau territoire.
Voilà ces monts affreux, célébrés dans l'histoire,
Ces monts qu'ont traversés, par un vol si hardi,
Les Charles, les Othon, Catinat et Conti,
  Sur les ailes de la victoire.
 Que le chantre flatteur du tyran des Romains,
L'auteur harmonieux des douces Géorgiques,
Ne vante plus ses lacs et leurs bords magnifiques,
Ces lacs que la nature a creusés de ses mains
  Dans les campagnes italiques.
Mon lac est le premier : c'est sur ses bords heureux
Qu'habite des humains la déesse éternelle,
L'ame des grands travaux, l'objet des nobles vœux,
Que tout mortel embrasse, ou désire ou rappelle,
Qui vit dans tous les cœurs, et dont le nom sacré
Dans les cours des tyrans est tout bas adoré,

La Liberté. J'ai vu cette déesse altière,
Avec égalité répandant tous les biens,
Descendre de Morat en habit de guerrière.
Les mains teintes du sang des fiers Autrichiens
  Et de Charles-le-Téméraire.
Devant elle on portait ces piques et ces dards,
On traînait ces canons, ces échelles fatales
Qu'elle-même brisa, quand ses mains triomphales
De Genève en danger défendaient les remparts.
Un peuple entier la suit : sa naïve allégresse
Fait à tout l'Apennin répéter ses clameurs;
Leurs fronts sont couronnés de ces fleurs que la Grèce
Aux champs de Marathon prodiguait aux vainqueurs.
C'est là leur diadème; ils en font plus de compte
Que d'un cercle à fleurons de marquis ou de comte,
Et des larges mortiers à grands bords abattus,
Et de ces mitres d'or aux deux sommets pointus.
On ne voit point ici la grandeur insultante
  Portant de l'épaule au côté
  Un ruban que la Vanité
  A tissu de sa main brillante;
  Ni la Fortune insolente
   Repoussant avec fierté
  La prière humble et tremblante
  De la triste Pauvreté.
On n'y méprise point les travaux nécessaires;
Les états sont égaux, et les hommes sont frères
Liberté, Liberté, ton trône est en ces lieux.
La Grèce, où tu naquis, t'a pour jamais perdue,
  Avec ses sages et ses dieux.
Rome, depuis Brutus, ne t'a jamais revue.
Chez vingt peuples polis à peine es-tu connue.
Le Sarmate à cheval t'embrasse avec fureur;
Mais le bourgeois à pied, rampant dans l'esclavage,

Te regarde, soupire, et meurt dans la douleur.
L'Anglais, pour te garder, signala son courage;
Mais on prétend qu'à Londre on te vend quelquefois;
Non, je ne le crois point; ce peuple fier et sage
Te paya de son sang et soutiendra tes droits.
Aux marais du Batave on dit que tu chancelles;
Tu peux te rassurer : la race des Nassaux,
Qui dressa sept autels à tes lois immortelles,
  Maintiendra de ses mains fidèles
  Et tes honneurs et tes faisceaux.
Venise te conserve, et Gênes t'a reprise
Tout à côté du trône à Stockholm on t'a mise;
Un si beau voisinage est souvent dangereux.
Préside à tout état où la loi t'autorise,
  Et restes-y, si tu le peux.
Embellis ma retraite où l'Amitié t'appelle;
Sur de simples gazons viens t'asseoir avec elle.
Elle fuit comme toi les vanités des cours,
Les cabales du monde et son règne frivole.
O deux divinités! vous êtes mon recours;
L'une élève mon ame, et l'autre la console;
  Présidez à mes derniers jours !
VOLTAIRE.

LE DIX—HUITIÈME SIÈCLE.

Satire.

Parlerai-je d'Iris? Chacun la prône et l'aime;
C'est un cœur, mais un cœur.... c'est l'humanité même.
Si d'un pied étourdi quelque jeune éventé
Frappe, en courant, son chien qui jappe épouvanté,

La voilà qui se meurt de tendresse et d'alarmes ;
Un papillon souffrant lui fait verser des larmes.
Il est vrai : mais aussi qu'à la mort condamné,
Lally soit en spectacle à l'échafaud traîné,
Elle ira la première à cette horrible fête
Acheter le plaisir de voir tomber sa tête.

 Voilà donc, cher ami, cet âge si vanté,
Ce siècle heureux des mœurs et de l'humanité !
A peine des vertus l'apparence nous reste
Mais, détournant les yeux d'un tableau si funeste,
Éclairés par le goût, envisageons les arts :
Quel désordre nouveau se montre à nos regards !
De nos pères fameux les ombres insultées,
Comme un joug importun les règles rejetées,
Les genres opposés bizarrement unis,
La nature, le vrai, de nos livres bannis,
Un désir forcené d'inventer et d'instruire,
D'ignorans écrivains, jamais las de produire ;
Des brigues, des partis l'un à l'autre odieux,
Le Parnasse idolâtre adorant de faux dieux ;
Tout me dit que des arts la splendeur est ternie.

 Fille de la peinture et sœur de l'harmonie,
Jadis la poésie, en ses pompeux accords,
Osant même au néant prêter une ame, un corps,
Égayait la raison de riantes images,
Cachait de la vertu les préceptes sauvages
Sous le voile enchanteur d'aimables fictions ;
Audacieuse et sage en ses expressions,
Pour cadencer un vers qui dans l'ame s'imprime,
Sans appauvrir l'idée, enrichissait la rime,
S'ouvrait par notre oreille un chemin vers nos cœurs,
Et nous divertissait pour nous rendre meilleurs.
Maudit soit à jamais le pointilleux sophiste,
Qui le premier nous dit, en prose d'algébriste :

Vains rimeurs, écoutez mes ordres absolus ;
Pour plaire à ma raison, pensez ; ne peignez plus.
Dès lors la poésie a vu sa décadence.
Infidèle à la rime, au sens, à la cadence,
Le compas à la main, elle va dissertant :
Apollon sans pinceaux n'est plus qu'un lourd pédant.
C'était peu que, changée en bizarre furie,
Melpomène étalât sur la scène flétrie
Des romans fort touchans ; car à peine l'auteur,
Pour emporter les morts, laisse vivre un acteur ;
Que, soigneux d'évoquer des revenans affables,
Prodigue de combats, de marches admirables,
Tout poète moderne, avec pompe assommant,
Fît d'une tragédie un opéra charmant ;
La Muse de Sophocle, en robe doctorale,
Sur des tréteaux sanglans professe la morale :
Là, souvent un sauvage, orateur apprêté,
Aussi bien qu'Arouet parle d'humanité :
Là, des Turcs amoureux, soupirant des maximes,
Débitent galamment Sénèque mis en rimes :
Alzire au désespoir, mais pleine de raison,
En invoquant la mort, commente le Phédon :
Pour expirer en forme, un roi, par bienséance,
Doit exhaler son ame avec une sentence ;
Et chaque personnage au théâtre produit,
Héros toujours soufflé par l'auteur qui le suit,
Fût-il Scythe ou Chinois, dans un traité sans titre,
Par signe interrogé, vous répond par chapitre.

    Thalie a de sa sœur partagé les revers :
Peindre les mœurs du temps est l'objet de ses vers ;
Mais, lasse d'un emploi que le goût lui confie,
Apôtre larmoyant de la philosophie,
Elle fuit la gaîté qui doit suivre ses pas,
Et d'un masque tragique enlaidit ses appas.

Tantôt c'est un rimeur, dont la Muse étourdie,
Dans un conte ennobli du nom de comédie,
Passe, en dépit du goût, du touchant au bouffon,
Et marie une farce avec un long sermon :
Tantôt un possédé, dont le démon terrible
Pleure éternellement dans un drame risible :
Que dis-je? oser blâmer un drame, un drame enfin !
La comédie est belle, et le drame est divin ;
Pour moi, j'y goûte fort, car j'aime la nature,
Ces héros villageois, beaux-esprits sous la bure,
Et j'approuve l'auteur de ces drames diserts,
Qui ne s'abaisse point jusqu'à parler en vers :
Un vers coûte à polir, et le travail nous pèse ;
Mais en prose du moins on est sot à son aise.
Partout le même ton : chaque muse en ses chants,
Aux dépens du vrai goût, fait la guerre aux méchans :
Le plus lourd chansonnier de l'Opéra-Comique
Prête à son Apollon un air philosophique,
Et des vers sont charmans, pour peu qu'ils soient moraux.

Mais, de la poésie usurpant les pinceaux,
Et du nom des vertus sanctifiant sa prose,
Par la pompe des mots l'éloquence en impose.
Que d'orateurs guindés, qui se disent profonds,
Se tourmentent sans fin pour enfanter des sons !
Dans un livre où Thomas rêve, comme en extase,
Je cherche un peu de sens et vois beaucoup d'emphase.

Un plaisant, des dévots Zoïle envenimé,
Qui nous vend par essais le mensonge imprimé,
Des oppresseurs fameux développant les trames,
Met, pour mieux l'ennoblir, l'histoire en épigrammes
Chaque genre varie au gré des écrivains,
Et ne connaît des lois que leurs caprices vains.

Sans doute, le respect des antiques modèles
Eût au vrai ramené les Muses infidèles :

Eux seuls, de la nature imitateurs constans,
Toujours lus avec fruit, sont beaux dans tous les temps :
Heureux qui, jeune encore, a senti leur mérite !
Même en les surpassant, il faut qu'on les imite.
Mais les sages du jour, ou de fiers novateurs,
De leur goût corrompu partisans corrupteurs,
Ne pouvant les atteindre, ont dégradé leurs maîtres ;
Et, protecteurs des sots flétris par nos ancêtres,
O de la sympathie inévitable effet !
Ils vengent les Cottins des affronts du sifflet.

   Voltaire en soit loué ! chacun sait au Parnasse
Que Malherbe est un sot, et Quinault un Horace.
Dans un long commentaire il prouve longuement
Que Corneille parfois pourrait plaire un moment.
J'ai vu l'enfant gâté de nos penseurs sublimes,
La Harpe, dans Rousseau trouver de belles rimes :
Si l'on en croit Mercier, Racine a de l'esprit ;
Mais Perrault, plus profond, Diderot nous l'apprit,
Perrault, tout plat qu'il est, pétille de génie :
Il eût pu travailler à l'Encyclopédie.
Boileau, correct auteur de libelles amers,
Boileau, dit Marmontel, tourne assez bien un vers ;
Et tous ces demi-dieux que l'Europe en délire
A depuis cent hivers l'indulgence de lire,
Vont dans un juste oubli retomber désormais,
Comme de vains auteurs qui ne pensent jamais.

   Quelques vengeurs pourtant, armés d'un noble zèle,
Ont de ces morts fameux épousé la querelle :
De là sur l'Hélicon deux partis opposés
Règnent, et l'un par l'autre à l'envi déprisés,
Tour à tour s'adressant des volumes d'injures,
Pour le trône des arts combattent par brochures :
Mais, plus forts par le nombre et vantés en tous lieux,
Les corrupteurs du goût en paraissent les dieux :

Si Clément les proscrit, La Harpe les protége.
Eux seuls peuvent prétendre au rare privilége
D'aller au Louvre, en corps, commenter l'alphabet ;
Grammairiens-jurés, immortels par brevet,
Honneurs, richesse, emplois, ils ont tout en partage.
Hors la saine raison que leur bonheur outrage ;
Et le public esclave obéit à leurs lois.
Mille cercles savans s'assemblent à leur voix :
C'est dans ces tribunaux galans et domestiques,
Que parmi vingt beautés, bourgeoises empiriques
Distribuant la gloire et pesant les écrits,
Ces fiers inquisiteurs jugent les beaux-esprits.
Oh ! malheureux l'auteur dont la plume élégante
Se montre encor du goût sage et fidèle amante ;
Qui, rempli d'une noble et constante fierté,
Dédaigne un nom fameux par l'intrigue acheté,
Et, n'ayant pour prôneurs que ses muets ouvrages,
Veut par ses talens seuls enlever les suffrages !
La faim mit au tombeau Malfilâtre ignoré ;
S'il n'eût été qu'un sot, il aurait prospéré.
Trop fortuné celui qui peut avec adresse
Flatter tous les partis que gagne sa souplesse,
De peur d'être blâmé, ne blâme jamais rien,
Dit Voltaire un Virgile, et même un peu chrétien,
Et toujours, en l'honneur des tyrans du Parnasse,
De madrigaux en prose allonge une préface !
Mais trois fois plus heureux le jeune homme prudent,
Qui, de ces novateurs enthousiaste ardent,
Abjure la raison, pour eux la sacrifie ;
Soldat sous les drapeaux de la philosophie !
D'abord, comme un prodige, on le prône partout :
Il nous vante ! en effet, c'est un homme de goût :
Son chef-d'œuvre est toujours l'écrit qui doit éclore ;
On récite déjà les vers qu'il fait encore.

Qu'il est beau de le voir de dînés en dînés,
Officieux lecteur de ses vers nouveau-nés,
Promener chez les grands sa muse bien nourrie !
Paraît-il ? on l'embrasse : il parle, on se récrie :
Fût-il un Durosoy, tout Paris l'applaudit.
C'est un auteur divin, car nos dames l'ont dit.
La marquise, le duc, pour lui tout est libraire.
De riches pensions on l'accable, et Voltaire
Du titre de génie a soin de l'honorer
Par lettres qu'au Mercure il fait enregistrer.
　Ainsi de nos tyrans la ligue protectrice
D'une gloire précoce enfle un rimeur novice :
L'auteur le plus fécond, sans leur appui vanté,
Travaille dans l'oubli pour la postérité ;
Mais par eux, sans rien faire, un fat nous en impose ;
Turpin n'est que Turpin, Suard est quelque chose.
　O combien d'écrivains languiraient inconnus,
Qui, du Pinde français illustres parvenus,
En servant ce parti, conquirent nos hommages !
L'encens de tout un peuple enfume leurs images :
Eux-même, avec candeur se disant immortels,
De leurs mains tour à tour se dressent des autels :
Sous peine d'être un sot, nul plaisant téméraire
Ne rit de nos amis, et surtout de Voltaire.
On aurait beau montrer ses vers tournés sans art,
D'une moitié de rime habillés au hasard,
Seuls, et jetés par ligne exactement pareille,
De leur chute uniforme importunant l'oreille,
Ou, bouffis de grands mots qui se choquent entre eux,
L'un sur l'autre appuyés, se traînant deux à deux ;
Et sa prose frivole, en pointes aiguisée,
Pour braver l'harmonie incessamment brisée :
Sa prose, sans mentir, et ses vers sont parfaits,
Le Mercure trente ans l'a juré par extraits :

Qui pourrait en douter ? Moi ! cependant j'avoue
Que d'un rare savoir à bon droit on le loue ;
Que ses chefs-d'œuvre faux, trompeuses nouveautés,
Étonnent quelquefois par d'antiques beautés ;
Que par ses défauts même il sait encor séduire ;
Talent qui peut absoudre un siècle qui l'admire ;
Mais qu'on m'ose prôner des sophistes pesans,
Apostats effrontés du goût et du bon sens ·
Saint-Lambert, noble auteur, dont la muse pédante
Fait des vers fort vantés par Voltaire qu'il vante ;
Qui du nom de poème ornant de plats sermons,
En quatre points mortels a rimé les saisons ;
Et ce vain Beaumarchais, qui trois fois avec gloire
Mit le mémoire en drame et le drame en mémoire ;
Et ce lourd Diderot, docteur en style dur,
Qui passe pour sublime à force d'être obscur,
Et ce froid d'Alembert, chancelier du Parnasse,
Qui se croit un grand homme et fit une préface,
Et tant d'autres encor dont le public épris
Connait beaucoup les noms et fort peu les écrits :
Alors, certes, alors ma colère s'allume,
Et la vérité court se placer sous ma plume.

GILBERT.

LA PROMENADE.

Élégie.—1806.

Roule avec majesté tes ondes fugitives,
Seine ; j'aime à rêver sur tes paisibles rives,
En laissant comme toi la reine des cités.
Ah ! lorsque la nature à mes yeux attristés,

Le front orné de fleurs, brille en vain renaissante ;
Lorsque du renouveau l'haleine carossante
Rafraîchit l'univers de jeunesse paré
Sans ranimer mon front pâle et décoloré,
Du moins auprès de toi que je retrouve encore
Ce calme inspirateur que le poète implore,
Et la mélancolie errante au bord des eaux.
Jadis, il m'en souvient, du fond de leurs roseaux,
Tes nymphes répétaient le chant plaintif et tendre
Qu'aux échos de Passy ma voix faisait entendre.
Jours heureux ! temps lointain, mais jamais oublié,
Où les arts consolans, où la douce amitié,
Et tout ce dont le charme intéresse à la vie.
Égayaient mes destins ignorés de l'envie!
  Le soleil affaibli vient dorer ces vallons :
Je vois Auteuil sourire à ses derniers rayons.
Oh ! que de fois j'errai dans tes belles retraites,
Auteuil ! lieu favori ! lieu saint pour les poètes !
Que de rivaux de gloire unis sous tes berceaux !
C'est là qu'au milieu d'eux l'élégant Despréaux,
Législateur du goût, au goût toujours fidèle,
Enseignait le bel art dont il offre un modèle.
Là Molière, esquissant ses comiques portraits,
De Chrysale ou d'Arnolphe a dessiné les traits.
Dans la forêt ombreuse ou le long des prairies,
La Fontaine égarait ses douces rêveries ;
Là Racine évoquait Andromaque et Pyrrhus,
Contre Néron puissant faisait tonner Burrhus,
Peignait de Phèdre en pleurs le tragique délire.
Ces pleurs harmonieux que modulait sa lyre
Ont mouillé le rivage, et de ses vers sacrés
La flamme anime encor les échos inspirés.
  Saint-Cloud, je t'aperçois ; j'ai vu, loin de tes rives,
S'enfuir sous les roseaux tes naïades plaintives ;

J'imite leur exemple et je fuis devant toi :
L'air de la servitude est trop pesant pour moi.
A mes yeux éblouis vainement tu présentes
De tes bois toujours verts les masses imposantes,
Tes jardins prolongés qui bordent ces coteaux,
Et qui semblent de loin suspendus sur les eaux :
Désormais je n'y vois que la toge avilie
Sous la main du guerrier qu'admira l'Italie.
Des champêtres plaisirs tu n'es plus le séjour ;
Ah ! de la liberté tu vis le dernier jour ;
Dix ans d'efforts pour elle ont produit l'esclavage.
Un Corse a des Français dévoré l'héritage.
Élite de héros au combat moissonnés,
Martyrs avec la gloire à l'échafaud traînés,
Vous tombiez satisfaits dans une autre espérance.
Trop de sang, trop de pleurs ont inondé la France ;
De ces pleurs, de ce sang un homme est héritier !
Aujourd'hui dans un homme un peuple est tout entier !
Tel est le fruit amer des discordes civiles.
Mais les fers ont-ils pu trouver des mains serviles ?
Les Français de leurs droits ne sont-ils plus jaloux ?
Cet homme a-t-il pensé que, vainqueur avec tous,
Il pourrait, malgré tous, envahir leur puissance ?
Déserteur de l'Égypte, a-t-il conquis la France ?
Jeune imprudent, arrête : où donc est l'ennemi ?
Si dans l'art des tyrans tu n'es pas affermi...
Vains cris ! plus de sénat : la république expire,
Sous un nouveau Cromwell naît un nouvel empire.
Hélas ! le malheureux, sur ce bord enchanté,
Ensevelit sa gloire avec la liberté.

   Crédule, j'ai long-temps célébré ses conquêtes,
Au forum, au sénat, dans nos jeux, dans nos fêtes,
Je proclamais son nom, je vantais ses exploits,
Quand ses lauriers soumis se courbaient sous les lois,

Quand, simple citoyen, soldat du peuple libre,
Aux bords de l'Éridan, de l'Adige et du Tibre,
Foudroyant tour à tour quelques tyrans pervers,
Des nations en pleurs sa main brisait les fers ;
Ou quand son noble exil aux sables de Syrie
Des palmes du Liban couronnait sa patrie.
Mais, lorsqu'en fugitif regagnant ses foyers,
Il vint contre l'empire échanger les lauriers,
Je n'ai point caressé sa brillante infamie :
Ma voix des oppresseurs fut toujours ennemie ;
Et, tandis qu'il voyait des flots d'adorateurs
Lui vendre avec l'État leurs vers adulateurs,
Le tyran dans sa cour remarqua mon absence ;
Car je chante la gloire et non pas la puissance...

   Le troupeau se rassemble à la voix des bergers ;
J'entends frémir du soir les insectes légers ;
Des nocturnes zéphirs je sens la douce haleine ;
Le soleil de ses feux ne rougit plus la plaine,
Et cet astre plus doux, qui luit au haut des cieux,
Argente mollement les flots silencieux.
Mais une voix qui sort du vallon solitaire
Me dit : Viens, tes amis ne sont plus sur la terre ;
Viens, tu veux rester libre, et le peuple est vaincu.
Il est vrai : jeune encor, j'ai déjà trop vécu.
L'espérance lointaine et les vastes pensées
Embellissaient mes nuits tranquillement bercées ;
A mon esprit déçu, facile à prévenir,
Des mensonges rians coloraient l'avenir.
Flatteuse illusion, tu m'es bientôt ravie !
Vous m'avez délaissé, doux rêves de la vie :
Plaisirs, gloire, bonheur, patrie et liberté,
Vous fuyez loin d'un cœur vide et désenchanté.
Les travaux, les chagrins ont doublé mes années ;
Ma vie est sans couleur, et mes pâles journées

M'offrent de longs ennuis l'enchaînement certain,
Lugubres comme un soir qui n'a pas de matin.
Je vois le but, j'y touche, et j'ai soif de l'atteindre.
Le feu qui me brûlait a besoin de s'éteindre ;
Ce qui m'en reste encor n'est qu'un morne flambeau
Éclairant à mes yeux le chemin du tombeau.
Que je repose en paix sous le gazon rustique,
Sur les bords du ruisseau pur et mélancolique !
Vous, amis des humains et des champs et des vers,
Par un doux souvenir peuplez ces lieux déserts ;
Suspendez aux tilleuls qui forment ces bocages
Mes derniers vêtemens mouillés de tant d'orages ;
Là quelquefois encor daignez vous rassembler ;
Là prononcez l'adieu ; que je sente couler
Sur le sol enfermant mes cendres endormies
Des mots partis du cœur et des larmes amies !

M. J. Chénier.

ÉPITAPHE D'UNE JEUNE FILLE.

Son âge échappait à l'enfance ;
Timide comme l'innocence,
Elle avait les traits de l'amour ;
Quelques mois, quelques jours encore,
Dans ce cœur pur et sans détour
Le sentiment allait éclore.
Mais le ciel avait au trépas
Condamné ses jeunes appas.
Au ciel elle a rendu sa vie
Et doucement s'est endormie

Sans murmurer contre ses lois.
Ainsi le sourire s'efface,
Ainsi meurt sans laisser de trace
Le chant d'un oiseau dans les bois.

Parny.

LA CHUTE DES FEUILLES.

De la dépouille de nos bois
L'automne avait jonché la terre,
Le bocage était sans mystère,
Le rossignol était sans voix.
Triste et mourant à son aurore,
Un jeune malade à pas lents
Parcourait une fois encore
Le bois cher à ses premiers ans :
« Bois que j'aime, adieu, je succombe ;
Votre deuil me prédit mon sort ;
Et dans chaque feuille qui tombe
Je vois un présage de mort.
Fatal oracle d'Épidaure,
Tu m'as dit : « Les feuilles des bois
A tes yeux jauniront encore,
Mais c'est pour la dernière fois.
L'éternel cyprès t'environne ;
Plus pâle que la pâle automne,
Tu t'inclines vers le tombeau ;
Ta jeunesse sera flétrie
Avant l'herbe de la prairie,
Avant le pampre du coteau. »
Et je meurs, de sa froide haleine

Le vent funeste m'a touché,
Mon printemps commençait à peine,
Et mon hiver s'est approché.
Tombe, tombe, feuille éphémère,
Voile aux yeux ce triste chemin ;
Cache au désespoir de ma mère
La place où je serai demain.
Mais dans la solitaire allée,
Si mon amante échevelée
Venait pleurer quand le jour fuit,
Éveille par un léger bruit
Mon ombre un instant consolée. »
Il dit, s'éloigne et sans retour !
La dernière feuille qui tombe
A signalé son dernier jour.
Sous le chêne on creusa sa tombe ;
Mais son amante ne vint pas
Visiter la pierre isolée ;
Et le pâtre de la vallée
Troubla seul du bruit de ses pas
Le silence du mausolée.

MILLEVOYE.

LE ROSSIGNOL AVEUGLE.

Pauvre exilé de l'air ! sans ailes, sans lumière
    Oh ! comme on t'a fait malheureux !
Quelle ombre impénétrable inonde ta paupière !
Quel deuil est étendu sur tes chants douloureux
Innocent Bélisaire ! une empreinte brûlante
Du jour sur ta prunelle a séché les couleurs ;
Et ta mémoire y roule incessamment des pleurs ;

Et tu ne sais pourquoi Dieu fait la nuit si lente !
Et Dieu nous verse encor la nuit égale au jour.
Non ! la nuit sans rayons n'est pas son triste ouvrage :
Il ouvrit tout un ciel à ton œil plein d'amour ;
      Et ton vol mutilé l'outrage !
Par lui ton cœur éteint s'illumine d'espoir ;
Un éclair qu'il allume à ton horizon noir
Te fait rêver de l'aube ou des étoiles blanches,
Ou d'un reflet de l'eau qui glisse entre les branches
      Des bois que tu ne dois plus voir.
Et tu chantes les bois, puisque tu vis encore ;
Tu chantes : pour l'oiseau, respirer c'est chanter.
Mais quoi ! pour moduler l'ennui qui te dévore,
Sous le voile vivant qui t'usurpe l'aurore,
Combien d'autres accens te faut-il inventer !
Un cœur d'oiseau sait-il tant de notes plaintives ?
Ah ! quand la liberté soufflait dans tes chansons,
Qu'avec ravissement tes ailes incaptives
Dans l'azur sans barrière emportaient ses leçons !
Douce horloge du soir aux saules suspendue,
Ton timbre jetait l'heure aux pâtres dispersés ;
Mais le timbre égaré dans ta clarté perdue
Sonne toujours minuit sur tes chants oppressés,
Tes chants n'éveillent plus la pâle primevère
Qui meurt sans recevoir les baisers du soleil,
Ni le souci fermé sous le doigt du sommeil,
Qui se rouvre baigné d'une rosée amère.
Tu ne sais plus quel astre éclaire tes instans ;
Tu bois sans les compter tes heures de souffrance ;
      Car ta veille sans espérance
      Ne sent pas la fuite du temps.
Tu ne vas plus verser ton hymne sur la rose,
Ni retremper ta voix dans le feu qui l'arrose :
Cette haleine d'encens, ce parfum tant aimé,

C'est l'amour qui fermente au fond d'un cœur fermé ;
  Et ton cœur contre ta cage
  Se jette avec désespoir ;
  Et l'on rit du vain courage
  Qui heurte ton esclavage
Sur un barreau sanglant que tu ne peux mouvoir.
Du fond de ton sépulcre un cri lent et sonore
Dénonce tes malheurs autre part entendus ;
  Ton œil vide s'ouvre encore
  Pour saluer une aurore
  Que l'homme n'éteindra plus !
  Ce jour que l'esclave envie
  Du moins changera ton sort,
  Et je sais trop de la vie
  Pour médire de la mort !
Chante la liberté, prisonnier ! Dieu t'écoute.
Allons, nous voici deux à chanter devant lui.
J'ai su dire ma joie et je sais aujourd'hui
  Ce qu'un son douloureux te coûte !
Chante pour tes bourreaux qui daignent te nourrir,
Qui t'ont ravi des cieux la flamme épanouie ;
Tes cris font des accords, ton deuil les désennuie ;
Si ta douleur s'enferme, ils te feront mourir.
  Chante donc ta douleur profonde,
  Ton désert au milieu du monde,
  Ton veuvage, ton abandon ;
  Dis, dis quelle amertume affreuse
  Rend la liberté douloureuse
  Pour qui n'en sait plus que le nom !
  Laisse ton hymne désolée,
  Comme l'eau dans une vallée,
  S'épancher sur tes sombres jours ;
  Et que l'espoir filtre toujours
  Au fond de ta joie écoulée.

Mme DESBORDES-VALMORE.

L'EXILÉE.

Fragment.

« Vois-tu, mon bel enfant, venir un pèlerin ?
Sur le roc escarpé comme il monte avec peine !
    Il s'arrête, il reprend haleine :
Peut-être avec sa vie il use un long chagrin.
Rarement l'homme heureux porte au loin sa prière ;
L'infortuné s'isole ; il cherche... il fuit son sort ;
Sur l'indigent roseau parcourant sa carrière,
Jour par jour il s'acquitte, il achète la mort.
Pourquoi quitterait-il cette fraîche vallée
Où l'âme sans repos doit dormir consolée,
Où tant de ruisseaux purs l'invitent à s'asseoir,
Où je voudrais, mon fils, te descendre le soir ?
Le soir, le jour, jamais nous n'y pouvons descendre :
Elle exila de nous jusques à notre cendre.
Le ciel y mit la paix, la paix n'est pas pour nous.
Sera-t-elle pour toi qui dors sur mes genoux ? »
Et l'enfant, réveillé par la voix de sa mère,
L'enfant, qui ne sait pas que la vie est amère,
Tend les bras, et son œil touché par le soleil
Se referme indolent sous le doigt du sommeil.
« Tu dors, enfant, tu dors, et le pèlerin passe
Devant le vieux calvaire assis sur le rocher :
On dirait qu'il voltige à l'entour du clocher
    Qui jette l'heure dans l'espace ;
Et quand je vois au loin, traînant ses pas poudreux,
Un voyageur courbé devant le vieux calvaire,
    Hélas ! je dis qu'il est mon frère,
    Car je crois qu'il est malheureux.
    Qu'il vienne au moins chercher de l'ombre
Sous notre toit d'argile, afin de le bénir ;

Et s'il y rentre un jour, un soir d'un hiver sombre,
Qu'il y soit reconduit par un doux souvenir!
Mon père, la chaleur vous accable et vous pèse.
Honorez ma maison, suspendez-y vos pas.
Sur le chemin sans fleurs qui vous attend là-bas
Attendez que du jour l'éclat brûlant s'apaise.
Oh! de vos pieds sanglans laissez-moi prendre soin;
Laissez-moi remplacer quelque absent qui vous aime :
Prenez pitié de ceux qui vous pleurent au loin
  En prenant pitié de vous-même !
  Asseyez-vous sur ce vieux banc :
  La nuit est loin, la route est sûre;
  L'eau de la source et du lin blanc
  Rafraîchiront votre blessure! »
Alors le pèlerin s'assit près du bouleau
Dont le vert pâle ornait l'indigente chaumière;
Et ses yeux du soleil qui se jouait dans l'eau
Évitèrent long-temps la railleuse lumière.

Mme DESBORDES-VALMORE.

PLAINTES D'UNE JEUNE ISRAÉLITE SUR LA DESTRUCTION DE JÉRUSALEM.

  O mes pleurs, ne tarissez pas,
  Mouillez jour et nuit ma paupière;
Soleil, à mes regards dérobe ta lumière
La fille de Sion, Jérusalem, hélas !
Sous un joug odieux courbe sa tête altière
  O mes pleurs, ne tarissez pas,
  Mouillez jour et nuit ma paupière.
Comment du Chaldéen reçoit-elle des lois,
  La cité maîtresse du monde,

Qui naguère imposait le tribut à cent rois?
O ma chère patrie! ô douleur trop profonde!
Tout Israël captif est sans force et sans voix.
Comment a succombé l'orgueil de ta puissance?
Comment tant de guerriers armés pour ta défense
Laissent-ils échapper le glaive de leur main?
Deviez-vous embrasser une lâche espérance,
Coupables habitans des rives du Jourdain?
Pourquoi de nos vengeurs enchaîner la vaillance?
L'ennemi, redoutant leur généreux effort,
Criait : La paix! la paix! Il apporte la mort.
Toi, que Dieu remplissait de sa majesté sainte,
Temple dont Salomon avait tracé l'enceinte,
L'airain, le marbre, l'or qui couvraient tes parvis,
Par l'indigne vainqueur à mes yeux sont ravis;
La pitié n'entre pas dans son ame cruelle,
    Il frappe et l'épouse et l'époux;
Le débile vieillard, l'enfant à la mamelle,
Le lévite lui-même expirent sous ses coups.
Déplorable héritier du plus illustre trône,
    L'infortuné Sédécias,
    Conduit esclave à Babylone,
Au fond d'un noir cachot va subir le trépas.
Nul ami n'entendra sa plainte et sa prière,
Nul ami n'aura soin de son heure dernière.
    O mes pleurs, ne tarissez pas,
    Mouillez jour et nuit ma paupière.

Voilà, voilà le fruit de tes iniquités,
Sion! de l'Éternel tu bravas les paroles;
Sur l'autel du vrai Dieu tu plaças des idoles;
    Tu t'enivras de voluptés :
Ton châtiment est juste, et le Dieu des batailles
Pour l'exemple du monde a brisé tes remparts,

>   Tes ennemis de toutes parts
>   Accourent à tes funérailles.
> Sion trahit son Dieu, Dieu punit les ingrats.
>   Soleil, cache-moi ta lumière :
>   O mes pleurs, ne tarissez pas,
>   Mouillez jour et nuit ma paupière.
>
> O coteau d'Engaddi, doux sommet du Carmel,
> Qui versez à grands flots le vin, l'huile et le miel
> Je ne reverrai plus vos ombrages propices !
> La main de l'étranger cueillera vos moissons ;
>   Le sang rougira ces buissons
> Où les roses d'Éden entr'ouvraient leurs calices.
> Lieux sacrés, loin de vous on nous entraîne, hélas !
>   Soleil, cache-moi ta lumière :
>   O mes pleurs, ne tarissez pas,
>   Mouillez jour et nuit ma paupière.
>
> Cependant Dieu l'a dit (il n'a jamais trompé) :
> Juda qu'en ce moment sa colère humilie,
> Des fers de son vainqueur quelque jour échappé,
> Verra de Salomon la cité rétablie.
> Mais sous un autre ciel on nous entraîne, hélas !
>   Soleil, cache-moi ta lumière :
>   O mes pleurs, ne tarissez pas,
>   Mouillez jour et nuit ma paupière.

Mme DUFRESNOY

LE NID.

Habitans du buisson, petits dont l'innocence,
Dont l'enfantine joie enchante ce séjour,
Quand, sous la blanche épine assise tout le jour,

Dans ce fragile nid que le zéphyr balance,
Je vois tant de bonheur, d'allégresse et d'amour,
Pensive je me dis : Tendre et frêle famille,
Que le Dieu protecteur des champs et des oiseaux
Fasse que dans ces lieux un jour pur toujours brille,
Que jamais de ces fleurs n'approche la faucille,
Que la serpe jamais n'outrage ces berceaux !
Arbres hospitaliers ! prêtez-leur vos ombrages ;
Sur eux avec amour penchez vos bras amis :
Non, par moi vos secrets ne seront point trahis,
Et seule, chaque jour, rêvant dans ces bocages,
Je viendrai visiter sous vos légers feuillages
L'asile où j'ai compté quatre faibles petits.
Laissez-moi retrouver près de l'antique chêne,
Sur l'arbre aux blanches fleurs, la couche aérienne,
Le duvet suspendu sous les discrets rameaux
Où l'aile de leur mère et la mousse et la laine
A leur débile enfance offrent un doux repos.
Oui, voilà ce réduit de fragile structure,
Ce berceau balancé dans des flots de verdure,
Entre l'or des guérets et l'azur d'un beau ciel,
Miracle ingénieux de l'amour maternel
    Et chef-d'œuvre de la nature !
Mais quoi ! je le revois vide et silencieux !...
Les hôtes qu'enfermait son sein mystérieux
De quelque être méchant sont devenus la proie !..
Hélas ! hier encor, quand je quittai ces lieux,
Dans cet étroit réduit que de paix, que de joie !
La mère, tout entière à ses soins empressés,
Accourait, rapportant le ver et la chenille
Qu'appelaient par leurs cris ses enfans délaissés,
Et le père, en chantant, surveillait sa famille,
Ses petits, doux trésors, l'un sur l'autre pressés.
Plus de chants, plus d'amour, hélas ! sous l'aubépine ;

Une main sacrilége, effeuillant ses rameaux,
A ravi ses concerts à la branche voisine,
   A ce nid ses tendres oiseaux.
Peut-être quelque enfant au cœur impitoyable,
Sourd à leurs cris plaintifs, de remords incapable,
S'applaudit maintenant de son lâche larcin,
Et nous les trouverons demain, là sur le sable,
Livides, morts de froid, de souffrance et de faim.
Peut-être quelque bête affamée et cruelle
A surpris avant l'aube, à l'heure du sommeil,
La mère et les enfans endormis sous son aile :
   Pauvres innocens, quel réveil !...
Hélas ! si, préservé par sa fuite soudaine,
Un d'entre eux, maintenant, des autres séparé,
Dans les bois d'alentour, faible et volant à peine,
Va plaintif, solitaire et bien loin égaré.
Timide voyageur, tout l'effraie et l'étonne ;
Désolé, palpitant, il va, pauvre petit,
Cherchant dans l'horizon les cieux qu'il abandonne.
L'abri du frais vallon où naguère il naquit,
Et l'arbre où sous les fleurs se balançait son nid.

Mlle Félicie d'Ayzac.

LA PAUVRE FILLE.

   J'ai fui ce pénible sommeil
   Qu'aucun songe heureux n'accompagne ;
   J'ai devancé sur la montagne
   Les premiers rayons du soleil.
   S'éveillant avec la nature,
Le jeune oiseau chantait sur l'aubépine en fleurs ;
Sa mère lui portait la douce nourriture ;

Mes yeux se sont mouillés de pleurs !
Oh ! pourquoi n'ai-je pas de mère ?
Pourquoi ne suis-je pas semblable au jeune oiseau
Dont le nid se balance aux branches de l'ormeau ?
    Rien ne m'appartient sur la terre,
    Je n'ai pas même de berceau ;
Et je suis un enfant trouvé sur une pierre
    Devant l'église du hameau.
    Loin de mes parens exilée,
De leurs embrassemens j'ignore la douceur,
    Et les enfans de la vallée
    Ne m'appellent jamais leur sœur !
Je ne partage point les jeux de la veillée ;
    Jamais sous un toit de feuillée
Le joyeux laboureur ne m'invite à m'asseoir
    Et de loin je vois sa famille,
    Autour du sarment qui pétille,
Chercher sur ses genoux les caresses du soir.
    Vers la chapelle hospitalière
    En pleurant j'adresse mes pas,
    La seule demeure ici-bas
    Où je ne sois point étrangère,
La seule devant moi qui ne se ferme pas !
    Souvent je contemple la pierre
    Où commencèrent mes douleurs :
    J'y cherche la trace des pleurs
Qu'en m'y laissant peut-être y répandit ma mère ;
    Souvent aussi mes pas errans
Parcourent des tombeaux l'asile solitaire ;
Mais pour moi les tombeaux sont tous indifférens ;
    La pauvre fille est sans parens
Au milieu des cercueils ainsi que sur la terre.
    J'ai pleuré quatorze printemps
    Loin des bras qui m'ont repoussée :

Reviens, ma mère, je t'attends
Sur la pierre où tu m'as laissée.

ALEX. SOUMET.

LA MORT DE JEANNE D'ARC

Silence au camp! la vierge est prisonnière ;
Par un injuste arrêt Bedfort croit la flétrir :
Jeune encore, elle touche à son heure dernière...
    Silence au camp! la vierge va périr.
Des pontifes divins, vendus à la puissance,
Sous les subtilités des dogmes ténébreux
    Ont accablé son innocence.
Les Anglais commandaient ce sacrifice affreux :
Un prêtre en cheveux blancs ordonna le supplice ;
Et c'est au nom d'un Dieu par lui calomnié,
D'un Dieu de vérité, d'amour et de justice,
Qu'un prêtre fut perfide, injuste et sans pitié.

. . . .

A qui réserve-t-on ces apprêts meurtriers?
    Pour qui ces torches qu'on excite?
    L'airain sacré tremble et s'agite...
D'où vient ce bruit lugubre? où courent ces guerriers
Dont la foule à longs flots roule et se précipite?

    La joie éclate sur leurs traits ;
    Sans doute l'honneur les enflamme ;
Ils vont pour un assaut former leurs rangs épais :
    Non, ces guerriers sont des Anglais
    Qui vont voir mourir une femme.

Qu'ils sont nobles dans leur courroux !

Qu'il est beau d'insulter au bras chargé d'entraves !
La voyant sans défense, ils s'écriaient, ces braves :
    Qu'elle meure ; elle a contre nous
Des esprits infernaux suscité la magie...
    Lâches ! que lui reprochez-vous ?
D'un courage inspiré la brûlante énergie,
L'amour du nom français, le mépris du danger,
    Voilà sa magie et ses charmes ;
    En faut-il d'autres que des armes
Pour combattre, pour vaincre et punir l'étranger ?
. . . .

Du Christ avec ardeur Jeanne baisait l'image ;
Ses longs cheveux épars flottaient au gré des vents :
Au pied de l'échafaud, sans changer de visage,
    Elle s'avançait à pas lents.
Tranquille elle y monta ; quand, debout sur le faîte,
Elle vit ce bûcher qui l'allait dévorer,
Les bourreaux en suspens, la flamme déjà prête,
Sentant son cœur faillir, elle baissa la tête
    Et se prit à pleurer.

    Ah ! pleure, fille infortunée !
    Ta jeunesse va se flétrir,
    Dans sa fleur trop tôt moissonnée !
    Adieu, beau ciel, il faut mourir.

    Ainsi qu'une source affaiblie
    Près du lieu même où naît son cours
    Meurt en prodiguant ses secours
    Au berger qui passe et l'oublie ;

    Ainsi, dans l'âge des amours,
    Finit ta chaste destinée,

    Et tu péris abandonnée
    Par ceux dont tu sauvas les jours.

Tu ne reverras plus tes riantes montagnes,
Le temple, le hameau, les champs de Vaucouleurs,
    Et ta chaumière et tes compagnes,
Et ton père expirant sous le poids des douleurs

. . . .

Après quelques instans d'un horrible silence,
Tout-à-coup le feu brille, il s'irrite, il s'élance...
Le cœur de la guerrière alors s'est ranimé :
A travers les vapeurs d'une fumée ardente,
    Jeanne encor menaçante
Montre aux Anglais son bras à demi consumé.
    Pourquoi reculer d'épouvante,
    Anglais? son bras est désarmé.
La flamme l'environne, et sa voix expirante
Murmure encore : O France ! ô mon roi bien aimé !
Que faisait-il ce roi? Plongé dans la mollesse,
Tandis que le malheur réclamait son appui,
L'ingrat, il oubliait aux pieds d'une maîtresse
    La vierge qui mourait pour lui !

    Ah ! qu'une page si funeste
    De ce règne victorieux ,
    Pour n'en pas obscurcir le reste,
S'efface sous les pleurs qui tombent de nos yeux !
Qu'un monument s'élève aux lieux de ta naissance,
O toi, qui des vainqueurs renversas les projets!
La France y portera son deuil et ses regrets,
    Sa tardive reconnaissance ;
Elle y viendra gémir sous de jeunes cyprès :
Puissent croître avec eux ta gloire et sa puissance !

Que sur l'airain funèbre on grave des combats,
Des étendards anglais fuyant devant tes pas,
Dieu vengeant par tes mains la plus juste des causes !
Venez, jeunes beautés ; venez, braves soldats,
Semez sur son tombeau les lauriers et les roses !
Qu'un jour le voyageur, en parcourant ces bois,
Cueille un rameau sacré, l'y dépose et s'écrie :
« A celle qui sauva le trône et la patrie,
» Et n'obtint qu'un tombeau pour prix de ses exploits ! »

Notre armée au cercueil eut mon premier hommage ;
Mon luth chante aujourd'hui les vertus d'un autre âge :
Ai-je trop présumé de ses faibles accens ?
  Pour célébrer tant de vaillance,
Sans doute il n'a rendu que des sons impuissans ;
Mais, poète et Français, j'aime à vanter la France.
Qu'elle accepte en tribut de périssables fleurs.
Malheureux de ses maux et fier de ses victoires,
Je dépose à ses pieds ma joie ou mes douleurs :
  J'ai des chants pour toutes ses gloires,
  Des larmes pour tous ses malheurs.

CASIMIR DELAVIGNE.

ADIEUX A UN RUISSEAU.

 Charmant ruisseau, vous fuyez cet ombrage
  Et ce vallon protégé par les cieux,
Comme si l'on pouvait être ailleurs plus heureux.
  Vous avez tort de quitter ce bocage
   Et ces bords paisibles et purs.
Imprudent, vous courez aux cités d'où j'arrive !...
   Ah ! pendant vos succès futurs,

Vous regretterez cette rive,
Et vos rochers déserts et vos antres obscurs.
    Sans retour, onde fugitive,
On vous voit renoncer à des charmes si doux !...
    Je ne ferai pas comme vous.

Comte ANATOLE DE MONTESQUIEU

FRAGMENT.

Quand on est plein de jours, gaiment on les prodigue ;
Leur flot bruyant s'épanche au hasard et sans digue ;
C'est une source vive et faite pour courir,
Et qu'aucune chaleur ne doit jamais tarir.
Pourtant la chaleur vient et l'eau coule plus rare,
La source baisse ; alors le prodigue est avare ;
Incliné vers ses jours comme vers un miroir,
Dans leur onde limpide il cherche à se revoir ;
Mais en tombant déjà les feuilles l'ont voilée,
Et l'œil n'y peut saisir qu'une image troublée.

L'AUTEUR DE MARIE

LE CONVOI D'UN ENFANT.

Un jour que j'étais en voyage
Près de ce clos qu'un mur défend,
Je vis deux hommes du village
Qui portaient un cercueil d'enfant.

Une femme marchait derrière,
Qui pleurait, et disait tout bas
Une lente et triste prière,
Celle qu'on dit lors d'un trépas.

Point de parents, point de famille !
Je ne vis, le long du chemin,
Qu'une pauvre petite fille
Cachant des larmes sous sa main.

Elle suivait la longue allée
Qui conduit au champ du repos,
Et paraissait bien désolée,
Et dévorait bien des sanglots.

Ainsi marchant, quand ils passèrent
Au pied de ce grand peuplier,
Ceux qui travaillaient s'arrêtèrent,
Et je les vis s'agenouiller,

Prier le Ciel pour la jeune âme,
Faire le signe de la croix,
Et, quand passa la pauvre femme,
Se détourner tous à la fois !

Cependant, inclinant la tête,
Au cimetière on arriva.
Une fosse ouverte était prête ;
Alors un homme dit : « C'est là. »

Et la fosse n'étant plus vide,
On y poussa la terre.. Et puis
Je ne vis plus qu'un tertre humide
Avec une branche de buis.

Et comme la petite fille,
S'en allant, passa près de moi,
Je l'arrêtai par sa mantille :
« Tu pleures, mon enfant, pourquoi ?

—Monsieur, c'est que Julien, dit-elle,
Mon petit camarade est mort !

Et, voilant sa noire prunelle
La pauvrette pleura plus fort.

DOVALLE.

LA PAUVRE FILLE.

J'ai fui ce pénible sommeil
Qu'aucun songe heureux n'accompagne,
J'ai devancé sur la montagne
Les premiers rayons du soleil.

S'éveillant avec la nature,
Le jeune oiseau chantait sur l'aubépine en fleur ;
Sa mère lui portait la douce nourriture.....
Mes yeux se sont mouillés de pleurs.

Oh ! pourquoi n'ai-je pas de mère ?
Pourquoi ne suis-je pas semblable au jeune oiseau,
Dont le nid se balance aux branches de l'ormeau ?
Rien ne m'appartient sur la terre ;
Je n'ai pas même de berceau,
Et je suis un enfant trouvé sur une pierre,
Devant l'église du hameau.

Loin de mes parents exilée,
De leurs embrassements j'ignore la douceur ;
Et les enfants de la vallée
Ne m'appellent jamais leur sœur !
Je ne partage pas les jeux de la veillée ;
Jamais, sous un toit de feuillée,
Le joyeux laboureur ne m'invite à m'asseoir ;
Et de loin je vois sa famille
Autour du sarment qui pétille,
Chercher sur ses genoux les caresses du soir.

Vers la chapelle hospitalière,
En pleurant, j'adresse mes pas,
La seule demeure, ici-bas,
Où je ne sois point étrangère.
La seule devant moi qui ne se ferme pas !

Souvent je contemple la pierre
Où commencèrent mes douleurs ;
J'y cherche la trace des pleurs
Qu'en m'y laissant, peut-être y répandit ma mère.

Souvent aussi mes pas errants
Parcourent des tombeaux l'asile solitaire ;
Mais pour moi les tombeaux sont tous indifférents :
La pauvre fille est sans parents,
Au milieu des cercueils ainsi que sur la terre !

J'ai pleuré quatorze printemps,
Loin des bras qui m'ont repoussée,
Reviens, ma mère ; je t'attends
Sur la pierre où tu m'as laissée.

Soumet.

LA SOEUR GRISE.

J'ai laissé pour toujours la maison paternelle ;
Mes jeunes sœurs pleuraient, ma pauvre mère aussi
Oh ! qu'un regret tardif me rendrait criminelle !
Ne suis-je pas heureuse ici ?

Ne m'abandonne pas, toi qui m'as appelée :
Dieu qui mourus pour nous, mon Dieu, je t'appartiens.
Et moi qui console et soutiens,
J'ai besoin d'être consolée.

Ignorante du monde avant de le quitter,
Je ne le hais point, et peut-être

(Un mourant me l'a dit) j'aurais dû le connaître,
  Pour ne jamais le regretter.

Quand je me sens reprendre à sa joie éphémère,
  Faible encor du dernier adieu,
  J'embrasse ta croix, ô mon Dieu!
  Je n'embrasserai plus ma mère.

Souvenirs de bonheur, que voulez-vous de moi?
Que vous sert de troubler ma retraite profonde,
  Et qu'ai-je à faire avec le monde,
Dont le nom seul ici doit me glacer d'effroi?

Ici la charité remplit mes chastes heures :
Le malheureux bénit ma main qui le défend ;
Je nourris l'orphelin d'espérances meilleures ;
Ta servante, ô mon Dieu! dans ces tristes demeures,
Est l'enfant du vieillard, la mère de l'enfant.

Et tandis que mes sœurs à de nouvelles fêtes
  Vont peut-être se préparer,
Que des fleurs dont ma mère aimait à me parer
  Elles ont couronné leurs têtes,
Moi je veille et je prie, et ne dois point pleurer.

O de mes premiers jours images trop fidèles !
Mes songes quelquefois me rendent vos douceurs.
Ma bouche presse encor les lèvres maternelles ;
Et même au bal joyeux je suis mes jeunes sœurs,
  Le front ceint de roses, comme elles.

  Vaine illusion d'un instant,
Dont le charme confus m'agite et me réveille !
Mais la cloche plaintive a frappé mon oreille ;
A son lit de douleur le malade m'attend.

Là, naguère, une pauvre fille
Me disait en pleurant : « Dieu finit mes malheurs.
　　　J'étais orpheline, et je meurs
　　　Sans avoir connu ma famille. »
Moi, j'ai quitté la mienne... et nous mêlions nos pleurs.

J'avais une famille, et pourtant je l'oublie ;
　　　Et mon cœur bat d'un noble orgueil,
Quand le pauvre a pressé de sa main affaiblie
Ma main qui doucement l'accompagne au cercueil.

Consolé par ma voix, à son heure suprême,
Bien souvent le pécheur s'endort moins agité ;
Que dis-je ? le mourant me console lui-même
De ce monde si vain qu'avant lui j'ai quitté.
Et lorsque dans ses yeux une dernière flamme
Révèle un saint espoir, né d'une ardente foi,
Je recommande à Dieu de recevoir son âme,
　　　Au mourant de prier pour moi.

ALEXANDRE GUIRAUD.

II

Stances. — Odes. — Chansons. — Hymnes.

STANCES.

LES PLAISIRS DE LA SOLITUDE.

Tircis, il faut penser à faire la retraite ;
La course de nos jours est plus qu'à demi faite ;
L'âge insensiblement nous conduit à la mort.
Nous avons assez vu sur la mer de ce monde
Errer au gré des flots notre nef vagabonde ;
Il est temps de jouir des délices du port.

Le bien de la fortune est un bien périssable ;
Quand on bâtit sur elle on bâtit sur le sable :
Plus on est élevé, plus on court de dangers :
Les grands pins sont en butte aux coups de la tempête,
Et la rage des vents brise plutôt le faîte
Des maisons de nos rois que les toits des bergers.

Et bien heureux celui qui peut de sa mémoire
Effacer pour jamais ce vain espoir de gloire,
Dont l'inutile soin traverse nos plaisirs,
Et qui, loin, retiré de la foule importune,
Vivant dans sa maison content de sa fortune,
A selon son pouvoir mesuré ses désirs !

Il laboure le champ que laboura son père.
Il ne s'informe point de ce qu'on délibère
Dans ces graves conseils d'affaires accablés ;
Il voit sans intérêt la mer grosse d'orages,
Et n'observe des vents les sinistres présages
Que pour le soin qu'il a du salut de ses blés...

Roi de ses passions, il a ce qu'il désire ;
Son fertile domaine est son petit empire ;
Sa cabane est son Louvre et son Fontainebleau,
Ses champs et ses jardins sont autant de provinces ;
Et, sans porter envie à la pompe des princes,
Se contente chez lui de les voir en tableau.

Il voit de toutes parts combler d'heur sa famille,
La javelle à plein poing tomber dans sa faucille,
Le vendangeur ployé sous le faix des paniers ;
Il semble qu'à l'envi les fertiles montagnes,
Les humides vallons et les grasses campagnes,
S'efforcent à remplir sa cave et ses greniers.

Il suit aucune fois un cerf par les foulées,
Dans ses vieilles forêts des peuples reculées
Et qui même du jour ignorent le flambeau ;
Aucune fois des chiens il suit les voix confuses
Et voit enfin le lièvre, après toutes ses ruses,
Du lieu de sa naissance en faire le tombeau.

Il soupire en repos l'ennui de sa vieillesse
Dans ce même foyer où sa tendre jeunesse
A vu dans le berceau ses bras emmaillotés ;
Il tient par les moissons registre des années,
Et voit de temps en temps leurs courses enchaînées
Vieillir avecque lui les bois qu'il a plantés.

Il ne va point fouiller aux terres inconnues,
A la merci des vents et des ondes chenues,
Ce que nature avait caché de ses trésors,
Et ne recherche point pour honorer sa vie
De plus illustre mort ni plus digne d'envie
Que de mourir au lit où ses pères sont morts.

Il contemple du sort les insolentes rages,
Des vents de la faveur, acteurs de nos orages,
Allumer des mutins les desseins factieux :
Et voit en un clin d'œil, par un contraire échange,
L'un déchiré du peuple au milieu de la fange,
Et l'autre en même temps élevé jusqu'aux cieux

S'il ne possède pas ces maisons magnifiques,
Ces tours, ces chapiteaux, ces superbes portiques,
Où la magnificence étale ses attraits,
Il jouit des beautés qu'ont les saisons nouvelles,
Il voit de la verdure et des fleurs naturelles,
Qu'en les riches lambris on ne voit qu'en portraits.

Crois-moi, retirons-nous tous de la multitude,
Et vivons désormais loin de la servitude
De ces palais dorés où tout le monde accourt :
Sous un chêne élevé les arbrisseaux s'ennuient,
Et devant le soleil tous les astres s'enfuient,
De peur d'être obligés de lui faire la cour.

Après qu'on a suivi sans aucune assurance
Cette vaine faveur qui nous plaît d'espérance,
L'envie en un moment tous nos desseins détruit :
Ce n'est qu'une fumée ; il n'est rien de si frêle,
Sa plus belle maison est sujette à la grêle,
Et souvent elle n'a que des fleurs pour du fruit.

Agréables déserts, séjours de l'innocence,
Où, loin des vanités de la magnificence,
Commence mon repos et finit mon tourment,
Vallons, fleuves, rochers, plaisante solitude,
Si vous fûtes témoins de mon inquiétude,
Soyez-le désormais de mon contentement.

RACAN.

LES LOUANGES DE LA VIE CHAMPÊTRE.

Désert, aimable solitude,
Séjour du calme et de la paix,
Asile où n'entrèrent jamais
Le tumulte et l'inquiétude,

Quoi ! j'aurai tant de fois chanté
Aux tendres accords de ma lyre
Tout ce qu'on souffre sous l'empire
De l'amour et de la beauté ;

Et, plein de la reconnaissance
De tous les biens que tu m'as faits,
Je laisserai dans le silence
Tes agrémens et tes bienfaits !

C'est toi qui me rends à moi-même ;
Tu calmes mon cœur agité ;
Et de ma seule oisiveté
Tu me fais un bonheur extrême.

Parmi ces bois et ces hameaux,
C'est là que je commence à vivre ;
Et j'empêcherai de m'y suivre
Le souvenir de tous mes maux.

Emplois, grandeurs tant désirées,
J'ai connu vos illusions ;
Je vis loin des préventions
Qui forgent vos chaînes dorées.

La cour ne peut plus m'éblouir :
Libre de son joug le plus rude,
J'ignore ici la servitude
De louer qui je dois haïr.

Fils des dieux, qui de flatteries
Repaissez votre vanité,
Apprenez que la vérité
Ne s'entend que dans nos prairies.

Grotte d'où sort ce clair ruisseau,
De mousse et de fleurs tapissée,
N'entretiens jamais ma pensée
Que du murmure de ton eau.

Bannissons la flatteuse idée
Des honneurs que m'avaient promis
Mon savoir-faire et mes amis,
Tous deux maintenant en fumée.

Je trouve ici tous les plaisirs
D'une condition commune ;
Avec l'état de ma fortune
Je mets de niveau mes désirs.

Ah ! quelle riante peinture
Chaque jour se montre à mes yeux
Des trésors dont la main des dieux
Se plaît d'enrichir la nature !

Quel plaisir de voir les troupeaux,
Quand le midi brûle l'herbette,
Rangés autour de la houlette,
Chercher le frais sous ces ormeaux,

Puis sur le soir à nos musettes
Ouïr répondre les coteaux,
Et retentir tous nos hameaux
De hautbois et de chansonnettes !

Mais, hélas ! ces paisibles jours
Coulent avec trop de vitesse ;

Mon indolence et ma paresse
N'en peuvent suspendre le cours.

Déjà la vieillesse s'avance ;
Et je verrai dans peu la mort
Exécuter l'arrêt du sort,
Qui m'y livre sans espérance.

Fontenay, lieu délicieux
Où je vis d'abord la lumière,
Bientôt au bout de ma carrière,
Chez toi je joindrai mes aïeux.

Muses, qui dans ce lieu champêtre
Avec soin me fîtes nourrir,
Beaux arbres, qui m'avez vu naître,
Bientôt vous me verrez mourir !

Cependant du frais de votre ombre
Il faut sagement profiter,
Sans regret, prêt à vous quitter
Pour ce manoir terrible et sombre

Où de ces arbres dont exprès,
Pour un doux et plus long usage,
Mes mains ornèrent ce bocage,
Nul ne me suivra qu'un cyprès.

CHAULIEU.

SIMPLE VIE.

Oh ! laissez-moi mes rêveries,
Mes beaux vallons, mon ciel si pur,
Mes ruisseaux coulant aux prairies,
Mes bois, mes collines fleuries,

Et mon fleuve aux ondes d'azur.
Laissez ma vie au bord de l'onde
Comme elle suivre son chemin,
Inconnue aux clameurs du monde,
Toujours pure, mais peu profonde,
Et sans peines du lendemain.

Laissez-la couler lente et douce,
Entre les fleurs, près des coteaux,
Jouant avec un brin de mousse,
Avec une herbe qu'elle pousse,
Avec le saule aux longs rameaux.

Mon ame est un oiseau qui chante
Sous la ramée, au fond des bois;
Sa plainte est naïve et touchante;
La solitude qu'elle enchante
Donne mille échos à sa voix.

Mes heures, à tout vent bercées,
S'en vont se tenant par la main;
Sous leurs pas légers mes pensées
Éclosent belles et pressées
Comme l'herbe aux bords du chemin.

On dit que la vie est amère :
O mon Dieu ! ce n'est point pour moi !
La poésie et la prière,
Comme une sœur, comme une mère
La bercent pure devant toi.

Enfant, elle poursuit un rêve,
Une espérance, un souvenir,
Comme un papillon sur la grève.
Et chaque beau jour qui se lève
Lui semble tout son avenir.

Les jours lui tombent goutte à goutte,
Mais doux comme un rayon de miel ;
Il n'en est point qu'elle redoute.
O mon Dieu ! c'est ainsi sans doute
Que vivent les anges au ciel.

La mort doit nous être donnée
Douce après ces jours de bonheur.
Comme une fleur demi-fanée,
Au soir de sa longue journée,
On penche la tête et l'on meurt

Et si l'on croit, si l'on espère,
Qu'est-ce mourir ? Fermer les yeux,
Se recueillir pour la prière,
Livrer l'ame à l'ange son frère,
Dormir pour s'éveiller aux cieux.

Justin Maurice.

LE NID DE FAUVETTES.

Je le tiens ce nid de fauvette !
Ils sont deux, trois, quatre petits !
Depuis si long-temps je vous guette ;
Pauvres oiseaux, vous voilà pris !

Criez, sifflez, petits rebelles,
Débattez-vous ; oh ! c'est en vain :
Vous n'avez pas encore d'ailes ?
Comment vous sauver de ma main ?

Mais, quoi, n'entends-je point leur mère,
Qui pousse des cris douloureux ?
Oui, je le vois ; oui, c'est leur père
Qui vient voltiger auprès d'eux.

Ah! pourrais-je causer leur peine,
Moi qui l'été dans les vallons,
Venais m'endormir sous un chêne,
Au bruit de leurs douces chansons?

Hélas! si du sein de ma mère,
Un méchant venait me ravir,
Je le sens bien, dans sa misère,
Elle n'aurait plus qu'à mourir.

Et je serais assez barbare,
Pour vous arracher vos enfans!
Non, non, que rien ne vous sépare;
Non, les voici, je vous les rends.

Apprenez-leur dans le bocage
A voltiger auprès de vous;
Qu'ils écoutent votre ramage,
Pour former des sons aussi doux;

Et moi, dans la saison prochaine,
Je reviendrai dans les vallons,
Dormir quelquefois sous un chêne
Au bruit de leurs jeunes chansons.

BERQUIN.

VERSAILLES.

O Versaille, ô bois, ô portiques,
Marbres vivans, berceaux antiques,
Par les dieux et les rois Élysée embelli,
A ton aspect, dans ma pensée,
Comme sur l'herbe aride une fraîche rosée,
Coule un peu de calme et d'oubli.

Paris me semble un autre empire,
Dès que pour toi je vois sourire
Mes pénates secrets, couronnés de rameaux,
D'où souvent les monts et les plaines
Vont dirigeant mes pas aux campagnes prochaines
Sous de triples cintres d'ormeaux.

Les chars, les royales merveilles,
Des gardes les nocturnes veilles,
Tout a fui ; des grandeurs tu n'es plus le séjour ;
Mais le sommeil, la solitude,
Dieux jadis inconnus, et les arts et l'étude,
Composent aujourd'hui ta cour.

Ah ! témoin des succès du crime,
Si l'homme juste et magnanime
Pouvait ouvrir son cœur à la félicité,
Versailles, tes routes fleuries,
Ton silence, fertile en belles rêveries,
N'auraient que joie et volupté.

Mais souvent tes vallons tranquilles,
Tes sommets verts, tes frais asiles,
Tout-à-coup à mes yeux s'enveloppent de deuil ;
J'y vois errer l'ombre livide
D'un peuple d'innocens qu'un tribunal perfide
Précipite dans le cercueil.

ANDRÉ CHÉNIER.

IAMBES.

Quand au mouton bêlant la sombre boucherie
    Ouvre ses cavernes de mort,
Pauvres chiens et moutons, toute la bergerie
    Ne s'informe plus de son sort.

Les enfans qui suivaient ses ébats dans la plaine,
    Les vierges aux belles couleurs
Qui le baisaient en foule, et sur sa blanche laine
    Entrelaçaient rubans et fleurs,
Sans plus penser à lui, le mangent s'il est tendre.
    Dans cette abime enseveli,
J'ai le même destin. Je m'y devais attendre.
    Accoutumons-nous à l'oubli.
Oubliés comme moi dans cet affreux repaire,
    Mille autres moutons comme moi,
Pendus au croc sanglant du charnier populaire,
    Seront servis au peuple-roi.
Que pouvaient mes amis? Oui, de leur main chérie
    Un mot à travers ces barreaux
A versé quelque baume en mon ame flétrie,
    De l'or peut-être à mes bourreaux.
Mais tout est précipice. Ils ont eu droit de vivre
    Vivez, amis; vivez contens.
En dépit de Bavus soyez lents à me suivre.
    Peut-être en de plus heureux temps
J'ai moi-même, à l'aspect des pleurs de l'infortune,
    Détourné mes regards distraits;
A mon tour aujourd'hui mon malheur importune;
    Vivez, amis; vivez en paix.

André Chénier.

LA JEUNE CAPTIVE.

L'épi naissant mûrit de la faux respecté;
Sans crainte du pressoir le pampre tout l'été
    Boit les doux présens de l'Aurore;
Et moi, comme lui belle, et jeune comme lui,
Quoi que l'heure présente ait de trouble et d'ennui,
    Je ne veux point mourir encore.

Qu'un stoïque aux yeux secs vole embrasser la Mort ;
Moi, je pleure et j'espère. Au noir souffle du nord
    Je ploie et relève ma tête.
S'il est des jours amers, il en est de si doux !
Hélas ! quel miel jamais n'a laissé de dégoûts ?
    Quelle mer n'a point de tempête ?

L'illusion féconde habite dans mon sein.
D'une prison sur moi les murs pèsent en vain ;
    J'ai les ailes de l'Espérance.
Échappée aux réseaux de l'oiseleur cruel,
Plus vive, plus heureuse, aux campagnes du ciel
    Philomèle chante et s'élance.

Est-ce à moi de mourir ? Tranquille je m'endors,
Et tranquille je veille ; et ma veille aux remords
    Ni mon sommeil ne sont en proie.
Ma bienvenue au jour me rit dans tous les yeux ;
Sur des fronts abattus mon aspect dans ces lieux
    Ranime presque de la joie.

Mon beau voyage encore est si loin de sa fin !
Je pars, et des ormeaux qui bordent le chemin
    J'ai passé les premiers à peine.
Au banquet de la vie à peine commencé,
Un instant seulement mes lèvres ont pressé
    La coupe en mes mains encor pleine.

Je ne suis qu'au printemps ; je veux voir la moisson,
Et, comme le soleil, de saison en saison
    Je veux achever mon année.
Brillante sur ma tige et l'honneur du jardin
Je n'ai vu luire encor que les feux du matin ;
    Je veux achever ma journée.

O Mort ! tu peux attendre ; éloigne, éloigne-toi ;

Va consoler les cœurs que la honte, l'effroi,
   Le pâle désespoir dévore :
Pour moi Palès encore a des asiles verts,
Les Amours, des baisers ; les Muses, des concerts :
   Je ne veux point mourir encore.

— Ainsi, triste et captif, ma lyre toutefois
S'éveillait, écoutant ces plaintes, cette voix,
   Ces vœux d'une jeune captive ;
Et, secouant le faix de mes jours languissans,
Aux douces loix des vers je pliais les accens
   De sa bouche aimable et naïve

Ces chants, de ma prison témoins harmonieux,
Feront à quelque amant des loisirs studieux
   Chercher quelle fut cette belle.
La grâce décorait son front et ses discours :
Et, comme elle, craindront de voir finir leurs jours
   Ceux qui les passeront près d'elle.

ANDRÉ CHÉNIER.

LE SYLPHE.

Je suis un sylphe, une ombre, un rien, un rêve,
Hôte de l'air, esprit mystérieux,
Léger parfum que le zéphyr enlève,
Anneau vivant qui joint l'homme et les dieux.

De mon corps pur les rayons diaphanes
Flottent mêlés à la vapeur du soir ;
Mais je me cache aux regards des profanes,
Et l'ame seule en songe peut me voir.

Rasant du lac la nappe étincelante,
D'un vol léger j'effleure les roseaux ;

Et, balancé sur mon aile brillante,
J'aime à me voir dans le cristal des eaux.

Dans vos jardins quelquefois je voltige ;
Et, m'enivrant de suaves odeurs,
Sans que mon pied fasse incliner leur tige
Je me suspends au calice des fleurs.

Dans vos foyers j'entre avec confiance ;
Et, récréant son œil clos à demi,
J'aime à verser des songes d'innocence
Sur le front pur d'un enfant endormi.

Lorsque sur vous la nuit jette son voile,
Je glisse aux cieux comme un long filet d'or,
Et les mortels disent : « C'est une étoile
Qui d'un ami vous présage la mort. »

Alexandre Dumas.

LA VIEILLE FILLE.

Pauvre fille, toujours ici-bas oubliée,
Toi dont la vie était une lente douleur,
Dont l'ame méconnue en soi s'est repliée,
Amèrement blessée au toucher du malheur ;

Toi, qui viens de mourir aussi chaste qu'un ange,
Et dont le front blanchi dort sous le blanc linceul,
Toi que nul n'a choisie, et dont la fleur d'orange
N'a, de son pâle éclat, paré que le *cercueil* ;

Console-toi, ma sœur, de ce triste hyménée !
De ces vierges qui vont chantant l'hymne de mort,
Fières de leur jeunesse et de leur destinée,
Plus d'une, après l'épreuve, aurait choisi ton sort.

Ton ame vers la paix s'est enfin élancée ;
Tu pars riche de pleurs, tous ont été comptés ;
Car du livre éternel la joie est effacée,
Et seuls, en lettres d'or, les chagrins sont restés.

Ah! qui sait les ennuis, les désespoirs sans nombre,
Les résignations qu'un cœur pauvre nourrit ;
Pauvre de tous les biens, et qui s'éteint dans l'ombre,
D'un mal dont sans pitié chacun s'éloigne et rit !

La laideur chez la femme est maudite et flétrie ;
De la grâce et du beau nous sommes amoureux :
C'est comme un souvenir de la noble patrie,
Qui vient frapper nos sens et parler à nos yeux.

. . . .

Elle vit, en naissant, commencer sa misère ;
Triste, elle grandissait parmi ses jeunes sœurs ;
Car elle devinait, en embrassant sa mère,
Une pitié plaintive en ses yeux tout en pleurs.

Elle n'eut point d'enfance, et, venue à cet âge
Où la beauté reluit dans toute sa splendeur,
Chacun se détourna de son pâle visage,
Sans chercher plus avant ce que gardait son cœur,

Son cœur cachant à tous sa richesse inutile,
Ses secrets battemens comprimés sous sa main,
Mystérieux parfum enfermé dans l'argile,
Beau trésor inconnu, qu'on foulait en chemin :

Ne murmurant jamais, tant son ame était haute,
N'ayant que Dieu pour juge en ses muets combats,
Et voilant son malheur comme on voile une faute,
Souffrant de ces douleurs qui ne se plaignent pas ;

Vivant dans ses longs jours isolée et sans guide,
Et voyant chacun d'eux, fatalement pareil,
Sans espoir, sans bonheur, triste, uniforme, vide,
Comme un morne horizon sans pluie et sans soleil.

Et quand le poids des ans eut incliné sa tête,
Son cœur, tant éprouvé par un destin jaloux,
Se vengea noblement de sa part incomplète ;
Elle agrandit sa vie en la donnant à tous.

Saintement résignée à marcher solitaire,
Sans époux, sans enfans, sans lien, sans amours,
De tous les affligés elle devint la mère ;
Doux nom qu'avaient souvent rêvé ses mauvais jours !

Gloire, gloire à celui qui garde dans son ame
La foi, divin trésor d'intarissable miel!
Toi qui n'as partagé que les maux de la femme,
O vierge en cheveux blancs, va confiante au ciel !

. . . .

Les dévouemens obscurs sont les plus magnifiques ;
Dans l'ombre et le silence ils restent confondus :
C'est la voix du désert chantant les saints cantiques,
Qui montent jusqu'à Dieu, de lui seul entendus.

Ils veulent un cœur fort, un assidu courage :
Celui qui les pratique entre tous est béni ;
Il amasse en secret un sublime héritage,
Et sème dans son champ un mérite infini.

La vertu glorieuse a le regard des hommes,
L'autre a celui du Dieu juste et mystérieux.
La première a sa fin dans le monde où nous sommes,
L'autre naît sur la terre et ne fleurit qu'aux cieux.

Mme JANVIER.

A UNE JEUNE FILLE.

Enfant, vous êtes blonde et tout-à-fait charmante ;
On d'rait, à vous voir timide et rayonnante
    Au milieu de vos sœurs,
Une royale fleur, de fleurs environnée,
Vermeille et des parfums dont elle est couronnée
    Épanchant les douceurs.

Vous riez bien souvent d'un ineffable rire ;
Tout ce que vous pensez, vos yeux semblent le dire,
    Vos beaux yeux bleus et doux !
Votre front est si pur qu'on y lirait votre ame
Où l'ardente prière étend sa pure flamme,
    Plus pure encore que vous !

Oh ! vous aimez beaucoup les fleurs et la prairie,
Les oiseaux et les vers, et puis la causerie
    Le soir, dans le jardin,
Lorsque, près d'une amie à la tête qui penche,
Votre bras blanc passé sur son épaule blanche,
    Et la main dans sa main,

Vous parlez bien souvent d'amitiés éternelles,
Du ciel qui réunit les ames fraternelles
    Qu'il sépare ici-bas.
Et lorsque vous voyez une étoile qui tombe,
Vous dites : « Le Seigneur vient d'ouvrir une tombe ; »
    Et vous pressez le pas.

Mais vous aimez surtout la musique et la danse,
Votre cœur tout entier vers le plaisir s'élance
    Et bondit avec vous ;
Nul souci n'a passé sur le front, sur la vie
De l'enfant qui sourit et qui nous fait envie,
    Hélas ! à presque tous !

Le bonheur est partout lorsque l'on a votre âge,
Enfans ! mais rien ne peut arrêter au passage
  Votre printemps d'amour.
La jeunesse et la joie ont des ailes pareilles ;
Chacun prend une fleur dans leurs fraîches corbeilles
  Et la fane à son tour.

Quand on pense qu'un jour ce front pur, cette bouche
Si fraîche encor, qu'à peine un sourire la touche,
  Changeront de couleur ;
Que le temps sans pitié, sur ces traits que l'on aime,
Viendra poser sa main, on ressent en soi-même
  Une amère douleur.

Et pourtant il le faut ; c'est ainsi qu'est la vie :
Toujours l'heure qui fuit d'un regret est suivie
  Depuis le gai matin,
Jusqu'au soir où, marchant sans trouble et sans prestige,
On voit que bien souvent la fleur manque à la tige,
  Le convive au festin.

Mme MENNESSIER-NODIER.

LA FEUILLE FLÉTRIE.

Pourquoi tomber déjà, feuille jaune et flétrie ?
J'aimais ton doux aspect dans ce triste vallon.
Un printemps, un été, furent toute ta vie ;
Et tu vas sommeiller sur le pâle gazon.

Pauvre feuille ! il n'est plus le temps où ta verdure
Ombrageait le rameau dépouillé maintenant.
Si fraîche au mois de mai ! faut-il que la froidure
Te laisse encore à peine un incertain moment !

L'hiver, saison des nuits, s'avance et décolore

Ce qui servait d'asile aux habitans des cieux ;
Tu meurs, un vent du soir vient t'embrasser encore ;
Mais ses baisers glacés pour toi sont des adieux.

Mlle ÉLISA MERCOEUR.

LES FEUILLES DE SAULE [1].

L'air était pur ; un dernier jour d'automne
En nous quittant arrachait la couronne
    Au front des bois ;
Et je voyais, d'une marche suivie,
Fuir le soleil, la saison et ma vie,
    Tout à la fois.

Près d'un vieux tronc appuyée en silence,
Je repoussais l'importune présence
    Des jours mauvais ;
Sur l'onde froide, où l'herbe encor fleurie,
Tombait sans bruit quelque feuille flétrie ;
    Et je rêvais !...

Au saule antique, incliné sur ma tête,
Ma main enlève, indolente et distraite
    Un vert rameau ;
Puis j'effeuillai sa dépouille légère,
Suivant des yeux sa course passagère
    Sur le ruisseau.

De mes ennuis jeu bizarre et futile !
J'interrogeais chaque débris fragile
    Sur l'avenir ;
Voyons, disais-je à la feuille entraînée,

[1] « Un jour je m'étais amusé à effeuiller une branche de saule sur un ruisseau et à attacher une idée à chaque feuille que le courant entraînait. »   CHATEAUBRIAND.

Ce qu'a ton sort ma fortune enchaînée
    Va devenir ?

Un seul instant je l'avais vue à peine,
Comme un esquif que la vague promène,
    Voguer en paix;
Soudain le flot la rejette au rivage;
Ce léger choc décida son naufrage...
    Je l'attendais !...

Je fie à l'onde une feuille nouvelle,
Cherchant le sort que pour mon luth fidèle
    J'osai prévoir;
Mais vainement j'espérais un miracle,
Un vent rapide emporta mon oracle
    Et mon espoir.

Sur cette rive où ma fortune expire,
Où mon talent sur l'aile du zéphyre
    S'est envolé,
Vais-je exposer sur l'élément perfide
Un vœu plus cher?... Non, non, ma main timide
    A reculé.

Mon faible cœur, en blâmant sa faiblesse,
Ne put bannir une sombre tristesse,
    Un vague effroi;
Un cœur malade est crédule aux présages;
Ils amassaient de menaçans nuages
    Autour de moi.

Le vert rameau de mes mains glisse à terre :
Je m'éloignai pensive et solitaire,
    Non sans effort;
Et dans la nuit mes songes fantastiques
Autour du saule aux feuilles prophétiques
    Erraient encor !

Mme AMABLE TASTU

LE PETIT FRÈRE.

De ma sainte patrie
J'accours vous rassurer,
Sur ma tombe fleurie,
Mes sœurs, pourquoi pleurer ?
Dans son affreux mystère
La mort a des douceurs :
Je vous vois sur la terre,
Ne pleurez point, mes sœurs.

Dans les cieux je suis ange,
Et je veille sur vous ;
Ma joie est sans mélange,
Car je suis humble et doux.
Des saintes immortelles
Je suis le protégé,
Dieu m'a donné des ailes,
Mais ne m'a point changé.

Ma souffrance est passée,
Et mes pleurs sont taris ;
Ma main n'est plus glacée,
Je joue et je souris.
Mon regard est le même,
Et j'ai la même voix,
Mon cœur d'ange vous aime,
Mes sœurs, comme autrefois.

J'ai la même figure
Qui charmait tant vos yeux ;
La même chevelure
Orne mon front joyeux,
Mais ces boucles coupées

Au jour de mon trepas,
De vos larmes trempées,
Ne repousseront pas!

Le ciel est ma demeure,
J'habite un palais d'or;
Nous puisons à toute heure
Dans l'éternel trésor.
Un fil impérissable
A tissu nos habits;
Nous jouons sur un sable
D'opale et de rubis.

Là-haut, dans des corbeilles,
Les fleurs croissent sans art;
Les méchantes abeilles
Là-haut n'ont point de dard.
Les roses qu'on effeuille
Peuvent encor fleurir,
Et les fruits que l'on cueille
Ne font jamais mourir.

Les anges de mon âge
Connaissent le sommeil;
Je dors sur un nuage,
Dans un berceau vermeil;
J'ai pour rideau le voile
De la mère d'amour,
Ma lampe est une étoile
Qui brille jusqu'au jour.

Le soir, quand la nuit tombe
Parmi vous je descends;
Vous pleurez sur ma tombe,
Vos larmes, je les sens,
Caché parmi les pierres

De ce funeste lieu,
J'écoute vos prières
Et je les porte à Dieu.

Oh ! cessez votre plainte,
Ma mère, croyez-moi,
Vous serez une sainte
Si vous gardez la foi.
C'est un mal salutaire
Que perdre un nouveau-né ;
Aux larmes d'une mère
Tout sera pardonné !

Mme Émile de Girardin (Delphine Gay).

BONNE FILLE ET BONNE MÈRE.

Vois-tu ce vert sentier qui fuit dans la vallée,
Et se cache à demi sous des buissons en fleurs ?
Viens-y prier... il mène aux pieds d'un mausolée
Dont chaque touffe d'herbe a grandi sous mes pleurs.

O mon enfant ! c'est là que repose ma mère !
Ame pure, envolée au ciel avant le soir,
Et qui ne me laissa, dans cette vie amère,
Ni cœur pour m'appuyer, ni genoux pour m'asseoir.

Mais à l'heure suprême où sa bouche glacée
Pour me bénir encor avait peine à s'ouvrir ;
Où dans sa froide main tenant ma main pressée,
Elle écoutait si Dieu lui disait de mourir,

Elle posa mon front sur sa faible poitrine,
Le caressa long-temps, et dit avec ferveur :

« Je quitte sans effroi cette pauvre orpheline ;
» Car je vous la confie, ô mère du Sauveur ! »

Puis, me parlant bien bas : « Blanche et frêle colombe,
» Tu ne vivras donc plus du pain de mon amour ?
» Mais l'ame s'affranchit du néant de la tombe,
» Et mon ame sur toi veillera chaque jour. »

Et son ame, ô ma fille ! a tenu sa promesse !
Astre chéri ! du haut des parvis éternels
Ses rayons ont glissé sur ma pâle jeunesse
Aussi doux que jadis ses baisers maternels.

Comme un phare allumé dans une nuit obscure,
Son flambeau protecteur m'éclairait en tous lieux ;
Sous un dais étoilé quand dormait la nature,
Souvent, pour me bercer, elle fuyait les cieux !

Partout je ressentais sa céleste présence ;
De mille songes d'or entourant mon sommeil,
Comme aux jours embaumés de ma paisible enfance,
Elle semait de fleurs mes heures de réveil.

Si parfois un oiseau, m'effleurant de son aile,
Arrêtait près de moi son vol aventureux,
Ma tête s'inclinait, je m'écriais : C'est elle !
Et je croyais sentir ses doigts dans mes cheveux !

Dans le parfum léger des iris de la plaine,
Dans la feuille de saule où le vent tremblotait,
Dans le bruit sans échos des ailes du phalène,
Dans le nuage errant que l'onde reflétait ;

Je devinais sa voix qui me disait : « Espère ! »
Et, quand j'eus bien pleuré sur mon triste destin,
C'est elle, mon enfant, qui m'envoya ton père
Pour parer mon midi des roses du matin.

O ma rêveuse Emma ! lorsque tu vins au monde,
Sans doute, elle priait aux pieds du Tout-Puissant.
Tes yeux noirs et brillans, ta chevelure blonde,
L'éclatante fraîcheur de ton front innocent,

Tu les dois à ses vœux... Aime-la bien, ma fille ;
Et la Vierge qui règne aux palais de l'azur
Ne voilera jamais cette étoile qui brille
Dans ton ciel de quinze ans si serein et si pur !

Sois bonne fille, Emma, tu seras bonne mère ;
Tu verras qu'ici-bas le bonheur le plus doux,
Le seul qui ne soit point une ombre passagère,
C'est d'aimer ses enfans et chérir son époux.

Mais le jour en fuyant rembrunit la vallée ;
Le soleil s'est couvert d'un grand rideau de feu ;
Prions... Oh ! la prière auprès d'un mausolée
Est l'encens le plus saint qu'on puisse offrir à Dieu !

Mlle ÉLISE MOREAU.

L'ENFANT ET LE VIEILLARD.

Oh ! le lis est moins pur qu'un bel enfant candide,
Nouvellement tombé de vos mains, ô mon Dieu !
On sent bien qu'il vous quitte, et sur son front limpide
On voit la trace encor de vos baisers d'adieu.

Son bon ange gardien, dans son ame nouvelle,
N'aperçoit nul point noir : tout est blanc, radieux.
Jamais, pour s'envoler, l'ange n'ouvre son aile,
Et jamais il ne met la main devant ses yeux.

Dans le cœur de l'enfant point de lave de flamme,
Point de serpent caché qui jette son venin

Tout est candeur : mon Dieu ! vous faites sa jeune ame
Comme un calice d'or plein d'un parfum divin.

Mais l'enfant devient homme, et le vice s'éveille ;
L'ange gardien s'endort, ou bien remonte au ciel ;
Sur le calice d'or rarement l'homme veille ;
Il le laisse remplir de limon et de fiel.

Puis il vieillit et voit ses passions éteintes ;
Il se fait pur ; sa main se lève pour bénir.
L'enfant et le vieillard, ce sont deux choses saintes :
L'un vient de fermer l'aile, et l'autre va l'ouvrir.

J'aime leurs cheveux blancs, j'aime leur tête blonde.
De notre pauvre terre ils ne sont qu'à moitié ;
Ils ne touchent en rien aux passions du monde,
L'un en est pur, et l'autre en est purifié.

Il est doux, dans les jours de doute et de souffrance,
Où l'on n'a foi qu'au vice, où l'on pleure abattu,
D'avoir un bel enfant pour croire à l'innocence,
Un père en cheveux blancs pour croire à la vertu.

Mme Anaïs Ségalas.

L'OREILLER D'UNE PETITE FILLE.

Cher petit oreiller ! doux et chaud sur ma tête,
Plein de plume choisie, et blanc ! et fait pour moi !
Quand on a peur du vent, des loups, de la tempête,
Cher petit oreiller, que je dors bien sur toi !

Beaucoup, beaucoup d'enfans pauvres et nus, sans mère,
Sans maison, n'ont jamais d'oreiller pour dormir ;
Ils ont toujours sommeil ! ô destinée amère !
Maman ! douce maman ! cela me fait gémir.

Et quand j'ai prié Dieu pour tous ces petits anges
Qui n'ont pas d'oreiller, moi, j'embrasse le mien ;
Et, seule en mon doux nid qu'à tes pieds tu m'arranges,
Je te bénis, ma mère, et je touche le tien.

Je ne m'éveillerai qu'à la lueur première
De l'aube au rideau bleu : c'est si gai de la voir !
Je vais dire tout bas ma plus tendre prière,
Donne encore un baiser, douce maman ; bonsoir !

PRIÈRE.

Dieu des enfans, le cœur d'une petite fille
Plein de prière (écoute) est ici sous mes mains ;
Hélas ! on m'a parlé d'orphelins sans famille !
Dans l'avenir, bon Dieu, ne fais plus d'orphelins !

Laisse descendre au soir un ange qui pardonne,
Pour répondre à des voix que l'on entend gémir ;
Mets sous l'enfant perdu, que sa mère abandonne,
Un petit oreiller qui le fera dormir !

Mme DESBORDES-VALMORE.

A NOÉMI.

CHANT D'UNE MÈRE A SON ENFANT.

Noémi, frais bouton de rose,
Enfin sur mon sein je te pose,
Tu fixes mes regards ravis.
Grâce aux souffrances de ta mère,
Tu boiras à la coupe amère ;
Je te vois, je te tiens, tu vis.

Tu vis!... et le bonheur m'enivre,
Comme s'il était bon de vivre,
Et qu'il fût doux de voir le jour.
Tu vis, et mon ame se noie
Dans des flots d'ineffable joie,
Et n'est plus qu'espoir et qu'amour.

Et toi, sur le courant perfide
Tu vas, confiante et candide,
Lancer ton fragile vaisseau,
Et tu ris, comme dans les langes
L'enfant divin riait aux anges
Veillant autour de son berceau.

Que ton sein doucement soupire!
Que de calme dans ton sourire!
Que d'innocence dans tes yeux!
Vois-tu donc ton ami céleste,
Protégeant ton berceau modeste,
Planer pur et silencieux?

Sais-tu que ton Dieu te contemple?
Sais-tu que ton ame est son temple?
Sais-tu que les cœurs innocens
Comme toi savent seuls lui plaire,
Et que d'une main tutélaire
Il bénit les petits enfans?

Sais-tu répondre à ma pensée
Qui pour toi, sans être lassée,
Jour et nuit veille sans repos?
Dans mon ame saurais-tu lire
Qu'il te suffit d'un seul sourire
Pour me faire oublier mes maux?

Mais non... ton cœur sommeille encore :

Ignorante comme l'aurore
Qui sème ses fleurs sous les pas
De l'heure dont elle est suivie,
Si tu souris à cette vie,
Enfant, c'est que tu ne sais pas.

Tu ne sais pas que l'existence,
Pour charmer ta crédule enfance,
De roses a paré son seuil,
Et que tes larmes goutte à goutte
Un jour arroseront la route
Qui finira par un cercueil !

Tu ne sais pas, ô petit ange !
Qu'ici tout nous trompe et tout change,
Excepté pleurer et souffrir ;
Et que cette mère fidèle
Qui te réchauffe sous son aile,
Un jour... tu la verras mourir !

Oui, ta douce béatitude
Fera place à l'inquiétude,
Et les sanglots soulèveront
Ce cœur maintenant si paisible,
Et de la douleur inflexible
La main sillonnera ton front.

Oh ! ne crains pas que je t'éveille :
Sans rêve encor long-temps sommeille ;
Repose en paix auprès de moi.
Ta joie est dans ton ignorance :
Ignore jusqu'à l'espérance
Et souris sans savoir pourquoi.

Mme Guinard.

LE SAULE DES REGRETS.
1793.

Saule, cher à l'amour et cher à la sagesse,
Tu vis, l'autre printemps, sous ton heureux rameau,
Un chantre aimé des dieux moduler sa tristesse;
Et l'onde vint plus fière enfler ton doux ruisseau.

Sur le feuillage ému, sur le flot qui murmure,
L'amour a conservé ses soupirs douloureux.
Moi, je te viens offrir les pleurs de la nature,
Ne dois-tu pas ton ombre à tous les malheureux?

Dans ce même vallon, doux saule, j'étais mère!
Mon ame s'enivrait d'orgueil et de bonheur;
Dans ce même vallon, seule avec ma misère,
Je n'ai que ton abri, mes regrets et mon cœur.

Ma fille a respiré l'air pur de ton rivage;
Elle a cueilli des fleurs sur ces gazons touffus;
Ses charmes innocens, les grâces de son âge,
Ont embelli ces lieux : doux saule, elle n'est plus

J'aimais à contempler sa touchante figure
Dans le cristal mouvant de ce faible ruisseau;
J'y trouvais son sourire, sa blonde chevelure...
Hélas! je cherche encore et n'y vois qu'un tombeau!

Cesse de protéger la tranquille sagesse;
A l'amour étonné retire tes bienfaits.
Je viens, loin des heureux, t'apporter ma détresse,
Sois l'asile des pleurs, sois l'arbre des regrets.

Dérobe à tous les yeux ce douloureux mystère;
Que ton ombre épaissie enveloppe mon sort.

Sous tes pâles rameaux, retombant vers la terre,
Enferme autour de moi le silence de la mort.

Dieu ! tu m'entends ; déjà sur la tige flétrie
La fleur perd son éclat, la feuille sa fraîcheur ;
Doux saule, tu me peins le terme de la vie :
Hélas ! tu veux aussi mourir de ma douleur.

Ton aspect dans mon cœur vient d'arrêter mes larmes ;
Ah ! laisse-moi du moins le pouvoir de gémir.
De mes regrets plaintifs rends-moi les tristes charmes ;
Je le sens, il me faut ou pleurer ou mourir.

Lorsqu'assis à tes pieds, sous les vents en furie,
Le sage voit ton front se courber sans effort,
Il pardonne au destin, il supporte la vie ;
Apprends-moi donc aussi qu'il faut céder au sort.

Ah ! rends-moi du printemps la fraîcheur renaissante,
Rends à mon cœur flétri ces sons trop tôt perdus ;
Rends-moi les arts, la paix, l'amitié plus touchante,
Mais non, ne me rends rien ; doux saule, elle n'est plus.

Mme Victoire Babois.

SONNET,

IMITÉ DE WORDSWORTH.

C'est un beau soir, un soir paisible et solennel,
A la fin du saint jour, la nature en prière
Se tait, comme Marie à genoux sur la pierre,
Qui tremblante et muette écoutait Gabriel.

La mer dort, le soleil descend en paix du ciel ;
Mais dans ce grand silence, au-dessus et derrière,

On entend l'hymne heureux du triple sanctuaire,
Et l'orgue immense où gronde un tonnerre éternel.

O blonde jeune fille, à la tête baissée,
Qui marches près de moi, si ta sainte pensée
Semble moins que la mienne adorer ce moment,

C'est qu'au sein d'Abraham vivant toute l'année,
Ton ame est de prière à chaque heure baignée ;
C'est que ton cœur recèle un divin firmament.

SAINTE-BEUVE.

LE MONTAGNARD ÉMIGRÉ

Combien j'ai douce souvenance
Du joli lieu de ma naissance !
Ma sœur, qu'ils étaient beaux ces jours
    De France !
O mon pays, sois mes amours
    Toujours.

Te souvient-il que notre mère
Au foyer de notre chaumière
Nous pressait sur son sein joyeux,
    Ma chère !
Et nous baisions ses blonds cheveux
    Tous deux.

Ma sœur, te souvient-il encore
Du château que baignait la Dore
Et de cette tant vieille tour
    Du More,
Où l'airain sonnait le retour
    Du jour ?

Te souvient-il du lac tranquille
Qu'effleurait l'hirondelle agile,
Du vent qui courbait le roseau
    Mobile,
Et du soleil couchant sur l'eau
    Si beau?

Te souvient-il de cette amie,
Douce compagne de ma vie?
Dans les bois, en cueillant la fleur
    Jolie,
Hélène appuyait sur mon cœur
    Son cœur.

Oh! qui me rendra mon Hélène,
Et ma montagne et le grand chêne?
Leur souvenir fait tous les jours
    Ma peine;
Mon pays sera mes amours
    Toujours!

CHATEAUBRIAND.

LES HIRONDELLES.

Captif au rivage du Maure,
Un guerrier courbé sous ses fers,
Disait : Je vous revois encore,
Oiseaux ennemis des hivers.
Hirondelles, que l'espérance
Suit jusqu'en ces brûlans climats,
Sans doute vous quittez la France :
De mon pays ne me parlez-vous pas?

  Depuis trois ans je vous conjure
  De m'apporter un souvenir

Du vallon où ma vie obscure
Se berçait d'un doux avenir.
Au détour d'une eau qui chemine,
A flots purs, sous de frais lilas,
Vous avez vu notre chaumine :
De ce vallon ne me parlez-vous pas ?

L'une de vous peut-être est née
Au toit où j'ai reçu le jour ;
Là, d'une mère infortunée
Vous avez dû plaindre l'amour.
Mourante, elle croit à toute heure
Entendre le bruit de mes pas ;
Elle écoute, et puis elle pleure...
De son amour ne me parlez-vous pas ?

Ma sœur est-elle mariée ?
Avez-vous vu de nos garçons
La foule, aux noces conviée,
La célébrer dans leurs chansons ?
Et ces compagnons du jeune âge,
Qui m'ont suivi dans les combats,
Ont-ils revu tous le village... ?
De tant d'amis ne me parlez-vous pas ?

Sur leurs corps l'étranger peut-être
Du vallon reprend le chemin ;
Sous mon chaume il commande en maître,
De ma sœur il trouble l'hymen.
Pour moi plus de mère qui prie,
Et partout des fers ici-bas...
Hirondelles de ma patrie,
De ses malheurs ne me parlez-vous pas ?

BÉRANGER

POÉSIE LYRIQUE.

L'ANGE EXILÉ.

A CORINNE DE L...

Je veux pour vous prendre un ton moins frivole :
Corinne, il fut des anges révoltés ;
Dieu sur leur front fait tomber sa parole,
Et dans l'abîme ils sont précipités.
Doux mais fragile, un seul, dans leur ruine,
Contre ses maux garde un puissant secours ;
Il reste armé de sa lyre divine ;
Ange aux yeux bleus, protégez-moi toujours !

L'enfer mugit d'un effroyable rire,
Quand, dégoûté de l'orgueil des méchans,
L'ange qui pleure en accordant sa lyre
Fait éclater ses remords et ses chants.
Dieu d'un regard l'arrache au gouffre immonde,
Mais ici-bas veut qu'il charme nos jours.
La poésie enivrera le monde ;
Ange aux yeux bleus, protégez-moi toujours !

Vers nous il vole en secouant ses ailes,
Comme l'oiseau que l'orage a mouillé ;
Soudain la terre entend des voix nouvelles,
Maint peuple errant s'arrête émerveillé !
Tout culte alors n'étant que l'harmonie,
Aux cieux jamais Dieu ne dit : Soyez sourds.
L'autel s'épure aux parfums du génie ;
Ange aux yeux bleus, protégez-moi toujours !

En vain l'enfer des clameurs de l'envie
Poursuit cet ange échappé de ses rangs ;
De l'homme inculte il adoucit la vie,
Et sous le dais montre au doigt les tyrans !

Tandis qu'à tout sa voix prêtant des charmes,
Court jusqu'au pôle éveiller les amours,
Dieu compte au ciel ce qu'il sèche de larmes ;
Ange aux yeux bleus, protégez-moi toujours !

Qui peut me dire où luit son auréole ?
De son exil Dieu l'a-t-il rappelé ?
Mais vous chantez, mais votre voix console :
Corinne, en vous l'ange s'est dévoilé !
Votre printemps veut des fleurs éternelles,
Votre beauté de célestes atours :
Pour un long vol vous déployez vos ailes ;
Ange aux yeux bleus, protégez-moi toujours !

BÉRANGER.

L'ENFANT.

Lorsque l'enfant paraît, le cercle de famille
Applaudit à grands cris ; son doux regard qui brille
    Fait briller tous les yeux.
Et les plus tristes fronts, les plus souillés peut-être,
Se dérident souvent à voir l'enfant paraître
    Innocent et joyeux.

Soit que Juin ait verdi mon seuil, ou que Novembre
Fasse autour d'un grand feu vacillant dans la chambre
    Les chaises se toucher,
Quand l'enfant vient, la joie arrive et nous éclaire,
On rit, on se récrie, on l'appelle, et sa mère
    Tremble à le voir marcher.

Quelquefois nous parlons, en remuant la flamme,
De patrie et de Dieu, des poètes, de l'âme
    Qui s'élève en priant ;
L'enfant paraît, adieu le ciel et la patrie,

Et les poètes saints ! La grave causerie
    S'arrête en souriant.

La nuit, quand l'homme dort, quand l'esprit rêve, à l'heure
Où l'on entend gémir, comme une voix qui pleure,
    L'onde entre les roseaux,
Si l'aube tout-à-coup là-bas luit comme un phare,
Sa clarté dans les champs éveille une fanfare
    De cloches et d'oiseaux !

Enfant, vous êtes l'aube, et mon ame est la plaine
Qui des plus douces fleurs embaume son haleine
    Quand vous la respirez ;
Mon ame est la forêt dont les sombres ramures
S'emplissent pour vous seul de suaves murmures
    Et de rayons dorés !

Car vos beaux yeux sont pleins de douceurs infinies ;
Car vos petites mains, joyeuses et bénies,
    N'ont point mal fait encor ;
Jamais vos jeunes pas n'ont touché notre fange ;
Tête sacrée ! enfant aux cheveux blonds, bel ange
    A l'auréole d'or !

Vous êtes parmi nous la colombe de l'arche,
Vos pieds tendres et purs n'ont point l'âge où l'on marche ;
    Vos ailes sont d'azur.
Sans le comprendre encor, vous regardez le monde ;
Double virginité ! corps où rien n'est immonde,
    Ame où rien n'est impur !

Il est si beau, l'enfant, avec son doux sourire,
Sa douce bonne foi, sa voix qui veut tout dire,
    Ses pleurs vite apaisés,
Laissant errer sa vue étonnée et ravie,
Offrant de toutes parts sa jeune ame à la vie
    Et sa bouche aux baisers !

Seigneur ! préservez-moi, préservez ceux que j'aime,
Frères, parens, amis, et mes ennemis même,
  Dans le mal triomphans,
De jamais voir, Seigneur ! l'été sans fleurs nouvelles,
La cage sans oiseaux, la ruche sans abeilles,
  La maisons sans enfans !

Victor Hugo.

MOÏSE SAUVÉ DES EAUX

Mes sœurs, l'onde est plus fraîche aux premiers feux du jour,
Venez : le moissonneur repose en son séjour;
  La rive est solitaire encore;
Memphis élève à peine un murmure confus,
Et nos chastes plaisirs, sous ces bosquets touffus,
  N'ont d'autres témoins que l'aurore.

Au palais de mon père on voit briller les arts;
Mais ces bords pleins de fleurs charment plus mes regards
  Qu'un bassin d'or ou de porphyre;
Ces chants aériens sont mes concerts chéris,
Je préfère aux parfums qu'on brûle en nos lambris
  Le souffle embaumé du zéphyre !

Venez : l'onde est si calme et le ciel est si pur !
Laissez sur ces buissons flotter les plis d'azur
  De vos ceintures transparentes;
Détachez ma couronne et ces voiles jaloux;
Car je veux aujourd'hui folâtrer avec vous
  Au sein des vagues murmurantes.

Hâtons-nous... Mais, parmi les brouillards du matin,
Que vois-je ? — Regardez à l'horizon lointain...

Ne craignez rien, filles timides !
C'est sans doute, par l'onde entraîné vers les mers,
Le tronc d'un vieux palmier qui, du fond des déserts,
    Vient visiter les Pyramides.

Que dis-je ! si j'en crois mes regards indécis,
C'est la barque d'Hermès, ou la conque d'Isis,
    Que pousse une brise légère.
Mais non : c'est un esquif où, dans un doux repos,
J'aperçois un enfant qui dort au sein des flots,
    Comme on dort au sein de sa mère !

Il sommeille ; et, de loin, à voir son lit flottant,
On croirait voir voguer, sur le fleuve inconstant,
    Le nid d'une blanche colombe.
Dans sa couche enfantine il erre au gré du vent,
L'eau le balance, il dort, et le gouffre mouvant
    Semble le bercer dans sa tombe !

Il s'éveille : accourez, ô vierges de Memphis !
Il crie... Ah ! quelle mère a pu livrer son fils
    Au caprice des flots mobiles ?
Il tend les bras ; les eaux grondent de toute part ;
Hélas ! contre la mort il n'a d'autre rempart
    Qu'un berceau de roseaux fragiles.

Sauvons-le... — C'est peut-être un enfant d'Israël.
Mon père les proscrit : mon père est bien cruel
    De proscrire ainsi l'innocence !
Faible enfant ! ses malheurs ont ému mon amour,
Je veux être sa mère : il me devra le jour,
    S'il ne me doit pas la naissance. »

Ainsi parlait Iphis, l'espoir d'un roi puissant,
Alors qu'au bord du Nil son cortége innocent
    Suivait sa course vagabonde ;

Et ces jeunes beautés, qu'elle effaçait encor,
Quand la fille des rois quittait ses voiles d'or,
    Croyaient voir la fille de l'onde.

Sous ses pieds délicats déjà le flot frémit.
Tremblante, la pitié vers l'enfant qui gémit
    La guide en sa marche craintive ;
Elle a saisi l'esquif ! fière de ce doux poids,
L'orgueil sur son beau front, pour la première fois,
    Se mêle à la pudeur naïve.

Bientôt, divisant l'onde et brisant les roseaux,
Elle apporte à pas lents l'enfant sauvé des eaux
    Sur le bord de l'arène humide ;
Et ses sœurs tour à tour, au front du nouveau-né,
Offrant leur doux sourire à son œil étonné,
    Déposaient un baiser timide !

Accours, toi qui de loin, dans un doute cruel,
Suivais des yeux ton fils sur qui veillait le ciel ;
    Viens ici comme une étrangère ;
Ne crains rien : en pressant Moïse entre tes bras,
Tes pleurs et tes transports ne te trahiront pas,
    Car Iphis n'est pas encor mère !

Alors, tandis qu'heureuse et d'un pas triomphant
La vierge au roi farouche amenait l'humble enfant
    Baigné des larmes maternelles,
On entendait en chœur, dans les cieux étoilés,
Des anges devant Dieu de leurs ailes voilés
    Chanter les lyres éternelles :

« Ne gémis plus, Jacob, sur la terre d'exil,
Ne mêle plus tes pleurs aux flots impurs du Nil :
    Le Jourdain va t'ouvrir ses rives.
Le jour enfin approche où vers les champs promis

Gossen verra s'enfuir, malgré leurs ennemis,
    Les tribus si long-temps captives.

Sous les traits d'un enfant délaissé sur les flots,
C'est l'élu du Sina, c'est le roi des fléaux,
    Qu'une vierge sauve de l'onde.
Mortels, vous dont l'orgueil méconnaît l'Éternel,
Fléchissez : un berceau va sauver Israël,
    Un berceau doit sauver le monde ! »

Victor Hugo

A UN PÈRE,

SUR LA MORT DE SA FILLE.

Ta douleur, Du Perrier, sera donc éternelle ?
    Et les tristes discours
Que te met en l'esprit l'amitié paternelle
    L'augmenteront toujours ?

Le malheur de ta fille au tombeau descendue
    Par un commun trépas,
Est-ce quelque dédale où ta raison perdue
    Ne se retrouve pas ?

Je sais de quels appas son enfance était pleine,
    Et n'ai pas entrepris,
Injurieux ami, de soulager ta peine
    Avecque son mépris.

Mais elle était du monde où les plus belles choses
    Ont le pire destin ;
Et rose, elle a vécu ce que vivent les roses,
    L'espace d'un matin.

La mort a des rigueurs à nulle autre pareilles :
    On a beau la prier,
La cruelle qu'elle est, se bouche les oreilles
    Et nous laisse crier.

Le pauvre en sa cabane, où le chaume le couvre,
    Est sujet à ses lois ;
Et la garde qui veille aux barrières du Louvre
    N'en défend point nos rois.

MALHERBE.

PARAPHRASE DU PSAUME CXLV.

N'espérons plus, mon ame, aux promesses du monde ;
Sa lumière est un verre, et sa faveur une onde
Que toujours quelque vent empêche de calmer.
Quittons ces vanités, lassons-nous de les suivre :
    C'est Dieu qui nous fait vivre,
    C'est Dieu qu'il faut aimer.

En vain, pour satisfaire à nos lâches envies,
Nous passons près des rois tout le temps de nos vies
A souffrir des mépris et ployer les genoux :
Ce qu'ils peuvent n'est rien ; ils sont, comme nous sommes,
    Véritablement hommes,
    Et meurent comme nous.

Ont-ils rendu l'esprit, ce n'est plus que poussière
Que cette majesté si pompeuse et si fière,
Dont l'éclat orgueilleux étonnait l'univers ;
Et dans ces grands tombeaux où leurs ames hautaines
    Font encore les vaines,
    Ils sont mangés des vers.

Là se perdent ces noms de maîtres de la terre,
D'arbitres de la paix, de foudres de la guerre ;
Comme ils n'ont plus de sceptre, ils n'ont plus de flatteurs ;
Et tombent avec eux d'une chute commune
    Tous ceux que leur fortune
    Faisait leurs serviteurs.

MALHERB.

ODE TIRÉE DU CANTIQUE D'ÉZÉCHIAS

ISAIE, CHAPITRE XXXVIII.

J'ai vu mes tristes journées
Décliner vers leur penchant ;
Au midi de mes années
Je touchais à mon couchant :
La mort, déployant ses ailes,
Couvrait d'ombres éternelles
La clarté dont je jouis ;
Et, dans cette nuit funeste,
Je cherchais en vain le reste
De mes jours évanouis.

Grand Dieu, votre main réclame
Les dons que j'en ai reçus ;
Elle vient couper la trame
Des jours qu'elle m'a tissus :
Mon dernier soleil se lève :
Et votre souffle m'enlève
De la terre des vivans,
Comme la feuille séchée,
Qui, de sa tige arrachée,
Devient le jouet des vents.

Comme un lion plein de rage,
Le mal a brisé mes os ;
Le tombeau m'ouvre un passage
Dans ses lugubres cachots.
Victime faible et tremblante,
A cette image sanglante
Je soupire nuit et jour !
Et, dans ma crainte mortelle,
Je suis comme l'hirondelle
Sous les griffes du vautour.

Ainsi, de cris et d'alarmes
Mon mal semblait se nourrir ;
Et mes yeux, noyés de larmes,
Étaient lassés de s'ouvrir.
Je disais à la nuit sombre :
O nuit, tu vas dans ton ombre
M'ensevelir pour toujours !
Je redisais à l'aurore :
Le jour que tu fais éclore
Est le dernier de mes jours !

Mon ame est dans les ténèbres,
Mes sens sont glacés d'effroi :
Écoutez mes cris funèbres,
Dieu juste, répondez-moi.
Mais enfin sa main propice
A comblé le précipice
Qui s'entr'ouvrait sous mes pas ;
Son secours me fortifie,
Et me fait trouver la vie
Dans les horreurs du trépas.

Seigneur, il faut que la terre
Connaisse en moi vos bienfaits :

POÉSIE LYRIQUE.

Vous ne m'avez fait la guerre
Que pour me donner la paix.
Heureux l'homme à qui la grâce
Départ ce don efficace
Puisé dans ses saints trésors,
Et qui, rallumant sa flamme,
Trouve la santé de l'ame
Dans les souffrances du corps!

C'est pour sauver la mémoire
De vos immortels secours,
C'est pour vous, pour votre gloire,
Que vous prolongez nos jours.
Non, non, vos bontés sacrées
Ne seront point célébrées
Dans l'horreur des monumens :
La mort aveugle et muette
Ne sera point l'interprète
De vos saints commandemens.

Mais ceux qui de sa menace,
Comme moi, sont rachetés,
Annonceront à leur race
Vos célestes vérités.
J'irai, Seigneur, dans vos temples
Réchauffer par mes exemples
Les mortels les plus glacés,
Et, vous offrant mon hommage,
Leur montrer l'unique usage
Des jours que vous leur laissez

J.-B. ROUSSEAU.

DERNIERS MOMENS D'UN JEUNE POÈTE.

J'ai révélé mon cœur au Dieu de l'innocence,
    Il a vu mes pleurs pénitens ;
Il guérit mes remords, il m'arme de constance
    Les malheureux sont ses enfans.

Mes ennemis, riant, ont dit dans leur colère :
    Qu'il meure et sa gloire avec lui !
Mais à mon cœur calmé le Seigneur dit en père :
    Leur haine sera ton appui.

A tes plus chers amis ils ont prêté leur rage ;
    Tout trompe ta simplicité.
Celui que tu nourris court vendre ton image,
    Noire de sa méchanceté.

Mais Dieu t'entend gémir, Dieu vers qui te ramène
    Un vrai remords, né des douleurs ;
Dieu qui pardonne enfin à la nature humaine
    D'être faible dans les malheurs.

J'éveillerai pour toi la pitié, la justice
    De l'incorruptible avenir ;
Eux même épureront, par leur long artifice,
    Ton honneur qu'ils pensent ternir.

Soyez béni, mon Dieu ! vous qui daignez me rendre
    L'innocence et son noble orgueil ;
Vous qui, pour protéger le repos de ma cendre,
    Veillerez près de mon cercueil !

Au banquet de la vie, infortuné convive,
    J'apparus un jour, et je meurs :
Je meurs, et sur ma tombe, où lentement j'arrive,
    Nul ne viendra verser des pleurs.

Salut, champs que j'aimais, et vous, douce verdure,
    Et vous, riant exil des bois !
Ciel pavillon de l'homme, admirable nature,
    Salut, pour la dernière fois !

Ah ! puissent voir long-temps votre beauté sacrée
    Tant d'amis sourds à mes adieux !
Qu'ils meurent pleins de jours, que leur mort soit pleurée ;
    Qu'un ami leur ferme les yeux !

GILBERT

LE CRUCIFIX.

Toi, que je recueillis sur sa bouche expirante
Avec son dernier souffle et son dernier adieu,
Symbole deux fois saint, don d'une main mourante,
    Image de mon Dieu !

Que de pleurs ont coulé sur tes pieds que j'adore
Depuis l'heure sacrée où du sein d'un martyr
Dans mes tremblantes mains tu passas tiède encore
    De son dernier soupir.

Les saints flambeaux jetaient une dernière flamme ;
Le prêtre murmurait ces doux chants de la mort,
Pareils aux chants plaintifs que murmure une femme
    A l'enfant qui s'endort.

De son pieux espoir son front gardait la trace ;
Et sur ses traits frappés d'une auguste beauté,
La douleur fugitive avait empreint sa grâce,
    La mort, sa majesté.

Le vent, qui caressait sa tête échevelée,
Me montrait tour à tour et me voilait ses traits,

Comme l'on voit flotter sur un blanc mausolée
    L'ombre des noirs cyprès.

Un de ses bras pendait de la funèbre couche ;
L'autre, languissamment replié sur son cœur,
Semblait chercher encore et presser sur sa bouche
    L'image du Sauveur.

Ses lèvres s'entr'ouvraient pour l'embrasser encore ;
Mais son âme avait fui dans ce divin baiser,
Comme un léger parfum que la flamme dévore
    Avant de l'embraser.

Maintenant, tout dormait sur sa bouche glacée,
Le souffle se taisait dans son sein endormi ;
Et sur l'œil sans regard sa paupière affaissée
    Retombait à demi.

Et moi, debout, saisi d'une terreur secrète,
Je n'osais m'approcher de ce reste adoré,
Comme si du trépas la majesté muette
    L'eût déjà consacré.

Je n'osais..., mais le prêtre entendit mon silence,
Et de ses doigts glacés prenant le crucifix :
« Voilà le souvenir et voilà l'espérance !
    Emportez-les, mon fils. »

Oui, tu me resteras, ô funèbre héritage !
Sept fois depuis ce jour l'arbre que j'ai planté
Sur sa tombe sans nom a changé son feuillage
    Tu ne m'as pas quitté.

Placé près de ce cœur, hélas ! où tout s'efface,
Tu l'as contre le temps défendu de l'oubli,
Et mes yeux goutte à goutte ont imprimé leur trace
    Sur l'ivoire amolli.

dernier confident de l'âme qui s'envole,
ens, reste sur mon cœur! parle encore, et dis-moi
 qu'elle te disait quand sa faible parole
    N'arrivait plus qu'à toi;

cette heure douteuse où l'âme recueillie,
 cachant sous le voile épaissi sur nos yeux,
rs de nos sens glacés pas à pas se replie,
    Sourde aux derniers adieux;

ors qu'entre la vie et la mort incertaine,
mme un fruit par son poids détaché du rameau,
tre âme est suspendue et tremble à chaque haleine
    Sur la nuit du tombeau;

and des chants, des sanglots la confuse harmonie
éveille déjà plus notre esprit endormi,
x lèvres du mourant collé dans l'agonie
    Comme un dernier ami;

ur éclaircir l'horreur de cet étroit passage,
ur relever vers Dieu son regard abattu,
ivin consolateur, dont nous baisons l'image,
    Réponds, que lui dis-tu?

u sais, tu sais mourir! et tes larmes divines
ans cette nuit terrible où tu prias en vain,
e l'olivier sacré baignèrent les racines
    Du soir jusqu'au matin.

e la croix où ton œil sonda ce grand mystère
u vis ta mère en pleurs et la nature en deuil,
u laissas comme nous tes amis sur la terre
    Et ton corps au cercueil.

u nom de cette mort, que ma faiblesse obtienne
e rendre sur ton sein ce douloureux soupir!

Quand mon heure viendra, souviens-toi de la tienne,
 O toi qui sais mourir !

Je chercherai la place où sa bouche expirante
Exhala sur tes pieds l'irrévocable adieu ;
Et son ame viendra guider mon ame errante
 Au sein du même Dieu.

Ah ! puisse, puisse alors sur ma funèbre couche,
Triste et calme à la fois comme un ange éploré,
Une figure en deuil recueillir sur ma bouche
 L'héritage sacré !

Soutiens ses derniers pas, charme sa dernière heure,
Et, gage consacré d'espérance et d'amour,
De celui qui s'éloigne à celui qui demeure
 Passe ainsi tour à tour,

Jusqu'au jour où, des morts perçant la voûte sombre,
Une voix dans le ciel les appelant sept fois,
Ensemble éveillera ceux qui dormaient à l'ombre
 De l'éternelle croix !

DE LAMARTINE

LA VEILLE DE NOEL.

Entre mes doigts guide ce lin docile.
 Pour mon enfant, tourne, léger fuseau ;
Seul tu soutiens sa vie encor débile,
 Tourne sans bruit auprès de son berceau.

Les entends-tu, chaste Reine des anges,
 Ces tintemens de l'airain solennel ?
Le peuple en foule entourant ton autel,
 Avec amour répète tes louanges.

Pour mon enfant tourne, léger fuseau,
Tourne sans bruit auprès de son berceau.

Si je ne puis unir aux saints mystères
Des vœux offerts sous les sacrés parvis,
Si le devoir me retient près d'un fils,
Prête l'oreille à mes chants solitaires.

Pour mon enfant tourne, léger fuseau,
Tourne sans bruit auprès de son berceau.

Porte des cieux, Vase élu, Vierge sainte,
Toi qui du monde enfantas le Sauveur,
Pardonne, hélas ! trahissant ma ferveur,
L'hymne pieux devient un chant de plainte.

Pour mon enfant tourne, léger fuseau,
Tourne sans bruit auprès de son berceau.

Le monde entier m'oublie et me délaisse ;
Je n'ai connu que d'éternels soucis :
Vierge sacrée, au moins donne à mon fils
Tout le bonheur qu'espérait ma jeunesse !

Pour mon enfant tourne, léger fuseau,
Tourne sans bruit auprès de son berceau.

Paisible, il dort du sommeil de son âge,
Sans pressentir mes douloureux tourmens.
Reine du ciel, accorde-lui long-temps
Ce doux repos, qui n'est plus mon partage !

Pour mon enfant tourne, léger fuseau,
Tourne sans bruit auprès de son berceau.

Tendre arbrisseau menacé par l'orage,
Privé d'un père, où sera ton appui ?

A ta faiblesse il ne reste aujourd'hui
Que mon amour, mes soins et mon courage.

Pour mon enfant tourne, léger fuseau,
Tourne sans bruit auprès de son berceau.

Mère du Dieu que le Chrétien révère,
Ma faible voix s'anime en t'implorant ;
Ton divin Fils est né pauvre et souffrant :
Ah ! prends pitié des larmes d'une mère !

Pour mon enfant tourne, léger fuseau,
Tourne sans bruit auprès de son berceau.

Des pas nombreux font retentir la ville.
Ce bruit confus, s'éloignant par degrés,
M'apprend la fin des cantiques sacrés.
J'écoute encor... déjà tout est tranquille.

Pour mon enfant tourne, léger fuseau,
Tourne sans bruit auprès de son berceau.

Tout dort, hélas ! je travaille et je veille ;
La paix des nuits ne ferme plus mes yeux,
Permets du moins, appui du malheureux,
Que ma douleur jusqu'au matin sommeille !

Pour mon enfant tourne, léger fuseau,
Tourne sans bruit auprès de son berceau.

Mais non, rejette, ô divine Espérance !
Ces lâches vœux, vains murmures du cœur,
Je veux bénir cette longue souffrance,
Gage certain d'un immortel bonheur.

Entre mes doigts guide ce lin docile,
Pour mon enfant tourne, léger fuseau ;
Seul tu soutiens sa vie encor débile ;
Tourne sans bruit auprès de son berceau.

Mme AMABLE TA

HYMNE DE L'ENFANT A SON RÉVEIL.

O Père qu'adore mon père !
Toi qu'on ne nomme qu'à genoux !
Toi dont le nom terrible et doux
Fait courber le front de ma mère !

On dit que ce brillant soleil
N'est qu'un jouet de ta puissance,
Que sous tes pieds il se balance
Comme une lampe de vermeil.

On dit que c'est toi qui fais naître
Les petits oiseaux dans les champs,
Qui donnes aux petits enfans
Une âme aussi pour te connaître !

On dit que c'est toi qui produis
Les fleurs dont le jardin se pare ;
Et que, sans toi, toujours avare,
Le verger n'aurait point de fruits.

Aux dons que ta bonté mesure
Tout l'univers est convié ;
Nul insecte n'est oublié
A ce festin de la nature.

L'agneau broute le serpolet ;
La chèvre s'attache au cytise ;
La mouche au bord du vase puise
Les blanches gouttes de mon lait !

L'alouette a la graine amère
Que laisse envoler le glaneur ;
Le passereau suit le vanneur,
Et l'enfant s'attache à sa mère.

Et pour obtenir chaque don
Que chaque jour tu fais éclore,
A midi, le soir, à l'aurore,
Que faut-il ? prononcer ton nom.

O Dieu ! ma bouche balbutie
Ce nom des anges redouté.
Un enfant même est écouté
Dans le chœur qui te glorifie !

On dit qu'il aime à recevoir
Les vœux présentés par l'enfance,
A cause de cette innocence
Que nous avons sans le savoir.

On dit que leurs humbles louanges
A son oreille montent mieux,
Que les anges peuplent les cieux,
Et que nous ressemblons aux anges !

Ah ! puisqu'il entend de si loin
Les vœux que notre bouche adresse,
Je veux lui demander sans cesse
Ce dont les autres ont besoin.

Mon Dieu, donne l'onde aux fontaines,
Donne la plume aux passereaux,
Et la laine aux petits agneaux,
Et l'ombre et la rosée aux plaines.

Donne au malade la santé,
Au mendiant le pain qu'il pleure,
A l'orphelin une demeure,
Au prisonnier la liberté.

Donne une famille nombreuse
Au père qui craint le Seigneur ;

Donne à moi sagesse et bonheur,
Pour que ma mère soit heureuse!

Que je sois bon, quoique petit,
Comme cet enfant dans le temple,
Que chaque matin je contemple
Souriant au pied de mon lit.

Mets dans mon ame la justice,
Sur mes lèvres la vérité,
Qu'avec crainte et docilité
Ta parole en mon cœur mûrisse!

Et que ma voix s'élève à toi
Comme cette douce fumée
Que balance l'urne embaumée
Dans la main d'enfans comme moi.

De Lamartine.

LA PRIÈRE POUR TOUS.

Ma fille! va prier. — Vois, la nuit est venue.
Une planète d'or là-bas perce la nue;
La brume des coteaux fait trembler le contour;
A peine un char lointain glisse dans l'ombre... Ecoute!
Tout rentre, et se repose; et l'arbre de la route
Secoue aux vents du soir la poussière du jour!

Le crépuscule, ouvrant la nuit qui les recèle,
Fait jaillir chaque étoile en ardente étincelle;
L'occident amincit sa frange de carmin;
La nuit de l'eau dans l'ombre argente la surface;
Sillons, sentiers, buissons, tout se mêle et s'efface;
Le passant inquiet doute de son chemin.

Le jour est pour le mal, la fatigue et la haine.
Prions : Voici la nuit ! la nuit grave et sereine !
Le vieux pâtre, le vent aux brèches de la tour,
Les étangs, les troupeaux, avec leur voix cassée,
Tout souffre et tout se plaint. La nature lassée
A besoin de sommeil, de prière et d'amour !

C'est l'heure où les enfans parlent avec les anges.
Tandis que nous courons à nos plaisirs étranges,
Tous les petits enfans, les yeux levés au ciel,
Mains jointes et pieds nus, à genoux sur la pierre,
Disant à la même heure une même prière,
Demandent pour nous grâce au Père universel !

Et puis ils dormiront. — Alors, épars dans l'ombre,
Les rêves d'or, essaim tumultueux, sans nombre,
Qui naît aux derniers bruits du jour à son déclin,
Voyant de loin leur souffle et leurs bouches vermeilles,
Comme volent aux fleurs de joyeuses abeilles,
Viendront s'abattre en foule à leurs rideaux de lin !

O sommeil du berceau ! prière de l'enfance !
Voix qui toujours caresse et qui jamais n'offense !
Douce religion, qui s'égaie et qui rit !
Prélude du concert de la nuit solennelle !
Ainsi que l'oiseau met sa tête sous son aile,
L'enfant dans la prière endort son jeune esprit !

Ma fille, va prier ! — D'abord, surtout, pour celle
Qui berça tant de nuits ta couche qui chancelle,
Pour celle qui te prit, jeune âme, dans le ciel,
Et qui te mit au monde, et depuis, tendre mère,
Faisant pour toi deux parts dans cette vie amère,
Toujours a bu l'absinthe et t'a laissé le miel !

Puis ensuite pour moi ! j'en ai plus besoin qu'elle !
Elle est, ainsi que toi, bonne, simple et fidèle !

Elle a le cœur limpide et le front satisfait.
Beaucoup ont sa piété ; nul ne lui fait envie ;
Sage et douce, elle prend patiemment la vie ;
Elle souffre le mal, sans savoir qui le fait.

Tout en cueillant des fleurs, jamais sa main novice
N'a touché seulement à l'écorce du vice ;
Nul piége ne l'attire à son riant tableau ;
Elle est pleine d'oubli pour les choses passées ;
Elle ne connaît pas les mauvaises pensées
Qui passent dans l'esprit comme une ombre sur l'eau.

. . . .
Moi, je sais mieux la vie ; et je pourrai te dire,
Quand tu seras plus grande et qu'il faudra t'instruire,
Que poursuivre l'empire, et la fortune, et l'art,
C'est folie et néant ; que l'urne aléatoire
Nous jette bien souvent la honte pour la gloire,
Et que l'on perd son âme à ce jeu de hasard !

L'âme en vivant s'altère ; et quoiqu'en toute chose
La fin soit transparente et laisse voir la cause,
On vieillit, sous le vice et l'erreur abattu ;
A force de marcher, l'homme erre, et l'esprit doute.
Tous laissent quelque chose aux buissons de la route,
Les troupeaux leur toison, et l'homme sa vertu !

Va donc prier pour moi ! — Dis pour toute prière !
—Seigneur, Seigneur, mon Dieu, vous êtes notre père !
Grâce, vous êtes bon ! grâce, vous êtes grand ! —
Laisse aller ta parole où ton âme l'envoie ;
Ne t'inquiète pas, toute chose a sa voie,
Ne t'inquiète pas du chemin qu'elle prend !
Il n'est rien ici-bas qui ne trouve sa pente ;
Le fleuve jusqu'aux mers dans les plaines serpente,

L'abeille sait la fleur qui recèle le miel.
Toute aile vers son but incessamment retombe :
L'aigle vole au soleil, le vautour à la tombe,
L'hirondelle au printemps et la prière au ciel !

Lorsque pour moi vers Dieu ta voix s'est envolée,
Je suis comme l'esclave, assis dans la vallée,
Qui dépose sa charge aux bornes du chemin ;
Je me sens plus léger ; car ce fardeau de peine,
De fautes et d'erreurs, qu'en gémissant je traîne,
Ta prière en chantant l'emporte dans sa main !

. . . .

    Prie aussi pour ceux que recouvre
    La pierre du tombeau dormant,
    Noir précipice qui s'entr'ouvre
    Sous notre foule à tout moment !
    Toutes ces ames en disgrâce
    Ont besoin qu'on les débarrasse
    De la vieille rouille du corps.
    Souffrent-elles moins pour se taire ?
    Enfant ! regardons sous la terre !
    Il faut avoir pitié des morts !

. . . .

A genoux, à genoux, à genoux sur la terre
Où ton père a son père, où ta mère a sa mère,
Où tout ce qui vécut dort d'un sommeil profond
Abîme où la poussière est mêlée aux poussières,
Où sous son père encore on retrouve des pères,
Comme l'onde sous l'onde en une mer sans fond !

Enfant ! quand tu t'endors, tu ris ! L'essaim des songes
Tourbillonne, joyeux, dans l'ombre où tu te plonges,
S'effarouche à ton souffle, et puis revient encor ;
Et tu rouvres enfin tes yeux divins que j'aime,

En même temps que l'aube, œil céleste elle-même,
Entr'ouvre à l'horizon sa paupière aux cils d'or !

Mais eux, si tu savais de quel sommeil ils dorment !
Leurs lits sont froids et lourds à leurs os qu'ils déforment,
Les anges autour d'eux ne chantent pas en chœur,
De tout ce qu'ils ont fait le rêve les accable.
Pas d'aube pour leur nuit ; le remords implacable
S'est fait ver du sépulcre et leur ronge le cœur,

Tu peux avec un mot, tu peux d'une parole,
Faire que le remords prenne une aile et s'envole !
Qu'une douce chaleur réjouisse leurs os !
Qu'un rayon touche encor leur paupière ravie,
Et qu'il leur vienne un bruit de lumière et de vie,
Quelque chose des vents, des forêts et des eaux !

Oh ! dis-moi, quand tu vas, jeune et déjà pensive,
Errer au bord d'un flot qui se plaint sur la rive,
Sous des arbres dont l'ombre emplit l'ame d'effroi,
Parfois, dans les soupirs de l'onde et de la brise,
N'entends-tu pas de souffle et de voix qui te dise :
—Enfant ! quand vous prîrez, prîrez-vous pas pour moi ?—

C'est la plainte des morts ! — Les morts pour qui l'on prie
Ont sur leur lit de terre une herbe plus fleurie.
Ils entendent du ciel le cantique lointain.
Ceux qu'on oublie, hélas ! — leur nuit est plus épaisse,
Un ver dans leur cercueil les dévore sans cesse,
Et l'orfraie à côté fait l'hymne du festin !

Prie ! afin que le père, et l'oncle et les aïeules,
Qui ne demandent plus que nos prières seules,
Tressaillent dans leur tombe en s'entendant nommer,
Sachent que sur la terre on se souvient encore,
Et, comme le sillon qui sent la fleur éclore,
Sentent dans leur œil vide une larme germer !

. . . .
Comme une aumône, enfant, donne donc ta prière
A ton père, à ta mère, aux pères de ton père;
Donne au riche à qui Dieu refuse le bonheur,
Donne au pauvre, à la veuve, au crime, au vice immonde.
Fais en priant le tour des misères du monde;
Donne à tous! donne aux morts! Enfin, donne au Seigneur.
. . . .

Victor Hugo.

HYMNES

TRADUITES DU BRÉVIAIRE ROMAIN.

LE LUNDI A MATINES.

Tandis que le sommeil réparant la nature
   Tient enchaînés le travail et le bruit,
Nous rompons ses liens, ô clarté toujours pure,
   Pour te louer dans la profonde nuit.

Que dès notre réveil notre voix te bénisse;
   Qu'à te chercher notre cœur empressé
T'offre ses premiers vœux; et que par toi finisse
   Le jour par toi saintement commencé.

L'astre dont la présence écarte la nuit sombre
   Viendra bientôt recommencer son tour :
O vous, noirs ennemis qui vous glissez dans l'ombre,
   Disparaissez à l'approche du jour.

Nous t'implorons, Seigneur; tes bontés sont nos armes,
   De tout péché rends-nous purs à tes yeux;
Fais que, t'ayant chanté dans ce séjour de larmes,
   Nous te chantions dans le repos des cieux.

A LAUDES.

   Source ineffable de lumière,
Verbe, en qui l'Éternel contemple sa beauté,
Astre, dont le soleil n'est qu'une ombre grossière;
Sacré jour, dont le jour emprunte sa clarté,

Lève-toi, soleil adorable,
Qui de l'éternité ne fait qu'un heureux jour ;
Fais briller à nos yeux ta clarté secourable,
Et répands dans nos cœurs le feu de ton amour.

Prions aussi l'auguste père,
Le père dont la gloire a devancé les temps,
Le père tout-puissant en qui le monde espère,
Qu'il soutienne d'en haut ses fragiles enfants.

Donne-nous un ferme courage,
Brise la noire dent du serpent envieux :
Que le calme, grand Dieu, suive de près l'orage ;
Fais-nous faire toujours ce qui plaît à tes yeux.

Guide notre âme dans ta route ;
Rends notre corps docile à ta divine loi ;
Remplis-nous d'un espoir que n'ébranle aucun doute,
Et que jamais l'erreur n'altère notre foi.

Que Christ soit notre pain céleste,
Que l'eau d'une foi vive abreuve notre cœur.
Ivre de ton esprit, sobre pour tout le reste,
Daigne à tes combattants inspirer ta vigueur.

Que la pudeur chaste et vermeille
Imite sur leur front la rougeur du matin ;
Aux clartés du midi que leur foi soit pareille ;
Que leur persévérance ignore le déclin.

LE MARDI A MATINES.

Verbe, égal au Très-Haut, notre unique espérance,
   Jour éternel de la terre et des cieux,
De la paisible nuit nous rompons le silence :
   Divin Sauveur, jette sur nous les yeux.

Répands sur nous le feu de ta grâce puissante :
    Que tout l'enfer fuie au son de ta voix,
Dissipe ce sommeil d'une âme languissante,
    Qui la conduit dans l'oubli de tes lois.

O Christ, sois favorable à ce peuple fidèle,
    Pour te bénir maintenant assemblé;
Reçois les chants qu'il offre à ta gloire immortelle,
    Et de tes dons qu'il retourne comblé.

A LAUDES.

L'oiseau vigilant nous réveille,
Et ses chants redoublés semblent chasser la nuit :
Jésus se fait entendre à l'âme qui sommeille,
Et l'appelle à la vie où son jour nous conduit.

    Quittez, dit-il, la couche oisive
Où vous ensevelit une molle langueur :
Sobres, chastes et purs, l'œil et l'âme attentive,
Veillez ; je suis tout proche, et frappe à votre cœur.

    Ouvrons donc l'œil à sa lumière ;
Levons vers ce Sauveur et nos mains et nos yeux ;
Pleurons et gémissons : une ardente prière
Écarte le sommeil et pénètre les cieux.

    O Christ, ô soleil de justice,
De nos cœurs endurcis romps l'assoupissement,
Dissipe l'ombre épaisse où les plonge le vice,
Et que ton divin jour y brille à tout moment.

LE MERCREDI A MATINES.

Grand Dieu, par qui de rien toute chose est formée,
    Jette les yeux sur nos besoins divers ;

Romps ce fatal sommeil par qui l'âme charmée
 Dort en repos sur le bord des enfers.

Daigne, ô divin Sauveur que notre voix implore,
 Prendre pitié des fragiles mortels ;
Et vois comme du lit, sans attendre l'aurore,
 Le repentir nous traîne à tes autels.

C'est là que notre troupe affligée, inquiète,
 Levant au ciel et le cœur et les mains,
Imite le grand Paul, et suit ce qu'un prophète
 Nous a prescrit dans ses cantiques saints.

Nous montrons à tes yeux nos maux et nos alarmes ;
 Nous confessons tous nos crimes secrets ;
Nous t'offrons tous nos vœux, nous y mêlons nos larmes·
 Que ta bonté révoque tes arrêts.

A LAUDES.

 Sombre nuit, aveugles ténèbres,
Fuyez ; le jour s'approche et l'Olympe blanchit :
Et vous, démons, rentrez dans vos prisons funèbres :
De votre empire affreux un Dieu nous affranchit.

 Le soleil perce l'ombre obscure ;
Et les traits éclatants qu'il lance dans les airs,
Rompant le voile épais qui couvrait la nature,
Redonnent la couleur et l'âme à l'univers.

 O Christ, notre unique lumière,
Nous ne reconnaissons que tes saintes clartés :
Notre esprit t'est soumis, entends notre prière,
Et sous ton divin joug range nos volontés.

Souvent notre âme criminelle
Sur sa fausse vertu, téméraire, s'endort :
Hâte-toi d'éclairer, ô lumière éternelle,
Des malheureux assis dans l'ombre de la mort.

LE JEUDI A MATINES.

De toutes les couleurs que distinguait la vue
   L'obscure nuit n'a fait qu'une couleur :
Juste juge des cœurs, notre ardeur assidue
   Demande ici tes yeux et ta faveur.

Qu'ainsi, prompt à guérir nos mortelles blessures,
   Ton feu divin dans nos cœurs répandu
Consume pour jamais leurs passions impures,
   Pour n'y laisser que l'amour qui t'est dû.

Effrayés des péchés dont le poids les accable,
   Tes serviteurs voudraient se relever :
Ils implorent, Seigneur, ta bonté secourable,
   Et dans ton sang cherchent à se laver.

Seconde leurs efforts, dissipe l'ombre noire
   Qui dès long-temps les tient enveloppés ;
Et que l'heureux séjour d'une immortelle gloire
   Soit l'objet seul de leurs cœurs détrompés.

A LAUDES.

Les portes du jour sont ouvertes ;
Le soleil peint le ciel de rayons éclatants :
Loin de nous cette nuit dont nos âmes couvertes
Dans le chemin du crime ont erré si long-temps.

Imitons la lumière pure
De l'astre étincelant qui commence son cours,
Ennemis du mensonge et de la fraude obscure;
Et que la vérité brille en tous nos discours.

    Que ce jour se passe sans crime;
Que nos langues, nos mains, nos yeux soient innocents;
Que tout soit chaste en nous, et qu'un frein légitime
    Aux lois de la raison asservisse nos sens.

    Du haut de sa sainte demeure
Un Dieu toujours veillant nous regarde marcher;
Il nous voit, nous entend, nous observe à toute heure;
Et la plus sombre nuit ne saurait nous cacher.

LE VENDREDI A MATINES.

Auteur de toute chose, essence en trois unique,
    Dieu Tout-Puissant, qui régis l'univers,
Dans la profonde nuit nous t'offrons ce cantique :
    Écoute-nous, et vois nos maux divers.

Tandis que du sommeil le charme nécessaire
    Ferme les yeux du reste des humains,
Le cœur tout pénétré d'une douleur amère,
    Nous implorons tes secours souverains.

Que tes feux de nos cœurs chassent la nuit fatale;
    Qu'à leur éclat soient d'abord dissipés
Ces objets dangereux que la ruse infernale
    Dans un vain songe offre à nos sens trompés.

Que notre corps soit pur; qu'une indolence ingrate
    Ne tienne point nos cœurs ensevelis;

Que par l'impression du vice qui nous flatte
    Tes feux sacrés n'y soient point affaiblis.

Qu'ainsi, divin Sauveur, tes lumières célestes,
    Dans tes sentiers affermissant nos pas,
Nous détournent toujours de ces piéges funestes
    Que le démon couvre de mille appas.

A LAUDES.

    Astre que l'Olympe révère ;
Doux espoir des mortels rachetés par ton sang,
Verbe, fils éternel du redoutable Père,
Jésus, qu'une humble vierge a porté dans son flanc,

    Affermis l'âme qui chancelle ;
Fais que, levant au ciel nos innocentes mains,
Nous chantions dignement et ta gloire immortelle
Et les biens dont ta grâce a comblé les humains.

    L'astre avant-coureur de l'aurore
Du soleil qui s'approche annonce le retour ;
Sous le pâle horizon l'ombre se décolore :
Lève-toi dans nos cœurs, chaste et bienheureux jour.

    Sois notre inséparable guide ;
Du siècle ténébreux perce l'obscure nuit ;
Défends-nous en tous temps contre l'attrait perfide
De ces plaisirs trompeurs dont la mort est le fruit.

    Que la foi dans nos cœurs gravée
D'un rocher immobile ait la stabilité ;
Que sur ces fondements l'espérance élevée
Porte pour comble heureux l'ardente charité.

                                     8.

LE SAMEDI A MATINES.

O toi qui d'un œil de clémence
Vois les égaremens des fragiles humains,
Toi dont l'être un en trois et le même en puissance
A créé ce grand tout soutenu par tes mains,

Éteins ta foudre dans les larmes
Qu'un juste repentir mêle à nos chants sacrés ;
Et que puisse ta grâce, où brillent tes doux charmes,
Te préparer un temple en nos cœurs épurés.

Brûle en nous de tes saintes flammes
Tout ce qui de nos sens excite les tranports,
Afin que, toujours prêts, nous puissions dans nos âmes
Du démon de la chair vaincre tous les efforts.

Pour chanter ici tes louanges
Notre zèle, Seigneur, a devancé le jour :
Fais qu'ainsi nous chantions un jour avec tes anges
Les biens qu'à tes élus assure ton amour.

Père des anges et des hommes,
Sacré Verbe, Esprit saint, profonde trinité,
Sauve-nous ici-bas des périls où nous sommes,
Et qu'on loue à jamais ton immense bonté.

A LAUDES.

L'aurore brillante et vermeille
Prépare le chemin au soleil qui la suit ;
Tout rit aux premiers traits du jour qui se réveille :
Retirez-vous, démons qui volez dans la nuit.

Fuyez, songes, troupe menteuse,
Dangereux ennemis par la nuit enfantés ;
Et que fuie avec vous la mémoire honteuse
Des objets qu'à nos sens vous avez présentés.

Chantons l'auteur de la lumière
Jusqu'au jour où son ordre a marqué notre fin ;
Et qu'en le bénissant notre aurore dernière
Se perde en un midi sans soir et sans matin.

LE LUNDI A VÊPRES.

Grand Dieu, qui vis les cieux se former sans matière,
   A ta voix seulement,
Tu séparas les eaux, leur marquant pour barrière
   Le vaste firmament.

Si la voûte céleste a ses plaines liquides,
   La terre a ses ruisseaux,
Qui contre les chaleurs portent aux champs arides
   Le secours de leurs eaux.

Seigneur, qu'ainsi les eaux de ta grâce féconde
   Réparent nos langueurs ;
Que nos sens désormais vers les appas du monde
   N'entraînent plus nos cœurs.

Fais briller de ta foi les lumières propices
   A nos yeux éclairés ;
Qu'elle arrache le voile à tous les artifices
   Des enfers conjurés.

LE MARDI A VÊPRES.

Ta sagesse, grand Dieu, dans tes œuvres tracée,
   Débrouilla le chaos,

Et, fixant sur son poids la terre balancée,
  La sépara des flots.

Par là, son sein fécond de fleurs et de feuillages
  L'embellit tous les ans,
L'enrichit de doux fruits, couvre de pâturages
  Ses vallons et ses champs.

Seigneur, fais de ta grâce à notre âme abattue
  Goûter les fruits heureux ;
Et que puissent nos pleurs de la chair corrompue
  Éteindre en nous les feux !

Que sans cesse nos cœurs, loin du sentier des vices,
  Suivent tes volontés,
Qu'innocents à tes yeux ils fondent leurs délices
  Sur tes seules bontés !

LE MERCREDI A VÊPRES.

Grand Dieu, qui fais briller sur la voûte étoilée
  Ton trône glorieux,
Et d'une blancheur vive à la pourpre mêlée
  Peins le cintre des cieux :

Par toi roule à nos yeux sur un char de lumière
  Le clair flambeau des jours ;
De tant d'astres par toi la lune en sa carrière
  Voit le différent cours.

Ainsi sont séparés les jours des nuits prochaines
  Par d'immuables lois ;
Ainsi tu fais connaître, à des marques certaines,
  Les saisons et les mois.

Seigneur, répands sur nous ta lumière céleste ;
    Guéris nos maux divers :
Que ta main secourable, au démon si funeste,
    Brise enfin tous nos fers.

LE JEUDI A VÊPRES.

Seigneur, tant d'animaux par toi des eaux fécondes
    Sont produits à ton choix,
Que leur nombre infini peuple ou les mers profondes,
    Ou les airs, ou les bois.

Ceux-là sont humectés des flots que la mer roule,
    Ceux-ci de l'eau des cieux,
Et de la même source ainsi sortis en foule
    Occupent divers lieux.

Fais, ô Dieu tout-puissant, fais que tous les fidèles,
    A ta grâce soumis,
Ne retombent jamais dans les chaînes cruelles
    De leurs fiers ennemis.

Que, par toi soutenus, le joug pesant des vices
    Ne les accable pas,
Qu'un orgueil téméraire en d'affreux précipices
    N'engage point leurs pas.

LE VENDREDI A VÊPRES.

Créateur des humains, grand Dieu, souverain maître
    De ce vaste univers,
Qui du sein de la terre, à ton ordre, vis naître
    Tant d'animaux divers ;

A ces grands corps sans nombre et différents d'espèce,
    Animés à ta voix,

L'homme fut établi par ta haute sagesse
  Pour imposer ses lois.

Seigneur, qu'ainsi ta grâce à nos vœux accordée
  Règne dans notre cœur ;
Que nul excès honteux, que nulle impure idée
  N'en chasse la pudeur.

Qu'un saint ravissement éclate en notre zèle ;
  Guide toujours nos pas ;
Fais d'une paix profonde à ton peuple fidèle
  Goûter les doux appas.

LE SAMEDI A VÊPRES.

 Source éternelle de lumière,
Trinité souveraine et très-simple unité,
Le visible soleil va finir sa carrière ;
Fais luire dans nos cœurs l'invincible clarté.

 Qu'au doux concert de tes louanges
Notre voix et commence et finisse le jour,
Et que notre âme enfin chante avec tes saints anges
Le cantique éternel de ton céleste amour.

JEAN RACINE.

CANTIQUES SPIRITUELS.

CANTIQUE PREMIER.

A la louange de la Charité.

Les méchants m'ont vanté leurs mensonges frivoles ;
  Mais je n'aime que les paroles
  De l'éternelle vérité.
  Plein du feu divin qui m'inspire

Je consacre aujourd'hui ma lyre
A la céleste charité.

En vain je parlerais le langage des anges ;
En vain, mon Dieu, de tes louanges
Je remplirais tout l'univers :
Sans amour, ma gloire n'égale
Que la gloire de la cymbale
Qui d'un vain bruit frappe les airs.

Que sert à mon esprit de percer les abimes
Des mystères les plus sublimes,
Et de lire dans l'avenir ?
Sans amour, ma science est vaine
Comme le songe, dont à peine
Il reste un léger souvenir.

Que me sert que ma foi transporte les montagnes ;
Que dans les arides campagnes
Les torrents naissent sous mes pas ;
Et que, ranimant la poussière,
Elle rende aux morts la lumière,
Si l'amour ne l'anime pas ?

Oui, mon Dieu, quand mes mains de tout mon héritage
Aux pauvres feraient le partage ;
Quand même pour le nom chrétien
Bravant les croix les plus infâmes,
Je livrerais mon corps aux flammes ;
Si je n'aime, je ne suis rien.

Que je vois de vertus qui brillent sur ta trace,
Charité fille de la grâce !
Avec toi marche la douceur,
Que suit avec un air affable
La patience, inséparable
De la paix, son aimable sœur.

Tel que l'astre du jour écarte les ténèbres,
De la nuit compagnes funèbres,
Telle tu chasses d'un coup d'œil
L'envie aux humains si fatale,
Des vices, enfants de l'orgueil.

Libre d'ambition, simple et sans artifice,
Autant que tu hais l'injustice,
Autant la vérité te plaît.
Que peut la colère farouche
Sur un cœur que jamais ne touche
Le soin de son propre intérêt?

Aux faiblesses d'autrui loin d'être inexorable,
Toujours d'un voile favorable
Tu t'efforces de les couvrir :
Quel triomphe manque à ta gloire?
L'amour sait tout vaincre, tout croire,
Tout espérer, et tout souffrir.

Un jour Dieu cessera d'inspirer des oracles ;
Le don des langues, les miracles,
La science aura son déclin :
L'amour, la charité divine,
Éternelle en son origine,
Ne connaîtra jamais de fin.

Nos clartés ici-bas ne sont qu'énigmes sombres :
Mais Dieu sans voiles et sans ombres
Nous éclairera dans les cieux ;
Et ce soleil inaccessible,
Comme à ses yeux je suis visible,
Se rendra visible à mes yeux.

L'amour sur tous les dons l'emporte avec justice.
De notre céleste édifice

La foi vive est le fondement :
La sainte espérance l'élève
L'ardente charité l'achève,
Et l'assure éternellement.

Quand pourrai-je t'offrir, ô Charité suprême,
Au sein de la lumière même,
Le cantique de mes soupirs ;
Et toujours brûlant pour ta gloire,
Toujours puiser et toujours boire
Dans la source des vrais plaisirs !

CANTIQUE II.

Sur le bonheur des justes et le malheur des réprouvés.

Heureux qui, de la Sagesse
Attendant tout son secours,
N'a point mis en la richesse
L'espoir de ses derniers jours !
La mort n'a rien qui l'étonne,
Et dès que son Dieu l'ordonne,
Son âme, prenant l'essor,
S'élève d'un vol rapide
Vers la demeure où réside
Son véritable trésor.

De quelle douleur profonde
Seront un jour pénétrés
Ces insensés qui du monde,
Seigneur, vivent enivrés,
Quand, par une fin soudaine,
Détrompés d'une ombre vaine
Qui passe et ne revient plus,
Leurs yeux, du fond de l'abîme,

Près de ton trône sublime
Verront briller tes élus !

Infortunés que nous sommes,
Où s'égaraient nos esprits !
Voilà, diront-ils, ces hommes
Vils objets de nos mépris :
Leur sainte et pénible vie
Nous parut une folie ;
Mais aujourd'hui triomphants,
Le ciel chante leur louange,
Et Dieu lui-même les range
Au nombre de ses enfans.

Pour trouver un bien fragile
Qui nous vient d'être arraché,
Par quel chemin difficile,
Hélas ! nous avons marché
Dans une route insensée !
Notre âme en vain s'est lassée
Sans se reposer jamais,
Fermant l'œil à la lumière
Qui nous montrait la carrière
De la bienheureuse paix.

De nos attentats injustes
Quel fruit nous est-il resté ?
Où sont les titres augustes
Dont notre orgueil s'est flatté ?
Sans amis et sans défense,
Au trône de la vengeance
Appelés en jugement,
Faibles et tristes victimes,
Nous y venons de nos crimes
Accompagnés seulement.

POÉSIE LYRIQUE.

Ainsi d'une voix plaintive
Exprimera ses remords
La pénitence tardive
Des inconsolables morts.
Ce qui faisait leurs délices,
Seigneur, fera leurs supplices;
Et par une égale loi,
Tes saints trouveront des charmes
Dans le souvenir des larmes
Qu'ils versent ici pour toi.

CANTIQUE III.

Plainte d'un chrétien sur les contrariétés qu'il éprouve au dedans de lui-même.

Mon Dieu, quelle guerre cruelle!
Je trouve deux hommes en moi:
L'un veut que, plein d'amour pour toi,
Mon cœur te soit toujours fidèle;
L'autre, à tes volontés rebelle,
Me révolte contre ta loi.

L'un, tout esprit et tout céleste,
Veut qu'au ciel sans cesse attaché,
Et des biens éternels touché,
Je compte pour rien tout le reste;
Et l'autre par son poids funeste
Me tient vers la terre penché.

Hélas! en guerre avec moi-même,
Où pourrai-je trouver la paix?

Je veux, et n'accomplis jamais ;
Je veux : mais, ô misère extrême !
Je ne fais pas le bien que j'aime,
Et je fais le mal que je hais.

O grâce, ô rayon salutaire,
Viens me mettre avec moi d'accord ;
Et, domptant par un doux effort
Cet homme qui t'est si contraire,
Fais ton esclave volontaire
De cet esclave de la mort.

CANTIQUE IV.

Sur les vaines occupations des gens du siècle.

Quel charme vainqueur du monde
Vers Dieu m'élève aujourd'hui ?
Malheureux l'homme qui fonde
Sur les hommes son appui !
Leur gloire fuit et s'efface
En moins de temps que la trace
Du vaisseau qui fend les mers,
Ou de la flèche rapide
Qui, loin de l'œil qui la guide,
Cherche l'oiseau dans les airs.

De la sagesse immortelle
La voix tonne et nous instruit :
Enfans des hommes, dit-elle,
De vos soins quel est le fruit ?
Par quelle erreur, âmes vaines,
Du plus pur sang de vos veines,
Achetez-vous si souvent,
Non un pain qui vous repaisse,

Mais un ombre qui vous laisse
Plus affamés que devant?

Le pain que je vous propose
Sert aux anges d'aliment ;
Dieu lui-même le compose
De la fleur de son froment :
C'est ce pain si délectable
Que ne sert point à sa table
Le monde que vous suivez.
Je l'offre à qui veut me suivre ;
Approchez. Voulez-vous vivre ?
Prenez, mangez et vivez.

O Sagesse ! ta parole
Fit éclore l'univers,
Posa sur un double pôle
La terre au milieu des airs.
Tu dis ; et les cieux parurent,
Et tous les astres coururent
Dans leur ordre se placer.
Avant les siècles tu regnes :
Et qui suis-je, que tu daignes
Jusqu'à moi te rabaisser ?

Le Verbe, image du Père,
Laissa son trône éternel,
Et d'une mortelle mère
Voulut naitre homme et mortel.
Comme l'orgueil fut le crime
Dont il naissait la victime,
Il dépouilla sa splendeur,
Et vint, pauvre et misérable,
Apprendre à l'homme coupable
Sa véritable grandeur.

L'âme, heureusement captive,
Sous ton joug trouve la paix,
Et s'abreuve d'une eau vive
Qui ne s'épuise jamais.
Chacun peut boire en cette onde ;
Elle invite tout le monde :
Mais nous courons follement
Chercher des sources bourbeuses,
Ou des citernes trompeuses
D'où l'eau fuit à tout moment.

Jean Racine.

POÉSIE ÉPIQUE.

I

Fragmens épiques. — Récits poétiques.

FRAGMENTS ÉPIQUES.

FRAGMENTS DE LA PUCELLE.

APPARITION DE L'ANGE A JEANNE D'ARC.

Sur les confins douteux de France et de Lorraine,
Une épaisse forêt s'avance dans la plaine,
Où des arbres vieillis les troncs démesurés
Sont, malgré mille hivers, par le temps révérés :
Sous leur ramure épaisse et leur feuille touffue,
L'or des rayons du jour *ne frappe point la vue*;
Et le brillant soleil, *quand plus fort il reluit*,
N'en saurait écarter les ombres de la nuit.
Là domine la paix, *là* le repos habite ;
Là, ni meute *ni trompe* aucun bruit ne suscite ;
Sous l'herbe les ruisseaux coulent sans murmurer,
Et *là le* plus doux vent n'oserait soupirer.
A l'abord de ce bois, d'une soudaine crainte
Les voyageurs errants sentent leur âme atteinte.
. . . .
. . . .
En ce triste séjour, une modeste fille,
L'honneur de son pays et l'heur de sa famille,
Sous le tranquille abri des ombrages couverts,
Adore incessamment l'Auteur de l'univers.
Un troupeau de brebis, ainsi qu'elle innocentes,
Occupe des ses ans *les forces impuissantes ;*
Dans ce simple exercice *elle règne en ces lieux*;
Mais son cœur a pour but de régner dans les cieux.

La grandeur du Très-Haut est son objet unique ;
Elle en nourrit le feu de son amour pudique,
Et, par les vifs élans de sa dévote ardeur,
Monte jusqu'à *sa* gloire, et soutient *sa* splendeur.

Sur le Lion brûlant l'astre de la lumière
Marchait avec lenteur dans sa longue carrière,
Et, raccourcissant l'ombre en rallongeant le jour,
Éclairait les mortels du plus haut de son tour.
L'ange, en ce même temps, vient, d'une aile légère,
Porter le grand message à la sainte bergère,
De pompe revêtu, de splendeur couronné,
Et d'un globe de feu partout environné.
Plus prompt que n'est l'éclair qui prévient le tonnerre,
De *sphère* en *sphère* il passe, et descend vers la terre.
Le monde voit sa chute avec étonnement,
Et croit que le soleil tombe du firmament.

Ainsi, lorsque la nuit couvre tout de son voile,
On aperçoit souvent une brillante étoile,
Qui du ciel se détache, et, se précipitant,
Trace au milieu des airs un sillon éclatant.
Il descend sur le bois où la vierge médite.
. . . .
. . . .
. . . .
Ce nouvel accident interrompt sa prière ;
De frayeur elle tremble, et ferme la paupière ;
Ses yeux sont éblouis à force de clarté,
Et d'un trouble inconnu son cœur est agité.
Du globe lumineux qui brille autour de l'ange,
Sort une voix alors, mais une voix étrange,
Dont le son plus qu'humain et les graves accents
Lui pénètrent l'esprit, et ravissent les sens.

« Bergère, dit la voix, fille modeste et sainte,
Cesse de t'émouvoir, et dissipe ta crainte ;
Du Monarque éternel je suis l'ambassadeur,
Et te viens annoncer ta future grandeur.
Par ton bras aujourd'hui l'auguste Providence
Veut redonner la vie aux peuples de la France,
Et pour leur faire voir qu'ils la doivent aux Cieux,
Vient t'appeler du fond de ces sauvages lieux.
Ton bras sera le bras du grand Dieu des armées ;
L'Anglais verra par toi ses forces consumées ;
Orléans éploré s'affranchira par toi,
Et par toi Reims *verra* le sacre de son roi.
A ces faits merveilleux prépare ton courage ;
La gloire du Très-Haut luira sur ton visage,
Et la vertu guerrière animant ta vertu,
Fera mordre la terre à l'Anglais abattu. »

. . . .
. . . .

Mais l'ange qui l'observe et qui voit sa pensée,
« Ton âme en vain, dit-il, est ici balancée.
Dieu, le Dieu des combats, t'ordonne par ma voix
De partir, d'attaquer et de vaincre l'Anglais. »
Puis, d'un céleste feu l'éclairant tout entière,
Lui souffle du Seigneur la puissance guerrière,
Lui fait dans les regards éclater sa terreur,
Et lui met dans les mains les traits de sa fureur.

Le jour s'éteint alors, et le lieu solitaire
Retombe dans l'horreur de sa nuit ordinaire ;
Le silence y retourne, et son ombrage épais
Redevient le séjour du calme et de la paix.
Elle voit le désert tout semblable à lui-même ;
Mais elle sent en elle un changement extrême :
De cette nouveauté son esprit est confus ;

Elle se cherche en elle, et ne s'y trouve plus.
Son troupeau, sa forêt, ses prés et ses fontaines,
Pour elle désormais sont des *images vaines;*
Dieu, l'Anglais, le Français, les siéges, les combats,
Seuls maintenant pour elle ont de *dignes* appas.

CHAPELAIN.

JEANNE D'ARC A CHARLES VII.

En ces termes, dit-elle, et jusqu'en ta présence,
Oser de ses décrets blâmer la Providence,
L'oser jusqu'en ton nom, l'oser en me parlant,
Ah! c'est être, à vrai dire, un peu trop *insolent.*
Ah! c'est trop écouter l'indigne jalousie,
Dont pour mes grands succès on a l'âme saisie;
C'est faire trop d'injure au bras du Tout-Puissant,
Et de ses longs bienfaits être méconnaissant.
On a donc pu si tôt bannir de sa mémoire
Du Dieu libérateur l'éclatante victoire;
Quand, près de ses hauts murs, la fidèle Orléans
Vit sous mes coups mortels tomber ses assaillants.
On ne se souvient plus de ce hardi passage
Qui de tant de cités éloigna le servage;
On ne se souvient plus du sacre glorieux
Dont l'éclat triomphant s'offre encore à nos yeux.
Cependant ces exploits, ces merveilles insignes,
D'une mémoire illustre à jamais seront dignes.
Ces miracles fameux, si grands, si relevés,
Sans Agnès, par nos mains viennent d'être achevés.
Jusqu'ici, malgré tout, j'ai tenu ma promesse,
Sans les charmes impurs de cette enchanteresse.

Les Cieux ont vu par moi leur ordre exécuté,
Sans avoir eu besoin des traits de sa beauté.
Ils me verront encor, sans cette aide funeste,
De leur ordre immuable exécuter le reste ;
Sans elle, ils me verront des perfides tyrans
Attaquer les drapeaux et dissiper les rangs.
A la merci des traits ils me verront, sans elle,
Aller porter la guerre à la cité rebelle,
Et seule me verront, par mille grands efforts,
Maîtriser ses remparts, et les joncher de morts.
Charles, telle à Paris sera ma destinée :
C'est ainsi que la chose est au ciel ordonnée.

CHAPELAIN.

SAINT LOUIS.

INCENDIE DE DAMIETTE.

La lune s'avançait, et ses belles suivantes,
De couronnes d'argent à cinq pointes brillantes,
Faisaient de leurs flambeaux, dans le ciel étoilé,
Après le jour éteint, le jour renouvelé.
Quand des cris de frayeur et des voix de menace,
Telles qu'on les entend au sac de quelque place,
De leurs tristes accents rompent notre repos,
Et réveillent au loin les vents et les échos.
Les échos et les vents en trouble leur répondent ;
Du rivages prochain les vagues les secondent ;
Et les vagues les vents, les échos et la nuit,
Font un concert d'horreur, de tumulte et de bruit.

Un feu, qui se fait jour à travers la fumée,
Paraît en même temps sur la ville allumée ;
Les tours et les palais *ont beau, pour s'en sauver,*
Leur faîte sourcilleux dans la nue élever ;
L'élément destructeur, qui s'échauffe à la proie,
Montant par tourbillons, sur leurs masses ondoie.
Dans l'air et sur la plaine une clarté reluit,
Plus effroyable à voir que la plus sombre nuit.
. . . .
Tous les chefs commandés tiennent dans les barrières
Leurs corps, toute la nuit, rangés sous les bannières :
Et sitôt que le jour sur l'horizon parut,
Un chrétien du pays vers nos gardes courut,
Qui de ce pitoyable et funeste incendie,
En pleurant, leur apprit l'étrange tragédie.

Il conte comme après les chrétiens outragés,
Et de complot formé par troupes égorgés,
L'ennemi, furieux de sa double défaite,
Pour faire une éclatante et plus sûre retraite
Et, pour ne nous laisser qu'un sépulcre fumant,
Avait porté sa rage à cet embrasement.
Cent coureurs dépêchés trouvent la porte ouverte,
Les dehors dégarnis, la muraille déserte.
Le roi, qui, dans le cours d'un bonheur si soudain,
Reconnaît la vertu d'une divine main,
Le cœur brûlant de zèle et l'œil trempé de larmes,
En rend grâces au Dieu qui couronne ses armes.

LEMOINE.

POÉSIE ÉPIQUE.

Garman, ambassadeur du sultan de l'Égypte, est amis devant
saint Louis victorieux à Damiette.

Aussitôt par son ordre introduits au conseil
Ils admirent du lieu le superbe appareil ;
Le cercle des seigneurs qui le prince environne,
Et plus que les seigneurs le prince les étonne :
Aussi, plus grand de soi que de sa royauté,
Il les passe en mérite autant qu'en dignité ;
Et pour une vertu si sublime et si pure,
Le trône *même est bas*, et *la pourpre est obscure*.
Comme dans ce palais, où les célestes feux
Composent un sénat roulant et lumineux,
Le soleil à chacun partage la lumière,
Selon qu'il a plus longue ou plus courte carrière ;
Il donne aux uns l'éclat, aux autres l'action ;
Il règle leurs emplois par son impression,
Et de tant de beaux corps qu'il nourrit de ses flammes,
Sa chaleur est l'esprit, ses rayons sont les âmes :
Ainsi de son conseil le monarque français
Est la gloire et la force, et le cœur et la voix.
Il s'étend de sa bouche, il sort de son visage
Un air d'intelligence, un esprit de courage,
Et du feu que répand hors de lui sa valeur
Ses chefs ont en commun l'éclair et la chaleur.

LEMOINE.

DISCOURS DE SAINT LOUIS.

Chevalier, si ton maître a pour nous quelque estime,
S'il nous veut être uni d'un lien légitime,

Il faut que, subissant le joug du roi des rois,
Il quitte le croissant et se range à la croix ;
Les couronnes du monde, à ce joug comparées,
A bien dire, ne sont que des chaînes dorées :
Plus elles ont d'éclat, plus elles ont de prix,
Et plus leur pesanteur *est à charge aux esprits.*
Ne pense pas aussi que la gloire où j'aspire
Soit d'agrandir la mienne, étendant mon empire :
Elle n'est que trop grande, et de plus sages rois
Seraient bien occupés à soutenir son poids.
Tous mes desseins ne vont qu'à la couronne sainte,
Qui du sang précieux de mon Sauveur fut teinte.
. . . .
Le chevalier chrétien, pour aller à la gloire,
A plus d'une carrière et plus d'une victoire :
En tombant il s'élève ; il triomphe en mourant,
Par sa propre défaite il se fait conquérant,
Et prisonnier vainqueur, couronné de sa chaîne,
Il garde à la vertu la dignité de reine.

LEMOINE.

LES TOMBEAUX DES ROIS D'ÉGYPTE.

Sous les pieds de ces monts taillés et suspendus,
Il s'étend des pays ténébreux et perdus,
Des déserts spacieux, des solitudes sombres,
Faites pour le séjour des morts et de leurs ombres.
Là sont les corps des rois et les corps des sultans,
Diversement rangés selon l'ordre et le temps.
Les uns sont enchâssés dans de creuses images,
A qui l'art a donné leur taille et leur visage ;

Et dans ces vains portraits, qui sont leurs monumens,
Leur orgueil se conserve avec leurs ossemens ;
Les autres embaumés, sont posés sur des *niches*,
Où leurs ombres, encore éclatantes et riches,
Semblent perpétuer, malgré les lois du sort,
La pompe de leur vie en celle de leur mort,
De ce muet sénat, de cette cour terrible,
Le silence épouvante et la face est horrible :
Là sont les devanciers avec leurs descendants ;
Tous les règnes y sont : on y voit tout les temps ;
Et cette antiquité, ces siècles dont l'histoire
N'a pu sauver qu'à peine une obscure mémoire,
Réunis par la mort en cette sombre nuit,
Y sont sans mouvement, sans lumière et sans bruit.

LEMOINE.

LA FORÊT DE MARSEILLE.

On voit auprès du champ une forêt sacrée,
Formidable aux humains et des temps révérée,
Dont le feuillage sombre et les rameaux épais
Du Dieu de la clarté font mourir tous les traits.
Sous la noire épaisseur des ormes et des hêtres,
Les faunes, les sylvains ou les nymphes champêtres,
N'y vont point accorder, aux accents de la voix,
Le sons des chalumeaux ou celui des hautbois.
Cette ombre, destinée à de plus noirs offices,
Cache aux yeux du soleil ses cruels sacrifices,
Et les vœux criminels qui s'offrent en ces lieux
Offensent la nature en révérant les dieux.
Là, du sang des humains on voit suer les marbres,

On voit fumer la terre, on voit rougir les arbres ;
Tout y parle d'horreur ; et même les oiseaux
Ne se perchent jamais sur ces tristes rameaux.
Les cruels *sangliers*, les bêtes les plus fières,
N'osent pas y chercher leur bouge ou leurs tanières.
La foudre, accoutumée à punir des forfaits,
Craint ce lieu si coupable, et n'y tombe jamais.
Là, de cent dieux divers les grossières images
Impriment l'épouvante et forcent les hommages.
La masse et la pâleur de leurs membres hideux
Semblent mieux attirer les respects et les vœux.
Sous un air plus connu la *divinité peinte*
Trouverait moins d'encens et ferait moins de crainte.
Tant aux faibles mortels il est bon d'ignorer
Les dieux qu'il leur faut craindre et qu'il faut adorer !
Là, d'une obscure source il coule une onde obscure,
Qui semble du Cocyte emprunter la teinture.
Souvent un bruit confus trouble ce noir séjour,
Et l'on entend mugir les rochers d'alentour.
Souvent du triste éclat d'une flamme *ensoufrée*
La forêt est couverte et non pas dévorée ;
Et l'on a vu cent fois les troncs entortillés
De cérastes hideux et de dragons ailés.
Les voisins de ce bois si sauvage et si sombre
Lui laissent à la fois son horreur et son ombre,
Et le druide craint, en abordant ces lieux,
D'y voir ce qu'il adore, et d'y trouver ses dieux.

Il n'est rien de sacré pour des mains sacriléges ;
Les dieux mêmes, les dieux n'ont point de priviléges.
César veut qu'à l'instant leurs droits soient violés,
Les arbres abattus, les autels dépouillés ;
Et de tous les soldats les âmes étonnées
Craignant de voir contre eux retourner leurs cognées,

Il gourmande leur crainte, il frémit de courroux,
Et, le fer à la main, porte les premiers coups.
« Quittez, quittez, dit-il, l'effroi qui vous maîtrise ;
Si les bois sont sacrés, c'est moi qui les *méprise :*
Seul j'offense aujourd'hui le respect de ces lieux,
Et seul je prends sur moi tout le courroux des dieux. »
A ces mots, tous les siens, cédant à la contrainte,
Dépouillent le respect, sans dépouiller la crainte.
Les dieux parlent encore à ces cœurs agités ;
Mais quand César commande, ils sont mal écoutés.
Alors on voit tomber sous un fer téméraire
Des chênes et des ifs aussi vieux que *leur mère ;*
Des pins et des cyprès dont les feuillages verts
Conservaient le printemps au milieu des hivers.
A ces forfaits nouveaux, tous les peuples frémissent ;
A ce fier attentat, tous les prêtres gémissent :
Marseille seulement, qui le voit de ses tours,
Du crime des Romains fait son plus grand secours ;
Elle croit que les dieux, d'un éclat de tonnerre,
Vont foudroyer César et terminer la guerre.
Mais, hélas ! que les traits qui partent de leurs mains
Se baignent à regret dans le sang des humains !
Leur justice balance, et sur les plus coupables
Ses coups sont aussi lents qu'ils sont inévitables.
BRÉBEUF.

LE LUTRIN.

CHANT I.

Je chante les combats et ce prélat terrible
Qui, par ses longs travaux et sa force invincible,

Dans une illustre église exerçant son grand cœur,
Fit placer à la fin un lutrin dans le chœur.
C'est en vain que le chantre, abusant d'un faux titre,
Deux fois l'en fit ôter par les mains du chapitre :
Ce prélat, sur le banc de son rival altier
Deux fois le reportant, l'en couvrit tout entier.
Muse, redis-moi donc quelle ardeur de vengeance
De ces hommes sacrés rompit l'intelligence,
Et troubla si long-temps deux célèbres rivaux.
Tant de fiel entre-t-il dans l'âme des dévots?
. . . .
Parmi les doux plaisirs d'une paix fraternelle,
Paris voyait fleurir son antique chapelle;
Ses chanoines, vermeils et brillants de santé,
S'engraissaient d'une longue et sainte oisiveté ;
Sans sortir de leurs lits, plus doux que leurs hermines,
Ces pieux fainéants faisaient chanter matines,
Veillaient à bien dîner, et laissaient en leur lieu
A des chantres gagés le soin de louer Dieu ;
Quand la Discorde, encor toute noire de crimes,
Sortant des Cordeliers pour aller aux Minimes,
Avec cet air hideux qui fait frémir la Paix,
S'arrêta près d'un arbre, au pied de son palais.
Là, d'un œil attentif contemplant son empire,
A l'aspect du tumulte, elle-même s'admire.
Elle y voit par le coche et d'Évreux et du Mans,
Accourir à grands flots ses fidèles Normands ;
Elle y voit aborder le marquis, la comtesse,
Le bourgeois, le manant, le clergé, la noblesse,
Et partout des plaideurs les escadrons épars,
Faire autour de Thémis flotter ses étendards.
Mais une église seule, à ses yeux immobile,
Garde, au sein du tumulte, une assiette tranquille :
Elle seule le brave ; elle seule aux procès

De ses paisibles murs veut défendre l'accès.
La Discorde, à l'aspect d'un calme qui l'offense,
Fait siffler ses serpents, s'excite à la vengeance;
Sa bouche se remplit d'un poison odieux,
Et de longs traits de feu lui sortent par les yeux.

« Quoi ! dit-elle d'un ton qui fit trembler les vitres,
J'aurai pu jusqu'ici brouiller tous les chapitres,
Diviser cordeliers, carmes et célestins ;
J'aurai fait soutenir un siége aux augustins,
Et cette église seule, à mes ordres rebelle,
Nourrira dans son sein une paix éternelle !
Suis-je donc la Discorde ? et, parmi les mortels,
Qui voudra désormais encenser mes autels ? »

A ces mots, d'un bonnet couvrant sa tête énorme,
Elle prend d'un vieux chantre et la taille et la forme;
Elle peint de bourgeons son visage guerrier,
Et s'en va de ce pas trouver le trésorier.

Dans le réduit obscur d'un alcôve enfoncée,
S'élève un lit de plume à grands frais amassée ;
Quatre rideaux pompeux, par un double contour,
En défendent l'entrée à la clarté du jour.
Là, parmi les douceurs d'un tranquille silence,
Règne sur le duvet une heureuse indolence.
C'est là que le prélat, muni d'un déjeûner,
Dormant d'un léger somme, attendait le dîner.
La jeunesse en sa fleur brille sur son visage;
Son menton sur son sein descend à double étage;
Et son corps, ramassé dans sa courte épaisseur,
Fait gémir les coussins sous sa molle épaisseur.

La déesse, en entrant, qui voit la nappe mise,
Admire un si bel ordre, et reconnaît l'Église;

Et, marchant à grands pas vers le lieu du repos,
Au prélat sommeillant elle adresse ces mots :

« Tu dors, prélat, tu dors, et là-haut à ta place
Le chantre aux yeux du chœur étale son audace,
Chante les *Oremus*, fait des processions,
Et répand à grands flots les bénédictions.
Tu dors ! Attends-tu donc que, sans bulle et sans titre
Il te ravisse encor le rochet et la mitre ?
Sors de ce lit oiseux, qui te tient attaché,
Et renonce au repos ou bien à l'évêché. »

Elle dit, et, du vent de sa bouche profane,
Lui souffle avec ces mots l'ardeur de la chicane.
Le prélat se réveille, et, plein d'émotion,
Lui donne toutefois sa bénédiction.

CHANT II.

Le perruquier honteux rougit en l'écoutant.
Aussitôt de longs clous il prend une poignée ;
Sur son épaule il charge une lourde cognée ;
Et derrière son dos, qui tremble sous le poids,
Il attache une scie, en forme de carquois :
Il sort au même instant, il se met à leur tête.
A suivre ce grand chef l'un et l'autre s'apprête ;
Leur cœur semble allumé d'un zèle tout nouveau :
Brontin tient un maillet, et Boirude un marteau.
La lune, qui du ciel voit leur démarche altière,
Retire en leur faveur sa paisible lumière.
La Discorde en sourit, et, les suivant des yeux,
De joie, en les voyant, pousse un cri dans les cieux.

L'air, qui gémit du cri de l'horrible déesse,
Va jusque dans Citeaux réveiller la Mollesse.

C'est là qu'en un dortoir elle fait son séjour ;
Les Plaisirs nonchalans folâtrent alentour :
L'un pétrit dans un coin l'embonpoint des chanoines ;
L'autre broie en riant le vermillon des moines ;
La Volupté la sert avec des yeux dévots,
Et toujours le Sommeil lui verse des pavots.
Ce soir, plus que jamais, en vain il les redouble.
La Mollesse, à ce bruit, se réveille, se trouble ;
Quand la Nuit, qui déjà va tout envelopper,
D'un funeste récit vient encor la frapper,
Lui conte du prélat l'entreprise nouvelle :
Aux pieds des murs sacrés d'une sainte chapelle,
Elle a vu trois guerriers, ennemis de la paix,
Marcher à la faveur de ses voiles épais.
La Discorde en ces lieux menace de s'accroître :
Demain avec l'aurore, un lutrin va paraître,
Qui doit y soulever un peuple de mutins.
Ainsi le Ciel l'écrit au livre des destins.

A ce triste discours, qu'un long soupir achève,
La Mollesse en pleurant sur un bras se relève,
Ouvre un œil languissant et, d'une faible voix,
Laisse tomber ces mots qu'elle interrompt vingt fois :
« O nuit ! que m'as-tu dit ? quel démon sur la terre
Souffle dans tous les cœurs la fatigue et la guerre ?
Hélas ! qu'est devenu ce temps, cet heureux temps
Où les rois s'honoraient du nom de fainéants,
S'endormaient sur leur trône, et, me servant sans honte,
Laissaient leur sceptre aux mains ou d'un maire ou d'un
[comte ?
Aucun soin n'approchait de leur paisible cour :
On reposait la nuit, on dormait tout le jour.
Seulement au printemps, quand Flore dans les plaines
Faisait taire des vents les bruyantes haleines,

Quatre bœufs attelés, d'un pas tranquille et lent,
Promenaient dans Paris le monarque indolent.
Ce doux siècle n'est plus. Le Ciel impitoyable
A placé sur le trône un prince infatigable.
Il brave mes douceurs, il est sourd à ma voix,
Tous les jours il m'éveille au bruit de ses exploits.
Rien ne peut arrêter sa vigilante audace :
L'été n'a point de feux, l'hiver n'a point de glaces.
J'entends à son seul nom tous mes sujets frémir.
En vain deux fois la paix a voulu l'endormir ;
Loin de moi, son courage entraîné par la gloire
Ne se plait qu'à courir de victoire en victoire.
Je me fatiguerais à te tracer le cours
Des outrages cruels qu'il me fait tous les jours.
Je croyais, loin des lieux où ce prince m'exile,
Que l'Eglise du moins m'assurait un asile ;
Mais en vain j'espérais y régner sans effroi :
Moines, abbés, prieurs, tout s'arme contre moi.
Par mon exil honteux la Trappe est ennoblie ;
J'ai vu dans Saint-Denis la réforme établie,
Le carme, et le feuillant, s'endurcit aux travaux,
Et la règle déjà se remet dans Clairvaux.
Citeaux dormait encore, et la Sainte-Chapelle
Conservait du vieux temps l'oisiveté fidèle ;
Et voici qu'un lutrin, prêt à tout renverser,
D'un séjour si chéri vient encor me chasser !
O toi de mon repos compagne aimable et sombre,
A de si noirs forfaits préteras-tu ton ombre ?
Ah ! Nuit, si tant de fois, dans les bras de l'amour,
Je t'admis aux plaisirs que je cachais au jour;
Du moins ne permets pas... » La Mollesse oppressée
Dans sa couche, à ce mot, sent sa langue glacée ;
Et, lasse de parler, succombant sous l'effort,
Soupire, étend les bras ferme l'œil, et s'endort.

BOILEAU.

POÉSIE ÉPIQUE.

FRAGMENTS DE LA HENRIADE.

CHANT II.

Le signal est donné sans tumulte et sans bruit :
C'était à la faveur des ombres de la nuit.
De ce mois malheureux l'inégale courrière
Semblait cacher d'effroi sa tremblante lumière.
Coligny languissait dans les bras du repos,
Et le sommeil trompeur lui versait ses pavots.
Soudain de mille cris le bruit épouvantable
Vient arracher ses sens à ce calme agréable :
Il se lève, il regarde, il voit de tous côtés
Courir des assassins à pas précipités;
Il voit briller partout des flambeaux et des armes,
Son palais embrasé, tout un peuple en alarmes,
Ses serviteurs sanglants dans la flamme étouffés,
Les meurtriers en foule au carnage échauffés,
Criant à haute voix : « Qu'on n'épargne personne;
C'est Dieu, c'est Médicis, c'est le roi qui l'ordonne ! »
Il entend retentir le nom de Coligny;
Il aperçoit de loin le jeune Téligny,
Téligny dont l'amour a mérité sa fille,
L'espoir de son parti, l'honneur de sa famille,
Qui, sanglant, déchiré, traîné par des soldats,
Lui demandait vengeance, et lui tendait les bras.
Le héros malheureux, sans armes, sans défense,
Voyant qu'il faut périr, et périr sans vengeance,
Voulut mourir du moins comme il avait vécu,
Avec toute sa gloire et toute sa vertu.
Déjà des assassins la nombreuse cohorte
Du salon qui l'enferme allait briser la porte;
Il leur ouvre lui-même, et se montre à leurs yeux

Avec cet œil serein, ce front majestueux,
Tel que dans les combats, maître de son courage,
Tranquille, il arrêtait ou pressait le carnage.
A cet air vénérable, à cet auguste aspect,
Les meurtriers surpris sont saisis de respect ;
Une force inconnue a suspendu leur rage.
« Compagnons, leur dit-il, achevez votre ouvrage,
Et de mon sang glacé souillez ces cheveux blancs
Que le sort des combats respecta quarante ans ;
Frappez, ne craignez rien : Coligny vous pardonne,
Ma vie est peu de chose, et je vous l'abandonne...
J'eusse aimé mieux la perdre en combattant pour vous. »
Ces tigres, à ces mots, tombent à ses genoux :
L'un, saisi d'épouvante, abandonne ses armes ;
L'autre embrasse ses pieds, qu'il arrose de larmes ;
Et de ses assassins ce grand homme entouré
Semblait un roi puissant par son peuple adoré.
Besme, qui dans la cour attendait sa victime,
Monte, accourt, indigné qu'on diffère son crime ;
Des assassins trop lents il veut hâter les coups :
Aux pieds de ce héros il les voit trembler tous.
A cet objet touchant lui seul est inflexible ;
Lui seul, à la pitié toujours inaccessible,
Aurait cru faire un crime et trahir Médicis
Si du moindre remords il se sentait surpris.
A travers les soldats il court d'un pas rapide :
Coligny l'attendait d'un visage intrépide ;
Et bientôt dans le flanc ce monstre furieux
Lui plonge son épée en détournant les yeux,
De peur que d'un coup d'œil cet auguste visage
Ne fît trembler son bras et glaçât son courage.
Du plus grand des Français tel fut le triste sort ;
On l'insulte, on l'outrage encore après sa mort.
Son corps, percé de coups, privé de sépulture,

Des oiseaux dévorants fut l'indigne pâture;
Et l'on porta sa tête aux pieds de Médicis,
Conquête digne d'elle et digne de son fils.
Médicis la reçut avec indifférence,
Sans paraître jouir du fruit de sa vengeance,
Sans remords, sans plaisir, maîtresse de ses sens,
Et comme accoutumée à de pareils présents.

VOLTAIRE.

RÉCITS POÉTIQUES.

COMBAT DE RODRIGUE CONTRE LES MAURES.

Cette obscure clarté qui tombe des étoiles
Enfin avec le flux nous fait voir trente voiles.
L'onde s'enflait dessous, et d'un commun effort
Les Maures et la mer entrèrent dans le port.
On les laisse passer; tout leur paraît tranquille;
Point de soldats au port, point aux murs de la ville.
Notre profond silence abusant les esprits,
Ils n'osent plus douter de nous avoir surpris :
Ils abordent sans peur; ils ancrent, ils descendent,
Et courent se livrer aux mains qui les attendent.
Nous nous levons alors, et tous en même temps,
Poussons jusques au ciel mille cris éclatans;
Les nôtres au signal de nos vaisseaux répondent;
Ils paraissent armés; les Maures se confondent;
L'épouvante les prend à demi descendus;
Avant que de combattre, ils s'estiment perdus.
Ils couraient au pillage, et rencontrent la guerre.
Nous les pressons sur l'eau, nous les pressons sur terre;

[1] Ce morceau et le suivant, quoique tirés d'ouvrages dramatiques, appartiennent tout-à-fait à la poésie épique.

Et nous faisons courir les ruisseaux de leur sang.
Avant qu'aucun résiste, ou reprenne son rang.
Mais bientôt, malgré nous, leurs princes les rallient;
Leur courage renaît et leurs terreurs s'oublient;
La honte de mourir sans avoir combattu
Arrête leur désordre et leur rend leur vertu.
Contre nous de pied ferme ils tirent leurs épées;
Des plus braves soldats les trames sont coupées,
Et la terre et le fleuve, et leur flotte et le port,
Sont des champs de carnage où triomphe la Mort.
O combien d'actions, combien d'exploits célèbres
Sont demeurés sans gloire au milieu des ténèbres,
Où chacun, seul témoin des grands coups qu'il donnait.
Ne pouvait discerner où le sort inclinait !
J'allais de tous côtés encourager les nôtres,
Faire avancer les uns et soutenir les autres ;
Ranger ceux qui venaient, les pousser à leur tour,
Et n'en pus rien savoir jusques au point du jour ;
Mais enfin sa clarté montra notre avantage ;
Le Maure vit sa perte et perdit le courage ;
Et, voyant un renfort qui nous vint secourir,
Changea l'ardeur de vaincre en la peur de mourir.
Ils gagnent leurs vaisseaux, ils en coupent les câbles ;
Nous laissent pour adieux des cris épouvantables ;
Font retraite en tumulte, et sans considérer
Si leurs rois avec eux ont pu se retirer.
Ainsi leur devoir cède à la frayeur plus forte ;
Le flux les apporta, le reflux les remporte.
Cependant que leurs rois, engagés parmi nous,
Et quelque peu des leurs tout percés de nos coups,
Disputent vaillamment, et vendent bien leur vie,
A se rendre, moi-même en vain je les convie ;
Le cimeterre au poing, ils ne m'écoutent pas ;
Mais, voyant à leurs pieds tomber tous leurs soldats,

Et que seuls désormais en vain ils se défendent,
Ils demandent le chef, je me nomme; ils se rendent.
Je vous les envoyai tous deux en même temps,
Et le combat cessa faute de combattans.
CORNEILLE.

LA MORT DES TEMPLIERS.

Un immense bûcher, dressé pour leur supplice,
S'élève en échafaud, et chaque chevalier
Croit mériter l'honneur d'y monter le premier.
Mais le grand-maître arrive; il monte, il les devance,
Son front est rayonnant de gloire et d'espérance;
Il lève vers les cieux un regard assuré,
Il prie, et l'on croit voir un mortel inspiré.
D'une voix formidable aussitôt il s'écrie :
« Nul de nous n'a trahi son Dieu ni sa patrie !
Français, souvenez-vous de nos derniers momens.
Nous sommes innocens ! nous mourrons innocens !
L'arrêt qui nous condamne est un arrêt injuste;
Mais il est dans le ciel un tribunal auguste
Que le faible opprimé jamais n'implore en vain,
Et j'ose t'y citer, ô pontife romain !
Encor quarante jours !... je t'y vois comparaître !...»
Chacun en frémissant écoutait le grand-maître;
Mais quel étonnement, quel trouble, quel effroi,
Quand il dit : « O Philippe ! ô mon maître, ô mon roi !
Je te pardonne en vain : ta vie est condamnée,
Au tribunal de Dieu je t'attends dans l'année. »
Les nombreux spectateurs, émus et consternés,
Versent des pleurs sur vous, sur ces infortunés.
Il semble que du ciel descende la vengeance.

. . . .

Les bourreaux interdits n'osent plus approcher;
Ils jettent en tremblant le feu sur le bûcher,
Et détournent la tête... Une fumée épaisse
Entoure l'échafaud, roule et grossit sans cesse;
Tout-à-coup le feu brille : à l'aspect du trépas,
Ces braves chevaliers ne se démentent pas;
On ne les voyait plus; mais leurs voix héroïques
Chantaient de l'Éternel les sublimes cantiques.
Plus la flamme montait, plus ce concert pieux
S'élevait avec elle et montait vers les cieux;
Votre envoyé paraît, s'écrie... Un peuple immense,
Proclamant avec lui votre auguste clémence,
Auprès de l'échafaud soudain s'est élancé...
Mais il n'était plus temps... Les chants avaient cessé...

RAYNOUARD.

UNE NUIT AU DÉSERT.

Mais le rideau des nuits, lentement déroulé,
Confond avec le sol l'horizon reculé;
Le bruit de la bataille expire, et dans la plaine
Le silence pensif a repris son domaine.
Alors les sons confus d'un étrange concert
S'élèvent lentement; l'immobile désert
Écoute, comme un homme en sa vague insomnie,
Des cascades du Nil la lointaine harmonie;
Dans ses cris éternels, le nocturne grillon
Demande au sol brûlant un humide sillon;
Et, transfuge des eaux, sur le sable infertile,
Se traîne, en mugissant, l'immense crocodile.
A ces bruits solennels, pour la première fois,
Des hommes inconnus mêlent leur grande voix.
Sur la ligne du camp le cri d'éveil résonne,

Et va s'éteindre au loin, comme un bruit monotone
Que, sous un long portique, au milieu de la nuit,
L'écho redit plus faible à l'écho qui le suit.
Aux rougeâtres lueurs dont la plaine est semée,
Comme une masse informe on distingue l'armée
Et les soldats errans dans les groupes confus :
Assis sur les tambours, couchés sur les affûts,
Les vétérans conteurs, accoutumés aux veilles,
De leurs premiers travaux redisent les merveilles,
Alors qu'au mont Cenis, d'un geste de sa main,
Le jeune Bonaparte imposait un chemin,
Et que du haut des monts, l'armée enorgueillie
Contemplait sous ses pas l'éclatante Italie ;
Ils passent tour à tour, dans leur rapide élan,
De Crémone à Lodi, de Mantoue à Milan,
Et répètent sans fin cette magique histoire,
Où chaque nom de ville est un nom de victoire...
Cependant autour d'eux leurs compagnons assis
Des Homères du camp écoutent les récits ;
Et l'étrange bivac que la nuit enveloppe
Dans un cadre d'Asie offre un tableau d'Europe :
Les pieds heurtent souvent les sabres africains,
Les turbans dont les plis recèlent des sequins ;
Des étalons sans maître, errant à l'aventure,
Passent en hennissant parmi la foule obscure.
Vers le fond de la scène, acteurs silencieux,
Des mamelucks captifs on voit luire les yeux,
Et sur les rangs pressés des groupes circulaires,
S'allonge pesamment le cou des dromadaires.

Tandis que nos guerriers, par de grands souvenirs,
D'une nuit de triomphe occupent les loisirs,
D'autres par pelotons, dans leur ronde assidue,
Explorent du désert la muette étendue,

Et visitent, sans bruit, les postes reculés.
Sous de vieux monumens, dans la plaine isolés,
Le qui vive perçant des rauques sentinelles
Résonne dans le creux des tombes éternelles ;
Près du mont de Chéops, un garde aventureux
Surgit, comme un point noir, de ces rocs ténébreux,
Où le désert lui montre à sa blanche surface,
Du Sphinx monumental la gigantesque face ;
Et d'autres, pour veiller aux dangers de la nuit,
Errent sous les arceaux d'un vieux temple détruit ;
De loin on croirait voir des ombres fantastiques
Célébrer, sans témoins, ces mystères antiques,
Où les prêtres d'Isis, éteignant les flambeaux,
Initiaient le peuple aux secrets des tombeaux.
Hélas ! des étrangers, dans ces murs solitaires,
Ont assis sans respect leurs postes militaires.
Le vénérable écho du fond des souterrains,
Répète avec effroi de profanes refrains,
Comme aux jours solennels où l'Égypte soumise
Ouvrit ses monumens aux soldats de Cambyse.

Déjà les grenadiers, dans leur marche indécis,
Fouillent les corridors par les torches noircis.
Ils admirent long-temps, sur les frises tombées,
Le vif azur qui teint l'aile des scarabées,
Les feuilles de lotus, les farouches Typhons,
Les granits constellés qui parent les plafonds ;
Les murs où vainement de muets caractères
D'un magique alphabet conservent les mystères ;
Les têtes d'Anubis aux longs bandeaux plissés,
Les pilônes massifs, en talus abaissés,
Qui, depuis trois mille ans, sur leurs faces jumelles,
Gardent les dieux sans nom aux pendantes mamelles:
Le piédestal sonore où mugissait Apis,

Et les sphinx merveilleux, gravement accroupis,
Qui semblent, sur le seuil de la longue avenue,
Proposer au passant une énigme inconnue.
BARTHÉLEMY ET MÉRY (*Napoléon en Égypte*)

INSTRUCTION DU CURÉ AUX PETITS ENFANS.

FRAGMENT DE JOCELYN.

Avec eux chaque jour je déchiffre et j'épelle
De ce nom infini quelque lettre nouvelle ;
Je leur montre ce Dieu, tantôt dans sa bonté
Mûrissant pour l'oiseau le grain qu'il a compté ;
Tantôt dans sa sagesse et dans sa providence,
Gouvernant sa nature avec tant d'évidence !
Tantôt... Mais aujourd'hui c'était dans sa grandeur,
La nuit tombait ; des cieux la sombre profondeur
Laissait plonger les yeux dans l'espace sans voiles,
Et dans l'air constellé compter les lits d'étoiles :
Comme à l'ombre du bord on voit sous des flots clairs
La perle et le corail briller au fond des mers.
Celles-ci, leur disais-je, avec le ciel sont nées,
Leur rayon vient à nous sur des millions d'années !
Des mondes que peut seul peser l'esprit de Dieu,
Elles sont les soleils, les centres, le milieu ;
L'océan de l'éther les absorbe en ses ondes
Comme des grains de sable, et chacun de ces mondes
Est lui-même au milieu pour des mondes pareils,
Ayant ainsi que nous leurs lunes, leurs soleils,
Et voyant comme nous des firmamens sans terme
S'élargir devant Dieu, sans que rien le renferme !...
Celles-là, décrivant des cercles sans compas,
Passèrent une nuit, ne repasseront pas.

Du firmament entier la page intarissable
Ne renfermerait pas le chiffre incalculable
Des siècles qui seront écoulés jusqu'au jour
Où leur orbite immense aura fermé son tour.
Elles suivent la courbe où Dieu les a lancées ;
L'homme de son néant les suit par ses pensées ;
Et ceci, mes enfans, suffit pour vous prouver
Que l'homme est un esprit, puisqu'il peut s'élever
De ce point de poussière et des ombres humaines
Jusqu'à ces cieux sans fond et ces grands phénomènes.
Car voyez, mesurez, interrogez vos corps !
Pour monter à ces feux faites tous vos efforts !
Vos pieds ne peuvent pas vous porter sur ces ondes,
Votre main ne peut pas toucher, peser ces mondes.
Dans les replis des cieux quand ils sont disparus,
Derrière leur rideau votre œil ne les voit plus ;
Nulle oreille n'entend sur la mer infinie
De leurs vagues d'éther l'orageuse harmonie ;
Le souffle de leur vol ne vient pas jusqu'à vous ;
Sous le dais de la nuit ils vous semblent des clous.
Et l'homme cependant arpente cette voûte ;
D'avance à l'avenir nous écrivons leur route ;
Nous disons à celui qui n'est pas encor né
Quel jour au point du ciel tel astre ramené
Viendra de sa lueur éclairer l'étendue
Et rendre au firmament son étoile perdue.
Et qu'est-ce qui le sait ? et qu'est-ce qui l'écrit ?
Ce ne sont pas vos sens, enfans ! c'est donc l'esprit ?
C'est donc cette ame immense, infinie, immortelle,
Qui voit plus que l'étoile et qui vivra plus qu'elle.

. . . .

Ces sphères dont l'Éther est le bouillonnement
Ont emprunté de Dieu leur premier mouvement ;

Avez-vous calculé parfois dans vos pensées,
La force de ce bras qui les a balancées ?
Vous ramassez souvent, dans la fronde ou la main,
La noix du vieux noyer, le caillou du chemin ;
Imprimant votre effort au poignet qui les lance,
Vous mesurez, enfans, la force à la distance,
L'une tombe à vos pieds, l'autre vole à cent pas,
Et vous dites : Ce bras est plus fort que mon bras ;
Eh bien ! si par leurs jets vous comparez vos frondes,
Qu'est-ce donc que la main qui, lançant tous ces mondes,
Ces mondes dont l'esprit ne peut porter le poids,
Comme le jardinier qui sème aux champs ses pois,
Les fait fendre le vide et tourner sur eux-mêmes ?
Par l'élan primitif sorti du bras suprême,
Aller et revenir, descendre et remonter
Pendant des temps sans fin que lui seul sait compter ;
De l'espace et du poids, et des siècles se joue,
Et fait qu'au firmament ces mille chars sans roue
Sont portées sans ornière et tournent sans essieu.
Courbons-nous, mes enfans ! c'est la force de Dieu.

Maintenant cherchez-vous quelle est l'intelligence,
Qui croise tous les fils de cette trame immense,
Et les fait l'un vers l'autre à jamais graviter,
Sans que dans leur orbite ils aillent se heurter ?
Enfans, quand vous allez paître au loin vos génisses,
Aux flancs de la montagne, aux bords des précipices,
Et qu'assis sur un roc vous avez sous vos pas
Ce lac bleu comme un ciel qui se déploie en bas ;
Vous voyez quelquefois l'essaim des blanches voiles
Disséminé sur l'eau comme au ciel les étoiles,
De tous les points du lac se détacher des bords,
Sortir des golfes verts, ou rentrer dans les ports,
Ou, se groupant en cercle, avec la proue écrire

Des évolutions que le regard admire ;
Et vous ne craignez pas, mes amis, cependant,
Que ces frêles esquifs, l'un l'autre s'abordant,
Se submergent sous l'onde, ou que leurs blanches ailes
Se froissent dans leur vol, se déchirent entre elles :
Car quoique sous la voile on ne distingue rien
Dans cet éloignement, pourtant vous savez bien
Que de chaque nacelle un pêcheur tient la rame,
Que chacun des bateaux a son œil et son ame,
Qui gouverne à son gré sa course de la main,
Et lui fait discerner et choisir son chemin ;
Eh bien ! pour diriger sur l'eau cette famille,
S'il faut une pensée à la frêle coquille,
Ces mondes que de Dieu l'effort seul peut brider,
N'en auraient-ils pas une aussi pour se guider ?
Ils en ont, mes enfans ! Dieu même est leur pilote,
C'est lui qui dans son ciel a fait cingler leur flotte.
Chacun de ces soleils, éclairé par son œil,
Sait sur ces océans son port et son écueil ;
Tous ont reçu de lui le signal et la route,
Pour paraître à son heure, à leur point de sa voûte.
L'œuvre de chaque globe à son appel monté
Est de glorifier sa sainte volonté,
De suivre avec amour le sentier qu'il lui trace
Et de refléter Dieu dans le temps et l'espace !
Et tous obéissant, de rayon en rayon,
Se transmettent son ordre et font luire son nom,
Et sa gloire en jaillit de système en système,
Et tout ce qu'il a fait lui rend gloire de même,
Et sans exception, son œil monte et descend,
De l'orbe des soleils aux cheveux de l'enfant !
Et jusqu'au battement de l'insensible artère
De l'insecte qui rampe à vos pieds sur la terre..
Et ne vous troublez pas devant cette grandeur,

Ne craignez pas jamais que dans la profondeur
Des êtres dont la foule obscurcit sa paupière,
L'ombre de ces grands corps vous cache sa lumière.
Ne dites pas, enfans, comme d'autres ont dit :
Dieu ne me connaît pas, car je suis trop petit ;
Dans sa création ma faiblesse me noie,
Il voit trop d'univers pour que son œil me voie.
L'aigle de la montagne un jour dit au soleil :
Pourquoi luire plus bas que le sommet vermeil ?
A quoi sert d'éclairer ces prés, ces gorges sombres
De salir tes rayons sur l'herbe, dans ces ombres ?
La mousse imperceptible est indigne de toi !...
Oiseau, dit le soleil, viens et monte avec moi...
L'aigle avec le rayon s'élevant dans la nue,
Vit la montagne fondre et baisser à sa vue,
Et quand il eut atteint son horizon nouveau
A son œil confondu tout parut de niveau.
Eh bien ! dit le soleil, tu vois, oiseau superbe,
Si pour moi la montagne est plus haute que l'herbe.
Rien n'est grand ni petit devant mes yeux géans,
La goutte d'eau me peint comme les océans ;
De tout ce qui me voit, je suis l'astre et la vie,
Comme le cèdre altier, l'herbe me glorifie ;
J'y chauffe la fourmi, des nuits j'y bois les pleurs,
Mon rayon s'y parfume en traînant sur les fleurs ;
Et c'est ainsi que Dieu, qui seul est sa mesure,
D'un œil pour tous égal voit toute la nature !
Chers enfans, bénissez, si votre cœur comprend,
Cet œil qui voit l'insecte et pour qui tout est grand.

LAMARTINE.

POÉSIE ÉPIQUE.

LE CHIEN.

Hélas ! rentrer tout seul dans sa maison déserte,
Sans voir à notre approche une fenêtre ouverte,
Sans qu'en apercevant son toit à l'horizon
On dise : Mon retour réjouit ma maison;
Une sœur, des amis, une femme, une mère,
Comptent de loin les pas qui me restent à faire,
Et dans quelques momens, émus de mon retour,
Ces murs s'animeront pour m'abriter d'amour !
Rentrer seul, dans la cour se glisser en silence,
Sans qu'au-devant du vôtre un pas connu s'avance,
Sans que, de tant d'échos qui parlaient autrefois,
Un seul, un seul au moins tressaille à votre voix !
Sans que le sentiment amer qui vous inonde
Déborde hors de vous dans un seul être au monde,
Excepté dans le cœur du vieux chien du foyer,
Que le bruit de vos pas errans fait aboyer !
N'avoir que ce seul cœur à l'unisson du vôtre
Où ce que vous sentez se reflète en un autre ;
Que cet œil qui vous voit partir ou demeurer,
Qui sans savoir vos pleurs vous regarde pleurer,
Que cet œil sur la terre où votre œil se repose,
A qui, si vous manquiez, manquerait quelque chose ;
Ah ! c'est affreux peut-être ! eh bien ! c'est encor doux !
O mon chien ! Dieu sait seul la distance entre nous,
Seul il sait quel degré de l'échelle de l'être
Sépare ton instinct de l'ame de ton maître ;
Mais seul il sait aussi par quel secret rapport
Tu vis de son regard et tu meurs de sa mort,
Et par quelle pitié pour nos cœurs il te donne
Pour aimer encor ceux que n'aime plus personne.
Aussi, pauvre animal, quoique à terre couché,
Jamais d'un sot dédain mon pied ne t'a touché,

Jamais d'un mot brutal contristant ta tendresse
Mon cœur n'a repoussé ta touchante caresse.
Mais toujours, ah! toujours en toi j'ai respecté
De ton maître et du mien l'ineffable bonté,
Comme on doit respecter sa moindre créature,
Frère à quelque degré qu'ait voulu la nature !
Ah! mon pauvre Fido, quand, tes yeux sur les miens,
Le silence comprend nos muets entretiens,
Quand, au bord de mon lit épiant si je veille,
Un seul souffle inégal de mon sein te réveille,
Que, lisant ma tristesse en mes yeux obscurcis,
Dans les plis de mon front tu cherches mes soucis,
Et que, pour la distraire attirant ma pensée,
Tu mords plus tendrement ma main vers toi baissée ;
Que, comme un clair miroir, ma joie ou mon chagrin
Rend ton œil fraternel inquiet ou serein ;
Que l'ame en toi se lève avec tant d'évidence,
Et que l'amour encor passe l'intelligence,
Non, tu n'es pas du cœur la vaine illusion,
Du sentiment humain une dérision,
Un corps organisé, qu'anime une caresse,
Automate trompeur de vie et de tendresse !
Non, quand ce sentiment s'éteindra dans tes yeux,
Il se ranimera dans je ne sais quels cieux :
De ce qui s'aima tant la tendre sympathie,
Homme ou plante, jamais ne meurt anéantie :
Dieu la brise un instant, mais pour la réunir :
Son sein est assez grand pour nous tous contenir !
Oui, nous nous aimerons comme nous nous aimâmes,
Qu'importe à ses regards des instincts ou des ames ?
Partout où l'amitié consacre un cœur aimant,
Partout où la nature allume un sentiment,
Dieu n'éteindra pas plus sa divine étincelle
Dans l'étoile des nuits dont la splendeur ruisselle

Que dans l'humble regard de ce tendre épagneul
Qui conduisait l'aveugle et meurt sur son cercueil !!!
Oh ! viens, dernier ami que mon pas réjouisse,
Ne crains pas que de toi devant Dieu je rougisse ;
Lèche mes yeux mouillés ! mets ton cœur près du mien,
Et, seuls à nous aimer, aimons-nous, pauvre chien !

LAMARTINE. (*Jocelyn.*)

PHILÉMON ET BAUCIS.

Ni l'or ni la grandeur ne nous rendent heureux
Ces deux divinités n'accordent à nos vœux
Que des biens peu certains, qu'un plaisir peu tranquille :
Des soucis dévorans c'est l'éternel asile ;
Véritables vautours, que le fils de Japet
Représente, enchaîné sur son triste sommet.
L'humble toit est exempt d'un tribut si funeste.
Le sage y vit en paix et méprise le reste :
Content de ses douceurs, errant parmi les bois,
Il regarde à ses pieds les favoris des rois ;
Il lit au front de ceux qu'un vain luxe environne.
Que la fortune vend ce qu'on croit qu'elle donne
Approche-t-il du but, quitte-t-il ce séjour ;
Rien ne trouble sa fin : c'est le soir d'un beau jour
Philémon et Baucis nous en offrent l'exemple :
Tous deux virent changer leur cabane en un temple.
Hyménée et l'Amour par des désirs constans,
Avaient uni leurs cœurs dès leurs plus doux printemps.
Ni le temps ni l'hymen n'éteignirent leur flamme ;
Clothon prenait plaisir à filer cette trame.
Ils surent cultiver, sans se voir assistés,
Leur enclos et leur champ par deux fois vingt étés.

Eux seuls ils composaient toute leur république ;
Heureux de ne devoir à pas un domestique
Le plaisir ou le gré des soins qu'ils se rendaient !
Tout vieillit : sur leur front les rides s'étendaient ;
L'amitié modéra leurs feux sans les détruire,
Et par des traits d'amour sut encor se produire.
Ils habitaient un bourg plein de gens dont le cœur
Joignait aux duretés un sentiment moqueur.
Jupiter résolut d'abolir cette engeance.
Il part avec son fils, le dieu de l'éloquence ;
Tous deux en pèlerins vont visiter ces lieux.
Mille logis y sont, un seul ne s'ouvre aux dieux.
Prêts enfin à quitter un séjour si profane,
Ils virent à l'écart une étroite cabane,
Demeure hospitalière, humble et chaste maison ;
Mercure frappe : on ouvre. Aussitôt Philémon
Vient au-devant des dieux, et leur tient ce langage :
Vous me semblez tous deux fatigués du voyage,
Reposez-vous. Usez du peu que nous avons ;
L'aide des dieux a fait que nous le conservons :
Usez-en. Saluez ces pénates d'argile :
Jamais le ciel ne fut aux humains si facile
Que quand Jupiter même était de simple bois ;
Depuis qu'on l'a fait d'or, il est sourd à nos voix.
Baucis, ne tardez point, faites tiédir cette onde,
Encor que le pouvoir au désir ne réponde,
Nos hôtes agréeront les soins qui leur sont dus.
Quelques restes de feu sous la cendre épandus
D'un souffle haletant par Baucis s'allumèrent :
Des branches de bois sec aussitôt s'enflammèrent.
L'onde tiède, on lava les pieds des voyageurs :
Philémon les pria d'excuser ces longueurs :
Et pour tromper l'ennui d'une attente importune,
Il entretint les dieux, non point sur la fortune,

Sur ses jeux, sur la pompe et la grandeur des rois:
Mais sur ce que les champs, les vergers et les bois
Ont de plus innocent, de plus doux, de p'us rare.
Cependant par Baucis le festin se prépare.
La table où l'on servit le champêtre repas
Fut d'ais non façonnés à l'aide du compas :
Encore assure-t-on, si l'histoire en est crue,
Qu'en un de ses supports le temps l'avait rompue
Baucis en égala les appuis chancelans
Du débris d'un vieux vase, autre injure des ans.
Un tapis tout usé couvrit deux escabelles :
Il ne servait pourtant qu'aux fêtes solennelles..
Le linge orné de fleurs fut couvert, pour tous mets,
D'un peu de lait, de fruits, et des dons de Cérès.
Les divins voyageurs, altérés de leur course,
Mêlaient au vin grossier le cristal d'une source.
Plus le vase versait, moins il s'allait vidant.
Philémon reconnut ce miracle évident :
Baucis n'en fit pas moins : tous deux s'agenouillèrent ;
A ce signe d'abord leurs yeux se dessillèrent.
Jupiter leur parut avec ces noirs sourcils
Qui font trembler les cieux sur leurs pôles assis.
Grand dieu, dit Philémon, excusez notre faute :
Quels humains auraient cru recevoir un tel hôte ?
Ces mets, nous l'avouons, sont peu délicieux ;
Mais, quand nous serions rois, que donner à des dieux
C'est le cœur qui fait tout : que la terre et que l'onde
Apprêtent un repas pour le maître du monde :
Ils lui préféreront les seuls présens du cœur.
Baucis sort à ces mots pour réparer l'erreur.
Dans le verger courait une perdrix privée,
Et par de tendres soins dès l'enfance élevée ;
Elle en veut faire un mets, et la poursuit en vain :
La volatile échappe à sa tremblante main :

Entre les pieds des dieux elle cherche un asile.
Ce recours à l'oiseau ne fut pas inutile :
Jupiter intercède. Et déjà les vallons
Voyaient l'ombre en croissant tomber du haut des monts
Les dieux sortent enfin, et font sortir leurs hôtes.
De ce bourg, dit Jupin, je veux punir les fautes :
Suivez-nous. Toi, Mercure, appelle les vapeurs.
O gens durs ! vous n'ouvrez vos logis ni vos cœurs !
Il dit : et les autans troublent déjà la plaine.
Nos deux époux suivaient, ne marchant qu'avec peine ;
Un appui de roseau soulageait leurs vieux ans :
Moitié secours des dieux, moitié peur, se hâtans,
Sur un mont assez proche enfin ils arrivèrent.
A leurs pieds aussitôt cent nuages crevèrent.
Des ministres du dieu les escadrons flottans
Entraînèrent, sans choix, animaux, habitans,
Arbres, maisons, vergers, toute cette demeure ;
Sans vestiges du bourg, tout disparut sur l'heure.
Les vieillards déploraient ces sévères destins.
Les animaux périr ! car encor les humains,
Tous avaient dû tomber sous les célestes armes :
Baucis en répandit en secret quelques larmes.
Cependant l'humble toit devient temple, et ses murs
Changent leur frêle enduit aux marbres les plus durs.
De pilastres massifs les cloisons revêtues
En moins de deux instans s'élèvent jusqu'aux nues;
Le chaume devient or, tout brille en ce pourpris,
Tous ces événemens sont peints sur le lambris.
Loin, bien loin les tableaux de Zeuxis et d'Apelle !
Ceux-ci furent tracés d'une main immortelle.
Nos deux époux, surpris, étonnés, confondus,
Se crurent, par miracle, en l'Olympe rendus.
Vous comblez, dirent-ils, vos moindres créatures :
Aurions-nous bien le cœur et les mains assez pures

Pour présider ici sur les honneurs divins,
Et, prêtres, vous offrir les vœux des pèlerins?
Jupiter exauça leur prière innocente.
Hélas! dit Philémon, si votre main puissante
Voulait favoriser jusqu'au bout deux mortels,
Ensemble nous mourrions en servant vos autels,
Clothon ferait d'un coup ce double sacrifice;
D'autres mains nous rendraient un vain et triste office;
Je ne pleurerais point celle-ci, ni ses yeux
Ne troubleraient non plus de leurs larmes ces lieux.
Jupiter à ce vœu fut encor favorable.
Mais oserai-je dire un fait presque incroyable?
Un jour qu'assis tous deux dans le sacré parvis
Ils contaient cette histoire aux pèlerins ravis,
La troupe à l'entour d'eux debout prêtait l'oreille;
Philémon leur disait : Ce lieu plein de merveille
N'a pas toujours servi de temple aux immortels :
Un bourg était autour, ennemi des autels,
Gens barbares, gens durs, habitacle d'impies;
Du céleste courroux tous furent les hosties;
Il ne resta que nous d'un si triste débris :
Vous en verrez tantôt la suite en nos lambris;
Jupiter l'y peignit. En contant ces annales,
Philémon regardait Baucis par intervalles;
Elle devenait arbre, et lui tendait les bras :
Il veut lui tendre aussi les siens, et ne peut pas;
Il veut parler, l'écorce a sa langue pressée.
L'un et l'autre se dit adieu de la pensée :
Le corps n'est tantôt plus que feuillage et que bois.
D'étonnement la troupe, ainsi qu'eux, perd la voix
Même instant, même sort à leur fin les entraîne;
Baucis devient tilleul, Philémon devient chêne.
On les va voir encore, afin de mériter
Les douceurs qu'en hymen Amour leur fit goûter.

11.

Ils courbent sous le poids des offrandes sans nombre.
Pour peu que des époux séjournent sous leur ombre,
Ils s'aiment jusqu'au bout, malgré l'effort des ans.

LA FONTAINE.

LE PAYSAN DU DANUBE.

Il ne faut point juger des gens sur l'apparence,
Le conseil en est bon, mais il n'est pas nouveau.
    Jadis l'erreur du souriceau
Me servit à prouver le discours que j'avance.
    J'ai, pour le fonder à présent,
Le bon Socrate, Ésope, et certain paysan
Des rives du Danube, homme dont Marc-Aurèle
    Nous fait un portrait fort fidèle.
On connaît le premier : quant à l'autre, voici
    Le personnage en raccourci.
Son menton nourrissait une barbe touffue ;
    Toute sa personne velue
Représentait un ours, mais un ours mal léché.
Sous un sourcil épais il avait l'œil caché,
Le regard de travers, nez tortu, grosse lèvre,
    Portait sayon de poil de chèvre,
    Et ceinture de joncs marins.
Cet homme, ainsi bâti, fut député des villes
Que lave le Danube : il n'était point d'asiles
    Où l'avarice des Romains
Ne pénétrât alors et ne portât les mains.
Le député vint donc, et fit cette harangue :
Romains, et vous, Sénat assis pour m'écouter,
Je supplie, avant tout, les dieux de m'assister :
Veuillent les immortels, conducteurs de ma langue,
Que je ne dise rien qui doive être repris !

Sans leur aide il ne peut entrer dans les esprits,
  Que tout mal et toute injustice :
Faute d'y recourir on viole leurs lois ;
Témoin nous que punit la romaine avarice.
Rome est, par nos forfaits, plus que par ses exploits,
  L'instrument de notre supplice.
Craignez, Romains, craignez que le ciel quelque jour
Ne transporte chez vous les pleurs et la misère,
Et, mettant en nos mains, par un juste retour,
Les armes dont se sert sa vengeance sévère,
  Il ne vous fasse, en sa colère,
  Nos esclaves à votre tour.
Et pourquoi sommes-nous les vôtres ? Qu'on me die
En quoi vous valez mieux que cent peuples divers ?
Quel droit vous a rendus maîtres de l'univers ?
Pourquoi venir troubler une innocente vie ?
Nous cultivions en paix d'heureux champs ; et nos mains
Étaient propres aux arts, ainsi qu'au labourage :
  Qu'avez-vous appris aux Germains ?
  Ils ont l'adresse et le courage :
  S'ils avaient eu l'avidité,
  Comme vous, et la violence,
Peut-être, en votre place, ils auraient la puissance,
Et sauraient en user sans inhumanité.
Celle que vos préteurs ont sur nous exercée
  N'entre qu'à peine en la pensée.
  La majesté de vos autels
  Elle-même en est offensée :
  Car sachez que les immortels
Ont les regards sur nous. Grâces à vos exemples,
Ils n'ont devant les yeux que des objets d'horreur,
  De mépris d'eux et de leurs temples,
D'avarice qui va jusques à la fureur.
Rien ne suffit aux gens qui nous viennent de Rome :

La terre et le travail de l'homme
Font, pour les assouvir, des efforts superflus
    Retirez-les : on ne veut plus
    Cultiver pour eux les campagnes.
Nous quittons les cités, nous fuyons aux montagnes
    Nous laissons nos chères compagnes;
Nous ne conversons plus qu'avec des ours affreux ;
Découragés de mettre au jour des malheureux,
Et de peupler, pour Rome, un pays qu'elle opprime,
    Quant à nos enfans déjà nés,
Nous souhaitons de voir leurs jours bientôt bornés :
Vos préteurs au malheur nous font joindre le crime.
    Retirez-les, ils ne nous apprendront
    Que la mollesse et que le vice :
    Les Germains comme eux deviendront
    Gens de rapine et d'avarice.
C'est tout ce que j'ai vu dans Rome à mon abord.
    N'a-t-on point de présens à faire?
Point de pourpre à donner? c'est en vain qu'on espère
Quelque refuge aux lois : encor leur ministère
A-t-il mille longueurs. Ce discours un peu fort
    Doit commencer à vous déplaire.
    Je finis. Punissez de mort
    Une plainte un peu trop sincère.
A ces mots, il se couche : et chacun étonné
Admire le grand cœur, le bon sens, l'éloquence
    Du sauvage ainsi prosterné.
On le créa patrice, et ce fut la vengeance
Qu'on crut qu'un tel discours méritait. On choisit
    D'autres préteurs ; et par écrit
Le sénat demanda ce qu'avait dit cet homme
Pour servir de modèle aux parleurs à venir.
    On ne sut pas long temps à Rome
    Cette éloquence entretenir.

                      LA FONTAINE.

LE MENDIANT.

C'était quand le printemps a reverdi les prés.
La fille de Lycus, vierge aux cheveux dorés,
Sous les monts achéens, non loin de Cerynée...
Errait à l'ombre, au bord du faible et pur Cratis ;
Car les eaux du Cratis, sous des berceaux de frêne,
Entouraient de Lycus le fertile domaine :
. . . . Soudain, à l'autre bord,
Du fond d'un bois épais, un noir fantôme sort,
Tout pâle, demi-nu, la barbe hérissée :
Il remuait à peine une lèvre glacée ;
Des hommes et des dieux implorait le secours,
Et dans la forêt sombre errait depuis deux jours.
Il se traîne, il n'attend qu'une mort douloureuse ;
Il succombe. L'enfant, interdite et peureuse,
A ce spectre hideux sorti du fond du bois,
Veut fuir ; mais elle entend sa lamentable voix.
Il tend les bras, il tombe à genoux ; il lui crie
Qu'au nom de tous les dieux il la conjure, il prie,
Et qu'il n'est point à craindre, et qu'une ardente faim
L'aiguillonne et le tue, et qu'il expire enfin.
« Si, comme je le crois, belle dès ton enfance,
» C'est le dieu de ces eaux qui t'a donné naissance,
» Nymphe, souvent les vœux des malheureux humains
Ouvrent des immortels les bienfaisantes mains ;
» Ou, si c'est quelque front porteur d'une couronne
» Qui te nomme sa fille et te destine au trône,
» Souviens-toi, jeune enfant, que le ciel quelquefois
» Venge les opprimés sur la tête des rois.
» Belle vierge, sans doute enfant d'une déesse,
» Crains de laisser périr l'étranger en détresse ;
» L'étranger qui supplie est envoyé des dieux. »
Elle reste. A le voir elle enhardit ses yeux ;

. . . . et d'une voix encore
Tremblante : « Ami, le ciel écoute qui l'implore :
» Mais ce soir; quand la nuit descend sur l'horizon,
» Passe le pont mobile, entre dans la maison ;
» J'aurai soin qu'on te laisse entrer sans méfiance.
» Pour la dixième fois célébrant ma naissance,
» Mon père doit donner une fête aujourd'hui.
» Il m'aime, il n'a que moi ; viens t'adresser à lui.
« C'est le riche Lycus. Viens ce soir : il est tendre,
» Il est humain ; il pleure aux pleurs qu'il voit répandre. »
Elle dit, et s'arrête, et, le cœur palpitant,
S'enfuit; car l'étranger, sur elle, en l'écoutant,
Fixait de ses yeux creux l'attention avide.
Elle rentre, cherchant dans le palais splendide
L'esclave près de qui toujours ses jeunes ans
Trouvent un doux accueil et des soins complaisans.
Cette sage affranchie avait nourri sa mère ;
Maintenant sous des lois de vigilance austère ;
Elle et son vieil époux au devoir rigoureux
Rangent des serviteurs le cortége nombreux.
Elle la voit de loin dans le fond du portique,
Court, et posant ses mains sur ce visage antique :
« Indulgente nourrice, écoute ; il faut de toi
» Que j'obtienne un grand bien. Ma mère, écoute-moi.
» Un pauvre, un étranger, dans la misère extrême
» Gémit sur l'autre bord, mourant, affamé, blême...
» Ne me décèle point. De mon père aujourd'hui
» J'ai promis qu'il pourrait solliciter l'appui.
» Fais qu'il entre, et surtout, ô mère de ma mère !
» Garde que nul mortel n'insulte à sa misère. »
« Oui, ma fille, chacun fera ce que tu veux, »
Dit l'esclave en baisant son front et ses cheveux,
« Oui; qu'à ton protégé ta fête soit ouverte.
» Ta mère, mon élève, (irréparable perte !)

» Aimait à soulager les faibles abattus.
» Tu lui ressembleras autant par tes vertus
» Que par tes yeux si doux et tes grâces naïves. »
Mais cependant la nuit assemble les convives :
En habits somptueux, d'essences parfumés,
Ils entrent. Aux lambris d'ivoire et d'or semés,
Pend le lin d'Ionie en brillantes courtines ;
Le toit s'égaie et rit de mille odeurs divines.
La table au loin circule, et d'apprêts savoureux
Se charge. L'encens vole en longs flots vaporeux ;
Sur leurs bases d'argent, des formes animées
Élèvent dans leurs mains des torches enflammées ;
Les figures, l'onix, le cristal, les métaux,
En vases hérissés d'hommes et d'animaux,
Partout sur les buffets, sur la table étincellent ;
Plus d'une lyre est prête, et partout s'amoncellent
Et les rameaux de myrte et les bouquets de fleurs.
On s'étend sur les lits, teints de mille couleurs ;
Près de Lycus, sa fille, idole de la fête,
Est admise. La rose a couronné sa tête ;
Mais pour que la décence impose un juste frein,
Lui-même est par eux tous élu Roi du festin ;
Et déjà vins, chansons, entretiens, jeux sans nombre ;
Lorsque, la double porte ouverte, un spectre sombre
Entre, cherchant des yeux l'autel hospitalier.
La jeune enfant rougit. Il court vers le foyer ;
Il embrasse l'autel, s'assied parmi la cendre ;
Et tous, l'œil étonné, se taisent pour l'entendre.
« Lycus, fils d'Évémon, que les dieux et le temps
» N'osent jamais troubler tes destins éclatans!
» Ta pourpre, tes trésors, ton front noble et tranquille
» Semblent d'un roi puissant, l'idole de sa ville.
» A ton riche banquet un peuple convié
» T'honore comme un dieu de l'Olympe envoyé.

» Regarde un étranger qui meurt dans la poussière,
» Si tu ne tends vers lui ta main hospitalière.
» Inconnu, j'ai franchi le seuil de ton palais :
» Trop de pudeur peut nuire à qui vit de bienfaits.
» Lycus, par Jupiter, par ta fille innocente,
» Qui m'a seule indiqué ta porte bienfaisante!..
» Je fus riche autrefois; mon banquet opulent
» N'a jamais repoussé l'étranger suppliant.
» Et pourtant aujourd'hui la faim est mon partage,
» La faim, qui flétrit l'ame autant que le visage,
» Par qui l'homme souvent importun, odieux,
» Est contraint de rougir et de baisser les yeux.
» —Étranger, tu dis vrai, le hasard téméraire
» Des bons ou des méchans fait le destin prospère.
» Mais sois mon hôte. Ici l'on hait plus que l'enfer
» Le public ennemi, le riche au cœur de fer,
» Enfant de Némésis, dont le dédain barbare
» Aux besoins des mortels ferme son cœur avare.
» Je rends grâce à l'enfant qui t'a conduit ici.
» Ma fille, c'est bien fait; poursuis toujours ainsi.
» Respecter l'indigence est un devoir suprême.
» Souvent les immortels (et Jupiter lui-même)
» Sous des haillons poudreux, de seuil en seuil traînés,
» Viennent tenter le cœur des humains fortunés.»
D'accueil et de faveur un murmure s'élève.
Lycus court au vieillard, tend la main, le relève :
« Salut, père étranger, et que puissent tes vœux
» Trouver le ciel propice à tout ce que tu veux.
» Mon hôte, lève-toi. Tu parais noble et sage;
» Mais cesse avec ta main de cacher ton visage
» Souvent marchent ensemble indigence et vertu;
» Souvent d'un vil manteau le sage revêtu,
» Seul, vit avec les dieux, et brave un sort inique.
» Couvert de chauds tissus, à l'ombre du portique,

» Sur de molles toisons, en un calme sommeil,
» Tu peux ici, dans l'ombre, attendre le soleil.
» Je te ferai revoir tes foyers, ta patrie,
» Tes parens, si les dieux ont épargné leur vie.
» Car tout mortel errant nourrit un long amour
» D'aller revoir le sol qui lui donna le jour.
» Mon hôte, tu franchis le seuil de ma famille
» A l'heure qui jadis a vu naître ma fille.
» Salut! Vois, l'on t'apporte et la table et le pain
» Sieds-toi. Tu vas d'abord rassasier ta faim.
» Puis, si nulle raison ne te force au mystère,
» Tu nous diras ton nom, ta patrie et ton père.»
Il retourne à sa place après que l'indigent
S'est assis. Sur ses mains dans l'aiguière d'argent,
Par une jeune esclave une eau pure est versée.
Une table de cèdre où l'éponge est passée
S'approche, et vient offrir à son avide main
Et les fumantes chairs sur les disques d'airain,
Et l'amphore vineuse, et la coupe aux deux anses.
« Mange et bois, dit Lycus, oublions les souffrances ;
» Ami, leur lendemain est, dit-on, un beau jour.»
Bientôt Lycus se lève et fait remplir sa coupe,
Et veut que l'échanson verse à toute la troupe :
« Pour boire à Jupiter qui nous daigne envoyer
» L'étranger devenu l'hôte de mon foyer.»
Le vin de main en main va coulant à la ronde ;
Lycus lui-même emplit une coupe profonde,
L'envoie à l'étranger : « Salut, mon hôte, bois.
» De ta ville bientôt tu reverras les toits,
» Fussent-ils au-delà des glaces du Caucase.»
Des mains de l'échanson l'étranger prend le vase,
Se lève ; sur eux tous il invoque les dieux.
On boit ; il se rassied. Et, jusque sur ses yeux
Ses noirs cheveux toujours ombrageant son visage,

De sourire et de plainte il mêle son langage.
 « Mon hôte, maintenant que sous tes nobles toits,
» De l'importun besoin j'ai calmé les abois,
» Oserai-je à ma langue abandonner les rênes?
» Je n'ai plus ni parens, ni pays, ni domaines.
» Mais écoute: le vin, par toi-même versé,
» M'ouvre la bouche. Ainsi, puisque j'ai commencé,
» Entends ce que peut-être il eût mieux valu taire.
» Excuse enfin ma langue, excuse ma prière ;
» Car du vin, tu le sais, la téméraire ardeur
» Souvent à l'excès même enhardit la pudeur.
» Meurtri de durs cailloux ou de sables arides,
» Déchiré de buissons ou d'insectes avides,
» D'un long jeûne flétri, d'un long chemin lassé;
» Et de plus d'un grand fleuve en nageant traversé;
» Je parais énervé, sans vigueur, sans courage ;
» Mais je suis né robuste et n'ai point passé l'âge;
» La force et le travail, que je n'ai point perdus,
» Par un peu de repos me vont être rendus.
» Emploie alors mes bras à quelques soins rustiques;
» Je puis dresser au char tes coursiers olympiques,
» Ou, sous les feux du jour, courbé vers le sillon,
» Presser deux forts taureaux du piquant aiguillon.
» Je puis même, tournant la meule nourricière,
» Broyer le pur froment en farine légère.
» Je puis, la serpe en main, planter et diriger
» Et le cep et la treille, espoir de ton verger.
» Je tiendrai la faucille ou la faux recourbée,
» Et devant mes pas, l'herbe ou la moisson tombée
» Viendra remplir ta grange en la belle saison:
» Afin que nul mortel ne dise en ta maison,
» Me regardant d'un œil insultant et colère:
» O vorace étranger, qu'on nourrit à rien faire!
» — Vénérable indigent, va, nul mortel chez moi

» N'oserait élever sa langue contre toi.
» Tu peux ici rester même oisif et tranquille,
» Sans craindre qu'un affront ne trouble ton asile.
» — L'indigent se méfie. — Il n'est plus de danger.
» L'homme est né pour souffrir. — Il est né pour changer,
» Il change d'infortune ! — Ami, reprends courage :
» Toujours un vent glacé ne souffle point l'orage ;
» Le ciel d'un jour à l'autre est humide et serein,
» Et tel pleure aujourd'hui qui sourira demain.
» — Mon hôte, en tes discours préside la sagesse.
» Mais quoi ! la confiante et paisible richesse
» Parle ainsi. L'indigent espère en vain du sort :
» En espérant toujours il arrive à la mort.
» Dévoré de besoins, de projets, d'insomnie,
» Il vieillit dans l'opprobre et dans l'ignominie.
» Rebuté des humains, durs, envieux, ingrats,
» Il a recours aux dieux, qui ne l'entendent pas.
» Toutefois ta richesse accueille mes misères ;
» Et puisque ton cœur s'ouvre à la voix des prières,
» Puisqu'il sait, ménageant le faible humilié,
» D'indulgence et d'égards tempérer la pitié,
» S'il est des dieux du pauvre, ô Lycus ! que ta vie
» Soit un objet pour tous et d'amour et d'envie.
» — Je te le dis encore, espérons, étranger.
» Que mon exemple au moins serve à t'encourager.
» Des changemens du sort j'ai fait l'expérience.
» Toujours un même éclat n'a point à l'indigence
» Fait du riche Lycus envier le destin :
» J'ai moi-même été pauvre, et j'ai tendu la main.
» Cléotas, de Larisse, en ses jardins immenses,
» Offrit à mon travail de justes récompenses :
» Jeune ami, j'ai trouvé quelques vertus en toi ;
» Va, sois heureux, dit-il, et te souviens de moi.
» Oui, oui, je m'en souviens : Cléotas fut mon père ;

» Tu vois le fruit des dons de sa bonté prospère.
» A tous les malheureux je rendrai désormais
» Ce que dans mon malheur je dus à ses bienfaits.
» Dieux, l'homme bienfaisant est votre cher ouvrage;
» Vous n'avez point ici d'autre visible image :
» Il porte votre empreinte, il sortit de vos mains
» Pour vous représenter aux regards des humains.
» Veillez sur Cléotas ! qu'une fleur éternelle,
» Fille d'une ame pure, en ses mains étincelle;
» Que nombre de bienfaits, ce sont là ses amours,
» Fassent une couronne à chacun de ses jours;
» Et quand une mort douce et d'amis entourée
» Recevra sans douleur sa vieillesse sacrée,
» Qu'il laisse avec ses biens ses vertus pour appui
» A des fils, s'il se peut, encor meilleurs que lui.
» — Hôte des malheureux, le sort inexorable
» Ne prend pas les avis de l'homme secourable.
» Tous, par sa main de fer en aveugles poussés,
» Nous vivons, et tes vœux ne sont point exaucés
» Cléotas est perdu; son injuste patrie
» L'a privé de ses biens, elle a proscrit sa vie.
» De ses concitoyens dès long-temps envié,
» De ses nombreux amis en un jour oublié,
» Au lieu de ces tapis qu'avait tissus l'Euphrate,
» Au lieu de ces festins brillans d'or et d'agate,
» Où ses hôtes, parmi les chants harmonieux,
» Savouraient jusqu'au jour ses vins délicieux,
» Seul maintenant, sa faim visitant les feuillages
» Dépouille les buissons de quelques fruits sauvages,
» Ou, chez le riche altier apportant ses douleurs,
» Il mange un pain amer tout trempé de ses pleurs.
» Errant et fugitif, de ses beaux jours de gloire
» Gardant, pour son malheur, la pénible mémoire,
» Sous les feux du midi, sous le froid des hivers,

» Seul, d'exil en exil, de déserts en déserts,
» Pauvre, et semblable à moi, languissant et débile,
» Sans appui qu'un bâton, sans foyer, sans asile,
» Revêtu de ramée ou de quelques lambeaux,
» Et sans que nul mortel, attendri sur ses maux,
» D'un souhait de bonheur le flatte et l'encourage,
» Les torrens et la mer, l'aquilon et l'orage,
» Des corbeaux et des loups les tristes hurlemens,
» Répondent seuls la nuit à ses gémissemens.
» N'ayant d'autres amis que les bois solitaires,
» D'autres consolateurs que ses larmes amères,
» Il se traîne, et souvent sur la terre il s'endort
» A la porte d'un temple en implorant la mort.
» — Que m'as-tu dit? La foudre a tombé sur ma tête.
» Dieux! ah! grands dieux! Partons. Plus de jeux, plus de fêtes.
» Partons. Il faut vers lui trouver des chemins sûrs;
» Partons. Jamais sans lui je ne revois ces murs.
» Ah! dieux! quand dans le vin, les festins, l'abondance,
» Enivré des vapeurs d'une folle opulence,
» Celui qui lui doit tout chante et s'oublie et rit,
» Lui, peut-être, il expire, affamé, nu, proscrit,
» Maudissant, comme ingrat, son vieil ami qu'il aime.
» Parle, était-ce bien lui? le connais-tu toi-même?
» En quels lieux était-il? où portait-il ses pas?
» Il sait où vit Lycus : pourquoi ne vient-il pas?
» Parle : était-ce bien lui? parle, parle, te dis-je;
» Ou l'as-tu vu? — Mon hôte, à regret je t'afflige.
» C'était lui, je l'ai vu. . . . .
» . . . . Les douleurs de son ame
» Avaient changé ses traits. Ses deux fils et sa femme,
» A Delphes, confiés au ministre du dieu,
» Vivaient de quelques dons offerts dans le saint lieu.
» Par des sentiers secrets fuyant l'aspect des villes,
» On les avait suivis jusques aux Thermopyles.

» Il en gardait encore un douloureux effroi.
» Je le connais, je fus son ami comme toi.
» D'un même sort jaloux, une même injustice
» Nous a tous deux plongés au même précipice.
» Il me donna jadis (ce bien seul m'est resté)
» Sa marque d'alliance et d'hospitalité.
» Vois si tu la connais. » O surprise ! immobile,
Lycus a reconnu son propre sceau d'argile ;
Le sceau, don mutuel, d'éternelle amitié,
Jadis à Cléotas par lui-même envoyé.
Il ouvre un œil avide, et long-temps envisage
L'étranger. Puis, enfin, sa voix trouve un passage :
« Est-ce toi, Cléotas ? toi, qu'ainsi je revoi !
» Tout ici t'appartient. O mon père ! est-ce toi ?
» Je rougis que mes yeux aient pu te méconnaître.
» O Cléotas ! mon père ! ô toi, qui fus mon maître,
» Viens ; je n'ai fait ici que garder ton trésor ;
» Et ton ancien Lycus veut te servir encor.
» J'ai honte à ma fortune en regardant la tienne. »
Et, dépouillant soudain la pourpre tyrienne,
Que tient sur son épaule une agrafe d'argent,
Il l'attache lui-même à l'auguste indigent.
Les convives levés l'entourent ; l'allégresse
Rayonne en tous les yeux. La famille se presse ;
On cherche des habits, on réchauffe le bain.
La jeune enfant approche ; il rit, lui tend la main :
« Car c'est toi, lui dit-il, c'est toi qui la première,
» Ma fille, m'as ouvert la porte hospitalière. »

ANDRÉ CHÉNIER.

POÉSIE ÉPIQUE.

LE PETIT SAVOYARD.

CHANT PREMIER.

LE DÉPART.

Pauvre petit, pars pour la France ;
Que te sert mon amour ? je ne possède rien.
On vit heureux ailleurs, ici dans la souffrance :
　　Pars, mon enfant, c'est pour ton bien.

　　Tant que mon lait put te suffire,
Tant qu'un travail utile à mes bras fut permis,
Heureuse et délassée en te voyant sourire,
　　Jamais on n'eût osé me dire :
　　Renonce aux baisers de ton fils.

Mais je suis veuve, on perd la force avec la joie.
　　Triste et malade, où recourir ici ?
Où mendier pour toi ? Chez des pauvres aussi ;
Laisse ta pauvre mère, enfant de la Savoie ;
　　Va, mon enfant, où Dieu t'envoie.

　　Vois-tu ce grand chêne là-bas ?
Je pourrai jusque là t'accompagner, j'espère ;
Quatre ans déjà passés, j'y conduisis ton père ;
　　Mais lui, mon fils, ne revint pas.

Encor s'il était là pour guider ton enfance,
Il m'en coûterait moins de t'éloigner de moi ;
Mais tu n'as pas dix ans, et tu pars sans défense :
　　Que je vais prier Dieu pour toi !...

Que feras-tu, mon fils, si Dieu ne te seconde,
Seul, parmi les méchans (car il en est au monde),
Sans ta mère, du moins, pour t'apprendre à souffrir ?...
Oh ! que n'ai-je du pain, mon fils, pour te nourrir !

Mais Dieu le veut ainsi, nous devons nous soumettre.
    Ne pleure pas en me quittant :
Porte au seuil des palais un visage content.
Parfois mon souvenir t'affligera peut-être...
Pour distraire le riche il faut chanter pourtant !

Chante, tant que la vie est pour toi moins amère ;
Enfant, prends ta marmotte et ton léger trousseau ;
Répète, en cheminant, les chansons de ta mère,
Quand ta mère chantait autour de ton berceau.

Si ma force première encor m'était donnée,
J'irais te conduisant moi-même par la main ;
Mais je n'atteindrais pas la troisième journée ;
Il faudrait me laisser bientôt sur ton chemin ;
Et moi je veux mourir aux lieux où je suis née.

Maintenant de ta mère entends le dernier vœu :
Souviens-toi, si tu veux que Dieu ne t'abandonne,
Que le seul bien du pauvre est le peu qu'on lui donne ;
Prie, et demande au riche, il donne au nom de Dieu :
Ton père le disait : sois plus heureux, adieu.

Mais le soleil tombait des montagnes prochaines,
Et la mère avait dit : Il faut nous séparer ;
Et l'enfant s'en allait à travers les grands chênes,
Se tournant quelquefois et n'osant pas pleurer.

CHANT II.

PARIS.

J'ai faim : vous qui passez, daignez me secourir ;
Voyez, la neige tombe et la terre est glacée ;
J'ai froid ; le vent se lève et l'heure est avancée...
    Et je n'ai rien pour me couvrir.

Tandis qu'en vos palais tout flatte votre envie,
A genoux sur le seuil, j'y pleure bien souvent;
Donnez, peu me suffit, je ne suis qu'un enfant;
　　Un petit sou me rend la vie.

On m'a dit qu'à Paris je trouverais du pain :
Plusieurs ont raconté dans nos forêts lointaines
Qu'ici le riche aidait le pauvre dans ses peines :
Eh bien ! moi je suis pauvre et je vous tends la main !

　　Faites-moi gagner mon salaire ;
Où me faut-il courir? dites, j'y volerai :
Ma voix tremble de froid; eh bien ! je chanterai,
　　Si mes chansons peuvent vous plaire.

　　　Il ne m'écoute pas, il fuit,
Il court dans une fête (et j'en entends le bruit)
　　　Finir son heureuse journée !
Et moi je vais chercher, pour y passer la nuit,
　　Cette guérite abandonnée.

Au foyer paternel quand pourrai-je m'asseoir?
　　Rendez-moi ma pauvre chaumière,
Le laitage durci qu'on partageait le soir,
Et, quand la nuit tombait, l'heure de la prière,
Qui ne s'achevait pas sans laisser quelque espoir.

Ma mère, tu m'as dit quand j'ai fui ta demeure :
Pars, grandis et prospère, et reviens près de moi.
Hélas ! et tout petit faudra-t-il que je meure,
　　Sans avoir rien gagné pour toi?..

　　Non, l'on ne meurt pas à mon âge;
Quelque chose me dit de reprendre courage...
Eh ! que sert d'espérer? Que puis-je attendre enfin?...
J'avais une marmotte, elle est morte de faim !

Et, faible, sur la terre il reposait sa tête ;
Et la neige, en tombant, le couvrait à demi ;
Lorsqu'une douce voix à travers la tempête
Vint réveiller l'enfant par le froid endormi.

 « Qu'il vienne à nous celui qui pleure, »
Disait la voix, mêlée au murmure des vents ;
 « L'heure du péril est notre heure,
 » Les orphelins sont nos enfans. »

Et deux femmes en deuil recueillaient sa misère ;
Lui, docile et confus, se levait à leur voix.
Il s'étonnait d'abord ; mais il vit à leurs doigts
Briller la croix d'argent, au bout d'un long rosaire ;
Et l'enfant les suivit en se signant deux fois.

CHANT III.

LE RETOUR.

Avec leurs grands sommets, leurs glaces éternelles,
Par un soleil d'été que les Alpes sont belles !
Tout dans leurs frais vallons sert à nous enchanter,
La verdure, les eaux, les bois, les fleurs nouvelles.
Heureux qui sur ces bords peut long-temps s'arrêter !
Heureux qui les revoit, s'il a pu les quitter !

Quel est ce voyageur que l'été leur renvoie,
Seul, loin de la vallée, un bâton à la main ?
C'est un enfant... il marche, il suit le long chemin
 Qui va de France à la Savoie.

Bientôt de la colline il prend l'étroit sentier ;
Il a mis ce matin la bure du dimanche ;
 Et dans un sac de toile blanche
Est un pain de froment qu'il garde tout entier.

Pourquoi tant se hâter à sa course dernière?
C'est que le pauvre enfant veut gravir le coteau
Et ne point s'arrêter qu'il n'ait vu son hameau
  Et n'ait reconnu sa chaumière.

Les voilà... tels encor qu'il les a vus toujours,
Ces grands bois, ce ruisseau qui fuit sous le feuillage ;
Il ne se souvient plus qu'il a marché dix jours :
  Il est si près de son village !

Tout joyeux il arrive, il regarde... mais quoi ?
Personne ne l'attend ? sa chaumière est fermée !
Pourtant du toit aigu sort un peu de fumée ;
Et l'enfant plein de trouble : Ouvrez, dit-il, c'est moi...

La porte cède, il entre ; et sa mère attendrie,
Sa mère qu'un long mal près du foyer retient,
Se relève à moitié, tend les bras, et s'écrie :
  N'est-ce pas mon fils qui revient ?

Son fils est dans ses bras, qui pleure et qui l'appelle.
Je suis infirme, hélas ! Dieu m'afflige, dit-elle,
Et depuis quelques jours je te l'ai fait savoir,
Car je ne voulais pas mourir sans te revoir.

Mais lui : De votre enfant vous étiez éloignée ;
Le voilà qui revient, ayez des jours contens ;
Vivez, je suis grandi, vous serez bien soignée,
  Nous sommes riches pour long-temps.

Et les mains de l'enfant, des siennes détachées,
Jetaient sur ses genoux tout ce qu'il possédait,
Les trois pièces d'argent dans sa veste cachées,
Et le pain de froment que pour elle il gardait,

Sa mère l'embrassait, et respirait à peine,
Et son œil se fixait, de larmes obscurci.

Sur un grand crucifix de chêne
Suspendu devant elle et par le temps noirci.

« C'est lui, je le savais, le Dieu des pauvres mères
» Et des petits enfans, qui du mien a pris soin ;
» Lui qui me consolait quand mes plaintes amères
　　» Appelaient mon fils de si loin.

» C'est le Christ du foyer que les mères implorent
» Qui sauve nos enfans du froid et de la faim.
» Nous gardons nos agneaux, et les loups les dévorent,
» Nos fils s'en vont tout seuls... et reviennent enfin.

» Toi, mon fils, maintenant me seras-tu fidèle?
» Ta pauvre mère infirme a besoin de secours ;
» Elle mourrait sans toi.» — L'enfant, à ce discours,
Grave, et joignant les mains, tombe à genoux près d'elle,
Disant : Que le bon Dieu vous fasse de longs jours!

A. GUIRAUD.

LE PONT KERLO.

Un jour que nous étions assis au pont Kerlo,
Laissant pendre, en riant, nos pieds au fil de l'eau,
Joyeux de la troubler, ou bien, à son passage,
D'arrêter un rameau, quelque flottant herbage,
Ou sous les saules verts d'effrayer le poisson
Qui venait au soleil dormir près du gazon ;
Seuls en ce lieu sauvage, et nul bruit, nulle haleine
N'éveillant la vallée immobile et sereine,
Hors nos ris enfantins et l'écho de nos voix,
Qui partait par volée et courait dans les bois ;
Car entre deux forêts la rivière encaissée
Coulait jusqu'à la mer, lente, claire et glacée...

. . . .
. . . .
C'était plaisir de voir, sous l'eau limpide et bleue,
Mille petits poissons faisant frémir leur queue,
Se mordre, se poursuivre, ou, par bandes nageant,
Ouvrir et refermer leurs nageoires d'argent;
Puis les saumons goulus, et, sous son lit de pierre,
L'anguille qui se cache au bord de la rivière;
Des insectes sans nombre, ailés et transparens,
Occupés tout le jour à monter les courans;
Phalènes, moucherons, alertes demoiselles,
Se sauvant, sous les joncs, du bec des hirondelles. —
Sur la main de Marie une vint se poser,
Si bizarre d'aspect, qu'afin de l'écraser
J'accourus; mais déjà ma jeune paysanne
Par l'aile avait saisi la mouche diaphane,
Et voyant la pauvrette en ses doigts remuer :
« Elle n'a que sa vie. Oh ! pourquoi la tuer ? »
Dit-elle; et dans les airs sa bouche ronde et pure
Légèrement souffla la frêle créature,
Qui, soudain déployant ses deux ailes de feu,
Partit, et s'éleva, joyeuse, en priant Dieu.—
Bien des jours ont passé, depuis cette journée,
Hélas ! et bien des ans (dans ma quinzième année,
Enfant, j'entrais alors); mais les jours et les ans
Ont passé sans ternir ces souvenirs d'enfans.

L'Auteur de Marie.

II

Poèmes didactiques et descriptifs.

POÉMES DIDACTIQUES.

DIEU RÉVÉLÉ PAR LA NATURE.

Oui, c'est un Dieu caché que le Dieu qu'il faut croire;
Mais, tout caché qu'il est, pour révéler sa gloire
Quels témoins éclatants devant moi rassemblés!
Répondez, cieux et mers; et vous, terre, parlez.
Quel bras peut vous suspendre, innombrables étoiles?
Nuit brillante, dis-nous qui t'a donné tes voiles.
O cieux, que de grandeur et quelle majesté!
J'y reconnais un maître à qui rien n'a coûté,
Et qui dans vos déserts a semé la lumière,
Ainsi que dans nos champs il sème la poussière.
Toi qu'annonce l'aurore, admirable flambeau,
Astre toujours le même, astre toujours nouveau,
Par quel ordre, ô soleil, viens-tu du sein de l'onde
Nous rendre les rayons de ta clarté féconde?
Tous les jours je t'attends, tu reviens tous les jours :
Est-ce moi qui t'appelle et qui règle ton cours?
Et toi, dont le courroux veut engloutir la terre,
Mer terrible, en ton lit quelle main te resserre?
Pour forcer ta prison tu fais de vains efforts;
La rage de tes flots expire sur les bords.
Fais sentir ta vengeance à ceux dont l'avarice
Sur ton perfide sein va chercher son supplice.
Hélas! prêts à périr, t'adressent-ils leurs vœux?

Ils regardent le ciel, secours des malheureux.
La nature, qui parle en ce péril extrême,
Leur fait lever les mains vers l'asile suprême :
Hommage que toujours rend un cœur effrayé
Au Dieu que jusqu'alors il avait oublié.
La voix de l'univers à ce Dieu me rappelle ;
La terre le publie : Est-ce moi, me dit-elle,
Est-ce moi qui produis mes riches ornemens ?
C'est celui dont la main posa mes fondemens.
Si je sers tes besoins, c'est lui qui me l'ordonne :
Les présens qu'il me fait, c'est à toi qu'il les donne.
Je me pare des fleurs qui tombent de sa main :
Il ne fait que l'ouvrir, et m'en remplit le sein.
Pour consoler l'esprit du laboureur avide,
C'est lui qui dans l'Égypte, où je suis trop aride,
Veut qu'au moment prescrit le Nil loin de ses bords,
Répandu sur ma plaine, y porte mes trésors.
A de moindres objets tu peux le reconnaître :
Contemple seulement l'arbre que je fais croître.
Mon suc, dans la racine à peine répandu,
Du tronc qui le reçoit à la branche est rendu ;
La feuille le demande, et la branche fidèle,
Prodigue de son bien, le partage avec elle.
De l'éclat de ses fruits justement enchanté,
Ne méprise jamais ces plantes sans beauté,
Troupe obscure et timide, humble et faible vulgaire ;
Si tu sais découvrir leur vertu salutaire,
Elles pourront servir à prolonger tes jours.
Et ne t'afflige pas si les leurs sont si courts :
Toute plante en naissant déjà renferme en elle
D'enfans qui la suivront une race immortelle ;
Chacun de ces enfans dans ma fécondité
Trouve un gage nouveau de sa postérité.

　　Ainsi parle la terre ; et, charmé de l'entendre,

Quand je vois, par des nœuds que je ne puis comprendre,
Tant d'êtres différens l'un à l'autre enchaînés,
Vers une même fin constamment entraînés,
A l'ordre général conspirer tous ensemble,
Je reconnais partout la main qui les rassemble ;
Et d'un dessein si grand j'admire l'unité,
Non moins que la sagesse et la simplicité.
Mais pour toi que jamais ces miracles n'étonnent,
Stupide spectateur des biens qui t'environnent ;
O toi, qui follement fais ton Dieu du hasard,
Viens me développer ce nid qu'avec tant d'art,
Au même ordre toujours architecte fidèle,
A l'aide de son bec maçonne l'hirondelle.
Comment, pour élever ce hardi bâtiment,
A-t-elle, en le broyant, arrondi son ciment ?
Et pourquoi ces oiseaux, si remplis de prudence,
Ont-ils de leurs enfans su prévoir la naissance ?
Que de berceaux pour eux aux arbres suspendus !
Sur le plus doux coton que de lits étendus !
Le père vole au loin, cherchant dans la campagne
Des vivres qu'il rapporte à sa tendre compagne ;
Et la tranquille mère, attendant son secours,
Échauffe dans son sein le fruit de leurs amours.
Des ennemis souvent ils repoussent la rage,
Et dans de faibles corps s'allume un grand courage,
Si chèrement aimés, leurs nourrissons un jour
Aux fils qui naîtront d'eux rendront le même amour.
Quand des nouveaux zéphyrs l'haleine fortunée
Allumera pour eux le flambeau d'hyménée,
Fidèlement unis par leurs tendres liens,
Ils rempliront les airs de nouveaux citoyens :
Innombrable famille, où bientôt tant de frères
Ne reconnaîtront plus leurs aïeux ni leurs pères.
Ceux qui, de nos hivers redoutant le courroux,

Vont se réfugier dans des climats plus doux,
Ne laisseront jamais la saison rigoureuse
Surprendre parmi nous leur troupe paresseuse ;
Dans un sage conseil, par les chefs assemblé,
Du départ général le grand jour est réglé ;
Il arrive, tout part : le plus jeune peut-être
Demande, en regardant les lieux qui l'ont vu naître,
Quand viendra ce printemps par qui tant d'exilés
Dans les champs paternels se verront rappelés.
A nos yeux attentifs que le spectacle change ;
Retournons sur la terre, où jusque dans la fange
L'insecte nous appelle, et, certain de son prix,
Ose nous demander raison de nos mépris.
De secrètes beautés quel amas innombrable !
Plus l'auteur s'est caché, plus il est admirable.
Quoiqu'un fier éléphant, malgré l'énorme tour
Qui de son vaste dos me cache le contour,
S'avance, sans ployer sous ce poids qu'il méprise,
Je ne t'admire pas avec moins de surprise,
Toi qui vis dans la boue et traînes ta prison ;
Toi que souvent ma haine écrase avec raison ;
Toi-même, insecte impur, quand tu me développes
Les étonnans ressorts de tes longs télescopes,
Oui, toi, lorsqu'à mes yeux tu présentes les tiens,
Qu'élèvent par degrés leurs mobiles soutiens.
C'est dans un faible objet, imperceptible ouvrage,
Que l'art de l'ouvrier me frappe davantage.
Dans un champ de blés mûrs, tout un peuple prudent
Rassemble pour l'état un trésor abondant.
Fatigués du butin qu'ils traînent avec peine,
De faibles voyageurs arrivent sans haleine
A leurs greniers publics, immenses souterrains,
Où par eux en monceaux sont élevés ces grains,
Dont le père commun de tous tant que nous sommes,

Nourrit également les fourmis et les hommes :
Et tous, nourris par lui, nous passons sans retour,
Tandis qu'une chenille est rappelée au jour.
De l'empire de l'air cet habitant volage,
Qui porte à tant de fleurs son inconstant hommage,
Et leur ravit un suc qui n'était pas pour lui,
Chez ses frères rampans qu'il méprise aujourd'hui,
Sur la terre autrefois traînant sa vie obscure,
Semblait vouloir cacher sa honteuse figure ;
Mais les temps sont changés, sa mort fut un sommeil :
On le voit plein de gloire, à son brillant réveil,
Laissant dans le tombeau sa dépouille grossière,
Par un sublime essor voler vers la lumière.
O ver, à qui je dois mes nobles vêtemens,
De tes travaux si courts que les fruits sont charmans !
N'est-ce donc que pour moi que tu reçois la vie ?
Ton ouvrage achevé, ta carrière est finie ;
Tu laisses de ton art des héritiers nombreux
Qui ne verront jamais leur père malheureux.
Je te plains ; et j'ai dû parler de tes merveilles :
Mais ce n'est qu'à Virgile à chanter les abeilles.

RACINE FILS.

L'ORAGE.

. . . .
Les cris de la corneille ont annoncé l'orage.
Le bélier effrayé veut rentrer au hameau.
Une sombre fureur agite le taureau,
Qui respire avec force, et, relevant la tête,
Par ses mugissemens appelle la tempête.
On voit à l'horizon, de deux points opposés,

Des nuages monter dans les airs embrasés ;
On les voit s'épaissir, s'élever et s'étendre.
D'un tonnerre éloigné le bruit s'est fait entendre :
Les flots en ont frémi, l'air en est ébranlé,
Et le long du vallon le feuillage a tremblé.
Les monts ont prolongé le lugubre murmure
Dont le son lent et sourd attriste la nature.
Il succède à ce bruit un calme plein d'horreur,
Et la terre en silence attend dans la terreur.
Des monts et des rochers le vaste amphithéâtre
Disparaît tout-à-coup sous un voile grisâtre ;
Le nuage élargi les couvre de ses flancs ;
Il pèse sur les airs tranquilles et brûlans.
Mais des traits enflammés ont sillonné la nue,
Et la foudre, en grondant, roule dans l'étendue :
Elle redouble, vole, éclate dans les airs ;
Leur nuit est plus profonde ; et de vastes éclairs
En font sortir sans cesse un jour pâle et livide.
Du couchant ténébreux s'élance un vent rapide,
Qui tourne sur la plaine, et, rasant les sillons,
Enlève un sable noir qui roule en tourbillons.
Ce nuage nouveau, ce torrent de poussière,
Dérobe à la campagne un reste de lumière.
La peur, l'airain sonnant, dans les temples sacrés
Font entrer à grands flots les peuples égarés.
Grand Dieu ! vois à tes pieds leur foule consternée
Te demander le prix des travaux de l'année.
Hélas ! d'un ciel en feu les globules glacés
Écrasent, en tombant, les épis renversés ;
Le tonnerre et les vents déchirent les nuages ;
Le fermier de ses champs contemple les ravages,
Et presse dans ses bras ses enfans effrayés.
La foudre éclate, tombe, et des monts foudroyés
Descendent à grand bruit les graviers et les ondes.

Qui courent en torrent sur les plaines fécondes.
O récolte ! ô moisson ! tout périt sans retour !
L'ouvrage de l'année est détruit dans un jour.

SAINT-LAMBERT, *les Saisons.*

LES MIRACLES DE JÉSUS-CHRIST.

Cependant il paraît à ce peuple étonné
Un homme (si ce nom lui peut être donné)
Qui, sortant tout-à-coup d'une retraite obscure,
En maître et comme Dieu commande à la nature.
A sa voix sont ouverts des yeux long-temps fermés
Du soleil qui les frappe éblouis et charmés.
D'un mot il fait tomber la barrière invincible
Qui rendait une oreille aux sons inaccessible ;
Et la langue, qui sort de la captivité,
Par de rapides chants bénit sa liberté.
Des malheureux traînaient leurs membres inutiles,
Qu'à son ordre à l'instant ils retrouvent dociles.
Le mourant, étendu sur un lit de douleurs,
De ses fils désolés court essuyer les pleurs.
La mort même n'est plus certaine de sa proie ;
Objet tout à la fois d'épouvante et de joie,
Celui que du tombeau rappelle un cri puissant
Se relève, et sa sœur pâlit en l'embrassant.
Il ne repousse point les fleuves vers leur source ;
Il ne dérange pas les astres dans leur course ;
On lui demande en vain des signes dans les cieux !
Vient-il pour contenter les esprits curieux ?
Ce qu'il fait d'éclatant, c'est sur nous qu'il l'opère,

[1] Le peuple juif.

Et pour nous sort de lui sa vertu salutaire.
Il guérit nos langueurs, il nous rappelle au jour;
Sa puissance toujours annonce son amour.
Mais c'est peu d'enchanter les yeux par ces merveilles;
Il parle : ses discours ravissent les oreilles.
Par lui sont annoncés de terribles arrêts ;
Par lui sont révélés de sublimes secrets.
Lui seul n'est point ému des secrets qu'il révèle :
Il parle froidement d'une gloire éternelle ;
Il étonne le monde, et n'est point étonné ;
Dans cette même gloire il semble qu'il soit né ;
Il paraît ici-bas peu jaloux de la sienne.
Qu'empressé de l'entendre un peuple le prévienne,
Il n'adoucit jamais aux esprits révoltés
Ses dogmes rigoureux, ses dures vérités.
C'est en vain qu'on murmure, il faut croire, il l'ordonne;
D'un œil indifférent il voit qu'on l'abandonne.
Un disciple qui vient se jeter dans ses bras,
Et qui renonce à tout pour marcher sur ses pas,
Lui demande par grâce un délai nécessaire,
Un moment pour aller ensevelir son père.
Dès ce moment suis-moi, lui répond-il alors,
Et laisse aux morts le soin d'ensevelir leurs morts.
Quittons tout pour lui seul, que rien ne nous arrête.
Cependant il n'a pas où reposer sa tête.

RACINE FILS

LA GELÉE D'AVRIL.

Avril avait repris le sceptre de l'année,
Et, de rayons nouveaux la tête couronnée,
Le grand astre des cieux, libre et resplendissant,
Guidait au haut des airs son char éblouissant;

De ses plus verts gazons la terre était parée ;
Le crocus au front d'or, l'hépatique empourprée,
Jetés sur la verdure en bouquets éclatans,
Embellissaient déjà la robe du printemps ;
Partout germaient, naissaient et se hâtaient d'éclore
Les riantes tribus du royaume de Flore,
L'hyacinthe qui s'ouvre aux yeux d'un soleil pur,
Et l'aimable pervenche aux pétales d'azur,
Et l'humble violette à l'haleine embaumée.
Mille arbres, des jardins parure accoutumée,
Reprenant à la fois leurs vêtemens de fleurs,
Semblaient rivaliser d'éclat et de couleurs ;
Des oiseaux ranimés les légères familles,
Ou suspendaient leurs nids aux dômes des charmilles,
Ou, cachés dans le sein des odorans buissons,
Faisaient retentir l'air de leurs douces chansons.
Le froment jeune encore, sans craindre la faucille,
Se couronnait déjà de son épi mobile,
Et, prenant dans la plaine un essor plus hardi,
Ondoyait à côté du trèfle reverdi.
La cerisaie en fleurs, par Avril ranimée,
Emplissait de parfums l'atmosphère embaumée,
Et des dons du printemps les pommiers enrichis
Balançaient leurs rameaux empourprés ou blanchis.
Oh ! comme alors, quittant le sein bruyant des villes,
On aimait à fouler les campagnes fertiles !
Que les prés étaient beaux, que les yeux enchantés
Erraient avec plaisir sur leurs fraîches beautés !
A l'aspect des trésors que la terre déploie,
Les laboureurs, comblés d'espérance et de joie,
Répétaient à l'envi que, depuis quarante ans,
Aucun d'eux n'avait vu d'aussi riche printemps.
Un soir, assis au sein de l'antique chaumière,
Méril, vieux laboureur au front octogénaire,

Reportant tour à tour son regard attendri
De ses belles moissons à son verger fleuri,
Contemplait du printemps les brillantes promesses,
Et de l'été déjà saluait les richesses.
« Quatre-vingts fois, armé de ses noirs aquilons,
» L'hiver a, disait-il, ravagé nos vallons ;
» Le printemps, ramenant leur verdure fanée,
» Quatre-vingts fois aussi renouvela l'année,
» Depuis que, dirigeant le fer agriculteur,
» Je me livre avec joie à l'art du laboureur.
» J'ai vu dans mes enclos descendre l'abondance ;
» La moisson a souvent passé mon espérance ;
» Mais jamais je n'ai vu, sur nos fertiles bords,
» Avril au métayer ouvrir tant de trésors.
» Oui : nos labeurs encore auront leur récompense !
» Je pourrai donc encor secourir l'indigence ;
» Je pourrai l'assister, quoique je sois bien vieux,
» Et que d'un pied je touche aux tombes des aïeux...
» Mais, quels que soient les jours que me réserve encore
» La bonté de ce Dieu que sans cesse j'implore,
» Je n'oublirai jamais les faveurs et les dons
» Qu'il verse en ce printemps sur nos jeunes moissons ;
» Et je mourrai content, puisque encor ma vieillesse
» De nos champs une fois a revu la richesse. »
Il dit. Du lendemain il règle les travaux,
Puis regagne sa couche et se livre au repos.
Mais du soir tout-à-coup les horizons rougissent ;
Le ciel s'est coloré, les airs se refroidissent ;
Et l'étoile du nord qu'un char glacé conduit,
Étincelle en tremblant sur le front de la nuit.
Soudain l'âpre gelée aux piquantes haleines
Frappe à la fois les prés, les vergers et les plaines,
Et le froid Aquilon de son souffle acéré
Poursuit dans les bosquets le Printemps éploré.

C'en est fait! d'une nuit l'haleine empoisonnée
A séché dans sa fleur tout l'espoir de l'année.
Le mal se cache encor sous un voile incertain ;
Mais quand l'aube eut blanchi les portes du Matin,
Que son premier rayon éclaira de ravages !
Tout du fougueux Borée attestait les outrages.
Le fruit tendre et naissant que Septembre eût doré
Par le souffle ennemi s'offre décoloré.
La vigne, autre espérance ! en proie à la froidure,
A du pampre hâtif vu mourir la verdure.
L'épi dans ses tuyaux vainement élancé
Est frappé par le givre, et retombe affaissé.
Le pommier, que parait sa fleur prématurée,
A vu tomber l'honneur de sa tête empourprée ;
Et, plus honteux encor, de ses bouquets flétris
L'arbre de Cérasonte a pleuré les débris.
A l'aspect du fléau que de larmes coulèrent !
Mais quand le jour s'accrut, les sanglots redoublèrent,
Et les vieux laboureurs, au désespoir réduits,
Se montraient, en pleurant, tant de trésors détruits.
Méril, non sans verser bien des larmes amères,
Du hameau ruiné déplore les misères ;
Mais d'une ame chrétienne il soutint ses malheurs,
Et le malheur d'autrui seul lui coûta des pleurs ;
Il disait : « Puisqu'un Dieu si bon, si tutélaire,
» A fait sur nos guérets descendre sa colère,
» De nos erreurs, sans doute, il était mécontent.
» Amis, résignons-nous. Je l'avoûrai pourtant,
» J'ai regret à ces blés ; car plus d'un misérable
» Dans ma grange eût trouvé la gerbe secourable.
» Mais nos jours sont mêlés d'amertume et de fiel,
» Et l'on doit se soumettre aux volontés du ciel. »

CHÊNEDOLLÉ.

LES CATACOMBES DE ROME.

Sous les remparts de Rome, et sous ses vastes plaines,
Sont des antres profonds, des voûtes souterraines,
Qui, pendant deux mille ans, creusés par les humains,
Donnèrent leurs rochers aux palais des Romains.
Avec ses monumens et sa magnificence,
Rome entière sortit de cet abîme immense.
Depuis, loin des regards et du fer des tyrans,
L'église encor naissante y cacha ses enfans,
Jusqu'au jour où, du sein de cette nuit profonde,
Triomphante, elle vint donner des lois au monde,
Et marqua de sa croix les drapeaux des Césars.
Jaloux de tout connaître, un jeune amant des arts,
L'amour de ses parens, l'espoir de la peinture,
Brûlait de visiter cette demeure obscure,
De notre antique foi vénérable berceau.
Un fil dans une main, et dans l'autre un flambeau,
Il entre, il se confie à ces voûtes nombreuses,
Qui croisent en tous sens leurs routes ténébreuses.
Il aime à voir ce lieu, sa triste majesté,
Ce palais de la nuit, cette sombre cité,
Ces temples où le Christ vit ses premiers fidèles
Et de ses grands tombeaux les ombres éternelles.
Dans un coin écarté se présente un réduit,
Mystérieux asile où l'espoir le conduit.
Il voit des vases saints et des urnes pieuses,
Des vierges, des martyrs dépouilles précieuses;
Il saisit ce tresor, il veut poursuivre : hélas !
Il a perdu le fil qui conduisait ses pas.
Il cherche, mais en vain; il s'égare, il se trouble,
Il s'éloigne, il revient, et sa crainte redouble ;
Il prend tous les chemins que lui montre la peur.

Enfin, de route en route, et d'erreur en erreur,
Dans les enfoncemens de cette obscure enceinte,
Il trouve un vaste espace, effrayant labyrinthe,
D'où vingt chemins divers conduisent à l'entour.
Lequel choisir? lequel doit le conduire au jour?
Il les consulte tous ; il les prend, il les quitte ;
L'effroi suspend ses pas, l'effroi les précipite ;
Il appelle : l'écho redouble sa frayeur ;
De sinistres pensers viennent glacer son cœur.
L'astre heureux qu'il regrette a mesuré dix heures
Depuis qu'il est errant dans ces noires demeures.
Ce lieu d'effroi, ce lieu d'un silence éternel,
En trois lustres entiers voit à peine un mortel ;
Et, pour comble d'effroi, dans cette nuit funeste,
Du flambeau qui le guide il voit périr le reste.
Craignant que chaque pas, que chaque mouvement,
En agitant la flamme, en use l'aliment,
Quelquefois il s'arrête et demeure immobile.
Vaines précautions! tout soin est inutile ;
L'heure approche, et déjà son cœur épouvanté
Croit de l'affreuse nuit sentir l'obscurité.
Il marche, il erre encor sous cette voûte sombre ;
Et le flambeau mourant fume et s'éteint dans l'ombre.
Il gémit ; toutefois, d'un souffle haletant,
Le flambeau ranimé se rallume à l'instant.
Vain espoir! par le feu la cire consumée,
Par degrés s'abaissant sur la mèche enflammée,
Atteint sa main souffrante, et de ses doigts vaincus
Les nerfs découragés ne la soutiennent plus ;
De son bras défaillant enfin la torche tombe,
Et ses derniers rayons ont éclairé sa tombe.
L'infortuné déjà voit cent spectres hideux ;
Le délire brûlant, le désespoir affreux,
La mort..... non cette mort qui plaît à la victoire,

Qui vole avec la foudre, et que pare la gloire,
Mais lente, mais horrible, et traînant par la main
La Faim, qui se déchire et se ronge le sein.
Son sang, à ces pensers, s'arrête dans ses veines.
Et quels regrets touchans viennent aigrir ses peines!
Ses parens, ses amis qu'il ne reverra plus !
Et ses nobles travaux qu'il laissa suspendus !
Ces travaux qui devaient illustrer sa mémoire,
Qui donnaient le bonheur et promettaient la gloire !
Et celle dont l'amour, celle dont le souris
Fut son plus doux éloge et son plus digne prix !
Quelques pleurs de ses yeux coulent à cette image,
Versés par le regret et séchés par la rage.
Cependant il espère ! il pense quelquefois
Entrevoir des clartés, distinguer une voix.
Il regarde, il écoute... Hélas ! dans l'ombre immense
Il ne voit que la nuit, n'entend que le silence :
Et le silence encore ajoute à sa terreur.
Alors, de son destin sentant toute l'horreur,
Son cœur tumultueux roule de rêve en rêve ;
Il se lève, il retombe, et soudain se relève,
Se traîne quelquefois sur de vieux ossemens,
De la mort qu'il veut fuir horribles monumens !
Quand tout-à-coup son pied trouve un léger obstacle.
Il y porte la main. O surprise ! ô miracle !
Il sent, il reconnaît le fil qu'il a perdu,
Et de joie et d'espoir il tressaille éperdu.
Ce fil libérateur, il le baise, il l'adore ;
Il s'en assure, il craint qu'il ne s'échappe encore ;
Il veut le suivre, il veut revoir l'éclat du jour.
Je ne sais quel instinct l'arrête en ce séjour :
A l'abri du danger, son ame encor tremblante
Veut jouir de ces lieux et de son épouvante.
A leur aspect lugubre, il éprouve en son cœur

Un plaisir agité d'un reste de terreur ;
Enfin, tenant en main son conducteur fidèle,
Il part, il vole aux lieux où la clarté l'appelle.
Dieux ! quel ravissement, quand il revoit les cieux,
Qu'il croyait pour jamais éclipsés à ses yeux !
Avec quel doux transport il promène sa vue
Sur leur majestueuse et brillante étendue !
La cité, le hameau, la verdure, les bois,
Semblent s'offrir à lui pour la première fois ;
Et, rempli d'une joie inconnue et profonde,
Son cœur croit assister au premier jour du monde.

DELILLE.

LE COIN DU FEU.

Suis-je seul ? je me plais encore au coin du feu.
De nourrir mon brasier mes mains se font un jeu ;
J'agace mes tisons ; mon adroit artifice
Reconstruit de mon feu le savant édifice :
J'éloigne, je rapproche, et du hêtre brûlant
Je corrige le feu trop rapide ou trop lent.
Chaque fois que j'ai pris mes pincettes fidèles,
Partent en pétillant des milliers d'étincelles ;
J'aime à voir s'envoler leurs légers bataillons.
Que m'importent du nord les fougueux tourbillons
La neige, les frimas, qu'un froid piquant resserre,
En vain sifflent dans l'air, en vain battent la terre.
Quel plaisir, entouré d'un double paravent,
D'écouter la tempête et d'insulter au vent !
Qu'il est doux, à l'abri du toit qui me protége,
De voir à gros flocons s'amonceler la neige !
Leur vue à mon foyer prête un nouvel appas :
L'homme se plaît à voir les maux qu'il ne sent pas.

Mon cœur devient-il triste et ma tête pesante,
Eh bien ! pour ranimer ma gaîté languissante,
La fève de Moka, la feuille de Canton,
Vont verser leur nectar dans l'émail du Japon.
Dans l'airain échauffé déjà l'onde frissonne ;
Bientôt le thé doré jaunit l'eau qui bouillonne,
Ou des grains du Levant je goûte le parfum.
Point d'ennuyeux causeur, de témoin importun ;
Lui seul, de ma maison exacte sentinelle,
Mon chien, ami constant et compagnon fidèle,
Prend à mes pieds sa part de la douce chaleur.
Et toi, charme divin de l'esprit et du cœur,
Imagination ! de tes douces chimères
Fais passer devant moi les figures légères.
A tes songes brillans que j'aime à me livrer !
Dans ce brasier ardent qui va le dévorer,
Par toi ce chêne en feu nourrit ma rêverie :
Quelles mains l'ont planté ? quelle fut sa patrie ?
Sur les monts escarpés bravait-il l'aquilon ?
Bordait-il le ruisseau ? parait-il le vallon ?
Peut-être il embellit la colline que j'aime ;
Peut-être sous son ombre ai-je rêvé moi-même.
Tout-à-coup je l'anime : à son front verdoyant
Je rends de ses rameaux le panache ondoyant,
Ses guirlandes de fleurs, ses touffes de feuillage,
Et les tendres secrets que voila son ombrage.
Tantôt, environné d'auteurs que je chéris,
Je prends, quitte et reprends mes livres favoris.
A leur feu tout-à-coup ma verve se rallume ;
Soudain sur le papier je laisse errer ma plume,
Et goûte, retiré dans mon heureux réduit,
L'étude, le repos, le silence et la nuit.
Tantôt, prenant en main l'écran géographique,
D'Amér'que en Asie et d'Europe en Afrique,

Avec Cook et Forster, dans cet espace étroit,
Je cours plus d'une mer, franchis plus d'un détroit,
Chemine sur la terre et navigue sur l'onde,
Et fais dans mon fauteuil le voyage du monde.
Agréable pensée, objets délicieux,
Charmez toujours mon cœur, mon esprit et mes yeux !
Par vous tout s'embellit, et l'heureuse sagesse
Trompe l'ennui, l'exil, l'hiver et la vieillesse.

DELILLE.

LES FLEURS.

Ce sol sans luxe vain, mais non pas sans parure,
Au doux trésor des fruits mêle l'éclat des fleurs ;
Là croît l'œillet si fier de ses mille couleurs ;
Là croissent au hasard le muguet, la jonquille,
Et des roses de mai la brillante famille,
Le riche bouton d'or, et l'odorant jasmin,
Le lis tout éclatant des feux purs du matin,
Le tournesol, géant de l'empire de Flore,
Et le tendre souci, qu'un or pâle colore ;
Souci simple et modeste, à la cour de Cypris,
En vain sur toi la rose obtient toujours le prix,
Ta fleur, moins célébrée, a pour moi plus de charmes ;
L'aurore te forma de ses plus douces larmes.
Dédaignant des cités les jardins fastueux,
Tu te plais dans les champs. Ami des malheureux,
Tu portes dans les cœurs la douce rêverie ;
Ton éclat plaît toujours à la mélancolie :
Et le sage Indien, pleurant près d'un cercueil,
De tes fraîches couleurs peint ses habits de deuil.

MICHAUD.

LA VILLE ET LES CHAMPS.

Au milieu du tumulte et du bruit des cités,
Mes esprits loin de moi dans le vague emportés,
Dociles aux désirs d'une foule insensée,
A l'intérêt de plaire immolaient ma pensée.
Dans ces soupers où l'art le plus voluptueux
Aiguillonne nos sens et nos goûts dédaigneux,
Où d'une main pour nous toujours enchanteresse,
Hébé verse en riant le nectar et l'ivresse,
Quel mortel, insensible aux charmes du poison,
D'un philtre si flatteur peut sauver sa raison ?
Des boudoirs de Paris les intrigues secrètes,
L'anecdote du jour, l'histoire des toilettes,
Les jeux d'un vil bouffon, des brochures, des riens,
Voilà les grands objets de tous nos entretiens.
Lorsqu'enfin ternissant ses bruyantes orgies,
Le rayon du matin fait pâlir les bougies,
Nos convives légers remontent dans leurs chars ;
De ces fous si brillans, les rapides écarts
Ont sur le goût, les mœurs et les modes nouvelles
Lancé du bel esprit les froides étincelles ;
Mais d'un objet utile occupant sa raison,
Un seul d'entre eux, un seul a-t-il réfléchi ? non.
J'ai suivi trop long-temps ce tourbillon rapide ;
A travers son éclat j'en ai connu le vide ;
Et, de Rome échappé, je reviens dans Tibur,
Respirer les parfums d'un air tranquille et pur ;
Je parcours plus heureux ces routes isolées.
Si je suis les détours que forment ces vallées,
J'aime à voir le zéphir agiter dans les eaux
Les replis verdoyans des joncs et des roseaux ;
Et ces saules vieillis de leur mourante écorce

Pousser encor des jets pleins de sève et de force.
Ici tout m'intéresse et plait à mes regards;
Sur les bords du ruisseau, cent papillons épars,
Avant que mes esprits démêlent l'imposture,
Me paraissent des fleurs que soutient la verdure;
Déjà ma main séduite est prête à les cueillir;
Mais, alarmé du bruit, plus prompt que le zéphir,
L'insecte tout-à-coup, dégagé de la tige,
S'enfuit... et c'est encore une fleur qui voltige.
Les arbres, le rivage et la voûte des cieux,
Dans le cristal des eaux se peignent à mes yeux;
Chaque objet s'y répète, et l'onde qui vacille
Balance dans son sein cette image mobile.

COLARDEAU.

LA BIBLE.

Qui n'a relu souvent, qui n'a point admiré
Ce livre par le ciel aux Hébreux inspiré ?
Il charmait à la fois Bossuet et Racine.
L'un, éloquent vengeur de la cause divine,
Semblait, en foudroyant des dogmes criminels,
Du haut du Sinaï tonner sur les mortels;
L'autre, de traits plus fiers ornant la tragédie,
Portait Jérusalem sur la scène agrandie.
Rousseau saisit encor la harpe de Sion,
Et son rhythme pompeux, sa noble expression,
S'éleva quelquefois jusqu'au chant des prophètes
Imitez cet exemple, orateurs et poètes.
L'enthousiasme habite aux rives du Jourdain,
Au sommet du Liban, sous les berceaux d'Éden
Là du monde naissant vous suivez les vestiges,

Et vous errez sans cesse au milieu des prodiges.
Dieu parle : l'homme naît ; après un court sommeil
Sa modeste compagne enchante son réveil.
Déjà fuit son bonheur avec son innocence :
Le premier juste expire. O terreur ! ô vengeance !
Un déluge engloutit le monde criminel.
Seule, et se confiant à l'œil de l'Éternel,
L'arche domine en paix les flots du gouffre immense
Et d'un monde nouveau conserve l'espérance.
Patriarches fameux, chefs du peuple chéri,
Abraham et Jacob, mon regard attendri
Se plaît à s'égarer sous vos paisibles tentes :
L'Orient montre encor vos traces éclatantes,
Et garde de vos mœurs la simple majesté.
Au tombeau de Rachel je m'arrête attristé,
Et tout-à-coup son fils vers l'Égypte m'appelle.
Toi qu'en vain poursuivit la haine fraternelle,
O Joseph ! que de fois se couvrit de nos pleurs
La page attendrissante où vivent tes malheurs !
Tu n'es plus. O revers ! près du Nil amenées,
Les fidèles tribus gémissent enchaînées.
Jéhova les protége, il finira leurs maux.
Quel est ce jeune enfant qui flotte sur les eaux ?
C'est lui qui des Hébreux finira l'esclavage.
Fille de Pharaon, courez sur le rivage,
Préparez un abri loin d'un père cruel
A ce berceau chargé des destins d'Israël.
La mer s'ouvre ; Israël chante sa délivrance
C'est sur ce haut sommet qu'en un jour d'alliance
Descendit avec pompe, en des torrens de feu,
Le nuage tonnant qui renfermait un Dieu.
Dirai-je la colonne et lumineuse et sombre,
Et le désert, témoin de merveilles sans nombre ;
Aux murs de Gabaon le soleil arrêté,

Ruth, Samson, Débora, la fille de Jephté,
Qui s'apprête à la mort, et parmi ses compagnes,
Vierge encor, va deux fois pleurer sur les montagnes?
Mais les Juifs aveuglés veulent changer leurs lois ;
Le ciel, pour les punir, leur accorde des rois.
Saül règne ; il n'est plus : un berger le remplace ;
L'espoir des nations doit sortir de sa race.
Le plus vaillant des rois du plus sage est suivi.
Accourez, accourez, descendans de Lévi,
Et du temple éternel venez marquer l'enceinte.
Cependant dix tribus ont fui la cité sainte.
Je renverse en passant les autels des faux dieux,
Je suis le char d'Élie emporté dans les cieux.
Tobie et Raguël m'invitent à leur table.
J'entends ces hommes saints, dont la voix redoutable,
Ainsi que le passé, racontait l'avenir.
Je vois, au jour marqué, les empires finir.
Sidon, reine des eaux, tu n'es donc plus que cendre !
Vers l'Euphrate étonné quels cris se font entendre?
Toi qui pleurais, assis près d'un fleuve étranger,
Console-toi, Juda ; tes destins vont changer
Regarde cette main, vengeresse du crime,
Qui désigne à la mort le tyran qui t'opprime
Bientôt Jérusalem reverra ses enfans ;
Esdras, et Macchabée et ses fils triomphans,
Raniment de Sion la lumière obscurcie.
Ma course enfin s'arrête au berceau du Messie.

DE FONTANES.

LA LIBERTÉ

Mortel ! connais l'abîme où ta raison s'égare ;
De cet être infini l'infini te sépare.
Au char glacé de l'Ourse, aux feux du Syrius,

Il règne : il règne encore où les cieux ne sont,
Dans ce gouffre sacré quel mortel peut descendre
L'immensité l'adore, et ne peut le comprendre.
Et toi, songe de l'être, atome d'un instant,
Égaré dans les airs sur ce globe flottant,
Des mondes et des cieux spectateur invisible,
Ton orgueil pense atteindre à l'être inaccessible.
Tu prétends lui donner tes ridicules traits :
Tu veux dans ton Dieu même adorer tes portraits!
Ni l'aveugle hasard, ni l'aveugle matière,
N'eût pu créer mon ame, essence de lumière.
Je pense : ma pensée atteste plus un Dieu
Que tout le firmament et ses globes de feu.
Voilé de sa splendeur, dans sa gloire profonde,
D'un regard éternel il enfante le monde.
Les siècles devant lui s'écoulent, et le temps
N'oserait mesurer un seul de ses instans.
Ce qu'on nomme destin, n'est que sa loi suprême :
L'immortelle nature est sa fille, est lui-même ;
Il est ; tout est par lui : seul être illimité,
En lui tout est vertu, puissance, éternité.
Au-delà des soleils, au-delà de l'espace,
Il n'est rien qu'il ne voie, il n'est rien qu'il n'embrasse,
Il est seul du grand tout le principe et la fin,
Et la création respire dans son sein.
Puis-je être malheureux ? je lui dois la naissance.
Tout est bonté, sans doute, en qui tout est puissance
Ce Dieu si différent du Dieu que nous formons
N'a jamais contre l'homme armé de noirs démons.
Il n'a point confié sa vengeance au tonnerre ;
Il n'a point dit aux cieux : Vous instruirez la terre;
Mais de la conscience il a dicté la voix,
Mais dans le cœur de l'homme il a gravé ses lois ;
Mais il a fait rougir la timide innocence;

Mais il a fait pâlir la coupable licence,
Mais, au lieu de l'enfer, il créa le remord,
Et n'éternise point la douleur et la mort.

LEBRUN.

L'AMOUR MATERNEL.

Que j'aime à contempler cette mère adorée,
De rejetons charmans avec grâce entourée !
L'un assiége son front, d'autres pressent sa main ;
Tandis que le plus jeune, étendu sur son sein,
Sans bruit, cherchant la place où son amour aspire,
Gravit jusqu'à la bouche où l'appelle un sourire.
Mais, par l'heure averti moins que par son amour,
Leur père impatient est déjà de retour.
Il entre... Quelle image ! et quel moment de fête !
Immobile et charmé, sur le seuil il s'arrête.
Ne respirant qu'à peine, en silence il jouit ;
Sous son feutre à longs bords son front s'épanouit ;
Dans ses yeux paternels la joie éclate et brille.
Et du fond de son ame il bénit sa famille.

Un père, toutefois, avec austérité
Tempère son amour par sa sévérité ;
Il étend sur ses fils sa longue prévoyance.
La mère sait aimer, c'est toute sa science.
J'en atteste un seul mot par le cœur inspiré :
Une mère perdit son enfant adoré ;
Son digne et vieux pasteur sur sa vive souffrance
Versait le baume heureux d'une douce éloquence :
« Ranimez, disait-il, ce courage abattu ;
Du pieux Abraham imitez la vertu :
Dieu demanda son fils, et Dieu l'obtint d'un père..

— Ah ! Dieu ne l'eût jamais exigé d'une mère ! »
Cri sublime, qui, seul, vaut les plus doctes chants!
Et comment exprimer ces transports si touchans
Qu'à l'ame d'une mère un tendre amour inspire ?
Elle aime son enfant, même avant qu'il respire :
Quand ce gage chéri, si long-temps imploré,
S'échappe avec effort de son flanc déchiré,
Dans quel enchantement son oreille ravie
Reçoit le premier cri qui l'annonce à la vie!
Heureuse de souffrir, on la voit tour à tour
Soupirer de douleur et tressaillir d'amour.
Ah! loin de le livrer au sein de l'étrangère,
Sa mère le nourrit, elle est deux fois sa mère.
Elle écoute, la nuit, son paisible sommeil ;
Par un souffle elle craint de hâter son réveil ;
Elle entoure de soins sa fragile existence;
Avec celle d'un fils la sienne recommence :
Elle sait, dans ses cris devinant ses désirs,
Pour ses caprices même inventer des plaisirs.

Quand la raison précoce a devancé son âge,
Sa mère, la première, épure son langage ;
Des mots nouveaux pour lui, par de courtes leçons,
Dans sa jeune mémoire elle imprime les sons :
Soins précieux et tendres, aimable ministère,
Qu'interrompent souvent les baisers d'une mère.
D'un naïf entretien poursuit-elle le cours ?
Toujours interrogée, elle répond toujours.
Quelquefois une histoire abrége la veillée ;
L'enfant prête une oreille active, émerveillée,
Appuyé sur sa mère, à ses genoux assis,
Il craint de perdre un mot de ces fameux récits
Quelquefois de Gesner la muse pastorale
Offre au jeune lecteur sa riante morale ;

Il s'amuse et s'instruit : par un mélange heureux,
Ses jeux sont des travaux, ses travaux sont des jeux.

La lice va s'ouvrir : l'étude opiniâtre
Te dispute ce fils que ton cœur idolâtre,
Tendre mère ! déjà de sérieux loisirs
Préparent ses succès, ainsi que tes plaisirs.
Enfin luit la journée où le rhéteur antique,
D'un peuple turbulent monarque phlegmatique,
Dépouillant de son front la morne austérité,
Décerne au jeune athlète un laurier mérité.
En silence on attache une vue attendrie
Sur l'enfant qui promet un homme à la patrie.
Cet enfant, c'est le tien : un cri part; le vainqueur
Porté par mille bras est déjà sur ton cœur ;
Son triomphe est à toi, sa gloire t'environne,
Et de pleurs maternels tu mouilles sa couronne.

Il échappe à l'enfance, et ses nouveaux destins
L'appellent désormais vers les pays lointains ;
Ton ame se déchire à cet adieu funeste...
Mais, du moins s'il s'éloigne, une fille te reste ;
Ta fille, caressante, attachée à tes pas,
Semble te dire : « Moi, je ne partirai pas. »
Moins changeante en ses goûts, en ses jeux plus paisible,
Son esprit est plus souple, et son cœur plus sensible ;
Comme l'aube promet le jour à l'horizon
Elle te fait déjà pressentir sa raison,
Et, d'un devoir futur déjà préoccupée,
Rêve le nom de mère en berçant sa poupée.

MILLEVOYE.

LA MORT D'UNE FILLE DE VILLAGE.

Au sommet de la tour la cloche est ébranlée :
L'airain religieux attriste la vallée
 De ses lugubres tintemens.
Le prêtre, les vieillards, les enfans et les mères,
Joignent des chants sacrés à des gémissemens.

 Déjà l'on a creusé la terre ;
L'eau bénite a mouillé le funèbre rameau :
 Et la croix garde avec mystère
Le cercueil virginal d'un ange du hameau.
 Dans ses cheveux entrelacée
L'aubépine tombait sur son front sans couleurs,
 Et le fragile éclat des fleurs
Rappelait sa jeunesse, hélas ! sitôt passée !

Et de ses jeunes sœurs déjà les bras tremblans
 Ont enlevé la dépouille chérie ;
Et le cortége marche, et de longs voiles blancs
Passent, passent encore au fond de la prairie.
 Ils passent au même chemin
Où, le dernier dimanche, elle dansait encore,
 Où l'églantine vient d'éclore
Sur le même rameau que dépouillait sa main.
Le cortége s'éloigne, et quelques voix rustiques
Font monter dans les airs de lamentables chants ;
 On effeuille le lis des champs ;
 On entend les derniers cantiques !
De l'asile des morts on a franchi le seuil ;
Les vierges un moment déposent le cercueil
 Sur la bruyère humide et verte ;
Puis elles font un pas... et dans la terre ouverte
Le fardeau disparaît, lentement descendu.

Un bruit lugubre et sourd alors est entendu,
A ce bruit ont cessé tous les vains bruits du monde.
Un homme est resté seul sur la fosse profonde.
Et son bras fait tomber, et fait tomber long-temps,
La terre de l'oubli sur ce front de vingt ans.
Dans sa froide demeure elle est abandonnée ;
A sa mémoire encore une larme est donnée,
Mais les vierges ont peur, et dans l'ombre, le soir,
Sous ces blancs vêtemens tremblent de la revoir.

Le comte JULES DE RESSÉGUIER.

LE CHEVALIER.

Honneur au chevalier qui s'arme pour la France !
Dans les champs de l'honneur il reçut la naissance ;
Bercé dans un écu, dans un casque allaité
Déchirant des lions le flanc ensanglanté,
Il marche sans repos où la gloire l'appelle
A l'aspect du combat son visage étincelle.
L'amour arme son bras, et l'honneur le conduit.
Il paraît : tout frissonne ; il combat, tout s'enfuit.
Au sein de la tempête étendu sur la terre,
Il dort paisiblement au fracas du tonnerre ;
Et lorsque la poussière, en épais tourbillons,
Cache des ennemis les sanglans bataillons,
Lui seul les voit encore et s'élance avec joie,
Semblable à l'aigle altier qui découvre sa proie,
Et qui, dans sa fureur, plongeant du haut des cieux,
La frappe, la saisit, la déchire à nos yeux.
Les montagnes, les bois et les mers orageuses,
Des Sarrasins vaincus les rives malheureuses,
Ont retenti souvent du bruit de ses exploits.

Il venge la faiblesse, il protége les rois.
Vingt troupes de guerriers devant lui dispersées,
Les coursiers effrayés, les armes fracassées
Comblent tous les désirs de son cœur belliqueux;
Et voilà ses plaisirs, ses fêtes et ses jeux.

AIMÉ MARTIN.

LA CHAPELLE DE SAINT EDMOND,

FRAGMENT DU POÈME D'ELGISE.

Là des murs en débris, des autels écroulés,
Et d'un tombeau désert les marbres mutilés,
Attestent des Danois la fureur sacrilége.
Dans ce vieux monument que nul toit ne protége,
Entre les hauts piliers des gothiques arceaux,
Le lierre avait formé de mobiles berceaux;
L'image du saint roi de mousse était couverte,
Et quelques fleurs sortaient d'une tombe entr'ouverte :
Car dans ce jour de deuil, ce temple profané,
Même par la prière était abandonné.
Quand le souffle du nord désolait le rivage,
Il servait de refuge à la biche sauvage,
Les funèbres oiseaux y suspendaient leurs nids,
Et le lézard glissait sur les degrés bénis.

Mlle DELPHINE G

III

Contes.

CONTES.

LE MEUNIER SANS-SOUCI.

L'homme est, dans ses écarts, un étrange problème.
Qui de nous en tout temps est fidèle à soi-même ?
Le commun caractère est de n'en point avoir :
Le matin incrédule, on est dévot le soir.
Tel s'élève et s'abaisse, au gré de l'atmosphère,
Le liquide métal balancé sous le verre.
L'homme est bien variable : et ces malheureux rois,
Dont on dit tant de mal, ont du bon quelquefois.
J'en conviendrai sans peine, et ferai mieux encore ;
J'en citerai pour preuve un trait qui les honore :
Il est de ce héros, de Frédéric second,
Qui, tout roi qu'il était, fut un penseur profond,
Redouté de l'Autriche, envié dans Versailles,
Cultivant les beaux-arts au sortir des batailles,
D'un royaume nouveau la gloire et le soutien,
Grand roi, bon philosophe et fort mauvais chrétien.

Il voulait se construire un agréable asile,
Où, loin d'une étiquette arrogante et futile,
Il pût, non végéter, boire et courir les cerfs,
Mais des faibles humains méditer les travers.

Et, mêlant la sagesse à la plaisanterie,
Souper avec d'Argens, Voltaire et Lamettrie.

Sur le riant coteau par le prince choisi,
S'élevait le moulin du meunier *Sans-Souci*.
Le vendeur de farine avait pour habitude
D'y vivre au jour le jour, exempt d'inquiétude ;
Et, de quelque côté que vînt souffler le vent,
Il y tournait son aile et s'endormait content.

Fort bien achalandé, grâce à son caractère,
Le moulin prit le nom de son propriétaire,
Et des hameaux voisins les filles, les garçons
Allaient à *Sans-Souci* pour danser aux chansons.
Sans-Souci ! .. ce doux nom d'un favorable augure
Devait plaire aux amis des dogmes d'Épicure.
Frédéric le trouva conforme à ses projets,
Et du nom d'un moulin honora son palais.

Hélas ! est-ce une loi sur notre pauvre terre
Que toujours deux voisins auront entre eux la guerre ;
Que la soif d'envahir et d'étendre ses droits
Tourmentera toujours les meuniers et les rois ?
En cette occasion le roi fut le moins sage ;
Il lorgna du voisin le modeste héritage.

On avait fait des plans, fort beaux sur le papier,
Où le chétif enclos se perdait tout entier ;
Il fallait, sans cela, renoncer à la vue,
Rétrécir les jardins, et masquer l'avenue.

Des bâtimens royaux l'ordinaire intendant
Fit venir le meunier, et d'un ton important :
« Il nous faut ton moulin ; que veux-tu qu'on t'en donne ?
— Rien du tout ; car j'entends ne le vendre à personne.

Il vous faut, est fort bon... mon moulin est à moi..
Tout aussi bien, au moins, que la Prusse est au roi.
—Allons, ton dernier mot, bonhomme, et prends-y garde.
—Faut-il vous parler clair? —Oui. —C'est que je le garde;
Voilà mon dernier mot. » Ce refus effronté
Avec un grand scandale au prince est raconté.
Il mande auprès de lui le meunier indocile,
Presse, flatte, promet; ce fut peine inutile,
Sans-Souci s'obstinait. « Entendez la raison,
Sire, je ne veux pas vous vendre ma maison;
Mon vieux père y mourut, mon fils y vient de naître;
C'est mon Potsdam, à moi. Je suis tranchant peut-être :
Ne l'êtes-vous jamais? Tenez, mille ducats,
Au bout de vos discours, ne me tenteraient pas;
Il faut vous en passer, je l'ai dit, j'y persiste. »
Les rois malaisément souffrent qu'on leur résiste.
Frédéric, un moment par l'humeur emporté :
« Parbleu! de ton moulin c'est bien être entêté;
Je suis bon de vouloir t'engager à le vendre :
Sais-tu que sans payer je pourrais bien le prendre?
Je suis le maître.—Vous!... de prendre mon moulin?
Oui, si nous n'avions pas des juges à Berlin. »
Le monarque, à ce mot, revient de son caprice.
Charmé que sous son règne on crût à la justice,
Il rit; et se tournant vers quelques courtisans :
« Ma foi, messieurs, je crois qu'il faut changer nos plans.
Voisin, garde ton bien; j'aime fort ta réplique.
Qu'aurait-on fait de mieux dans une république?
Le plus sûr est pourtant de ne pas s'y fier :
Ce même Frédéric, juste envers un meunier,
Se permit maintes fois telle autre fantaisie:
Témoin ce certain jour qu'il prit la Silésie;
Qu'à peine sur le trône, avide de lauriers,
Épris du vain renom qui séduit les guerriers,

14.

Il mit l'Europe en feu. Ce sont là jeux de prince ;
On respecte un moulin, on vole une province.

ANDRIEUX.

SOCRATE ET GLAUCON.

Glaucon avait trente ans, bon air, belle figure
Mais parmi les présens que lui fit la nature
Elle avait oublié celui du jugement.
Glaucon se croyait fait pour le gouvernement.
Pour avoir eu jadis un prix de rhétorique,
Il s'estimait au monde un personnage unique ;
Sitôt qu'à la tribune il s'était accroché,
Aucun pouvoir humain ne l'en eût détaché.
Parler à tout propos était sa maladie.

Socrate l'abordant : « Plus je vous étudie,
Plus je vois, lui dit-il, le but où vous visez.
Votre projet est beau, s'il n'est des plus aisés.
Vous voulez gouverner, vous désirez qu'Athènes
De l'état en vos mains remette un jour les rênes ?
— Je l'avoue. — Et sans doute, à vos concitoyens
Vous pairez cet honneur en les comblant de biens ?
— C'est là tout mon désir. — Il est louable, et j'aime
Que l'on serve à la fois sa patrie et soi-même.
A ce plan dès long-temps vous avez dû penser :
Par où donc, dites-moi, comptez-vous commencer ?
— Glaucon resta muet, contre son ordinaire.
Il cherchait sa réponse. — Un très-grand bien à faire,
Ce serait, dit Socrate, en ce besoin urgent,
Dans le trésor public d'amener de l'argent.
N'allez-vous pas d'abord restaurer nos finances,

Grossir les revenus, supprimer les dépenses?
— Oui; ce sera bien là le premier de mes soins.
— Il faut recevoir plus, il faut dépenser moins.
Vous avez, à coup sûr, calculant nos ressources,
Des richesses d'Athène approfondi les sources?
Vous savez quels objets forment nos revenus?
— Pas très-bien; ils me sont, la plupart, inconnus.
— Vous êtes plus au fait, je crois, du militaire?
— Six mois sous Périclès j'ai servi volontaire.
— Ainsi nous vous verrons, de nos braves guerriers
Par vos vastes projets préparer les lauriers?
Vous savez comme on fait subsister une armée,
Par quels soins elle doit être instruite et formée?
— Je n'ai pas ces détails très-présens à l'esprit.
— Vous avez là-dessus quelque mémoire écrit,
J'entends.—Mais non.—Tant pis; vous me l'auriez fait lire;
J'en aurais profité. Du moins vous pouvez dire
Si, payant nos travaux par des dons suffisans,
L'Attique peut nourrir ses nombreux habitans:
Prenez-y garde au moins; une erreur indiscrète,
Une mauvaise loi produirait la disette.
Sur ce point important qu'avez-vous su prévoir?
— En vérité, Socrate, on ne peut tout savoir.
— Pourquoi donc parlez-vous sur toutes les matières?
Je suis un homme simple, et j'ai peu de lumières;
Mais retenez de moi ce salutaire avis :
Pour savoir quelque chose il faut l'avoir appris.
De régir les états la profonde science
Vient-elle sans étude et sans expérience?
Qui veut parler sur tout souvent parle au hasard.
On se croit orateur; on n'est que babillard.
Allez, instruisez-vous, et quelque jour peut-être
Vous nous gouvernerez. » Glaucon sut se connaître;
Il devint raisonnable; et depuis ce jour-là

Il écouta, dit-on, bien plus qu'il ne parla.

Chez le doux Xénophon, l'élève de Socrate,
Son ami, son vengeur au sein d'Athène ingrate,
J'ai lu ce dialogue, et je vous le traduis;
Puisse-t-il corriger les Glaucons d'aujourd'hui!

ANDRIEUX.

L'ÉCOLIER.

Un tout petit enfant s'en allait à l'école.
On avait dit : Allez ! il tâchait d'obéir;
Mais son livre était lourd ; il ne pouvait courir;
Il pleure et suit des yeux une abeille qui vole.
« Abeille ! lui dit-il, voulez-vous me parler?
Moi, je vais à l'école, il faut apprendre à lire.
Mais le maître est tout noir, et je n'ose pas rire.
Voulez-vous rire, abeille, et m'apprendre à voler?
— Non, dit-elle, j'arrive, et je suis très-pressée.
J'avais froid, l'aquilon m'a long-temps oppressée.
Enfin j'ai vu les fleurs ; je redescends du ciel,
Et je vais commencer mon doux rayon de miel.
Voyez ! j'en ai déjà puisé dans quatre roses :
Avant une heure encor nous en aurons d'écloses.
Vite, vite à la ruche. On ne rit pas toujours :
C'est pour faire le miel qu'on nous rend les beaux jours. »
Elle fuit, et se perd sur la route embaumée.
Le frais lilas sortait d'un vieux mur entr'ouvert:
Il saluait l'aurore, et l'aurore charmée
Se montrait sans nuage et riait de l'hiver.
Une hirondelle passe ; elle effleure la joue
Du petit nonchalant, qui s'attriste et qui joue,
Et, dans l'air suspendue, en redoublant sa voix,

Fait tressaillir l'écho qui dort au fond des bois.
« Oh! bonjour, dit l'enfant, qui se souvenait d'elle.
Je t'ai vue à l'automne; oh! bonjour, hirondelle!
Viens; tu portais bonheur à ma maison, et moi
Je voudrais du bonheur : veux-tu m'en donner, toi ?
Jouons ! — Je le voudrais, répond la voyageuse;
Car je respire à peine, et je me sens joyeuse.
Mais j'ai beaucoup d'amis qui doutent du printemps;
Ils rêveraient ma mort si je tardais long-temps.
Oh! je ne puis jouer. Pour finir leur souffrance,
J'emporte un brin de mousse en signe d'espérance,
Nous allons relever nos palais dégarnis :
L'herbe croît : c'est l'instant des amours et des nids.
J'ai tout vu. Maintenant, fidèle messagère,
Je vais chercher mes sœurs là-bas sur le chemin.
Ainsi que nous, enfant, la vie est passagère,
Il en faut profiter. Je me sauve : à demain »
L'enfant reste muet, et, la tête baissée,
Rêve et compte ses pas pour tromper son ennui,
Quand le livre importun, dont sa main est lassée,
Rompt ses fragiles nœuds, et tombe auprès de lui
Un dogue l'observait du seuil de sa demeure.
Stentor, gardien sévère et prudent à la fois,
De peur de l'effrayer retient sa grosse voix.
Hélas! peut-on crier contre un enfant qui pleure?
« Bon dogue, voulez-vous que je m'approche un peu?
Dit l'écolier plaintif; je n'aime pas mon livre.
Voyez! ma main est rouge; il en est cause. Au jeu
Rien ne fatigue, on rit, et moi je voudrais vivre
Sans aller à l'école, où l'on tremble toujours.
Je m'en plains tous les soirs, et j'y vais tous les jours.
J'en suis très-mécontent; je n'aime aucune affaire ;
Le sort d'un chien me plaît, car il n'a rien à faire.
—Écolier, voyez-vous ce laboureur aux champs?

Eh bien ! ce laboureur, dit Stentor, c'est mon maître;
Il est très-vigilant, je le suis plus peut-être :
Il dort la nuit, et moi j'écarte les méchans ;
J'éveille aussi ce bœuf, qui d'un pied lent, mais ferme,
Va creuser les sillons quand je garde la ferme.
Pour vous-même on travaille, et, grâce à nos brebis,
Votre mère en chantant vous file des habits.
Par le travail tout plaît, tout s'unit, tout s'arrange.
Allez donc à l'école, allez, mon petit ange.
Les chiens ne lisent pas, mais la chaîne est pour eux :
L'ignorance toujours mène à la servitude;
L'homme est fin... l'homme est sage : il nous défend l'étude.
Enfant, vous serez homme, et vous serez heureux :
Les chiens vous serviront. » L'enfant l'écouta dire,
Et même il le baisa. Son livre était moins lourd.
En quittant le bon dogue, il pense, il marche, il court
L'espoir d'être homme un jour lui ramène un sourire.
A l'école, un peu tard, il arrive gaîment,
Et dans le mois des fruits il lisait couramment.

Mme DESBORDES-VALMOI .

CONTE D'ENFANT.

Il ne faut plus courir à travers les bruyères,
Enfant, ni sans congé vous hasarder au loin.
Vous êtes très-petit, et vous avez besoin
Que l'on vous aide encore à dire vos prières.
Que feriez-vous aux champs si vous étiez perdu ?
Si vous ne trouviez plus le sentier du village ?
On dirait : « Quoi, si jeune, il est mort ? c'est dommage !»
Vous crieriez... De si loin seriez-vous entendu?
Vos petits compagnons, à l'heure accoutumée,
Danseraient à la porte et chanteraient tout bas;

Il faudrait leur répondre, en la tenant fermée :
« Une mère est malade, enfans, ne chantez pas ! »
Et vos cris rediraient : « O ma mère ! ô ma mère ! »
L'écho vous répondrait, l'écho vous ferait peur.
L'herbe humide et la nuit vous transiraient le cœur.
Vous n'auriez à manger que quelque plante amère :
Point de lait, point de lit !... Il faudrait donc mourir ?
J'en frissonne ! et vraiment ce tableau fait frémir.
Embrassons-nous ; je vais vous conter une histoire ;
Ma tendresse pour vous éveille ma mémoire.
Il était un berger, veillant avec amour
Sur des agneaux chéris, qui l'aimaient à leur tour.
Il les désaltérait dans une eau claire et saine,
Les baignait à la source, et blanchissait leur laine ;
De serpolet, de thym, parfumait leurs repas ;
Des plus faibles encor guidait les premiers pas ;
D'un ruisseau quelquefois permettait l'escalade.
Si l'un d'eux, au retour, traînait un pied malade,
Il était dans ses bras tout doucement porté,
Et, la nuit, sur son lit, dormait à son côté.
Réveillés le matin par l'aurore vermeille,
Il leur jouait des airs à captiver l'oreille ;
Plus tard, quand ils broutaient leur souper sous ses yeux,
Aux sons de sa musette il les rendait joyeux.
Enfin il renfermait sa famille chérie
   Dedans la bergerie.
Quand l'ombre sur les champs jetait son manteau noir,
   Il leur disait : « Bonsoir,
Chers agneaux ! sans danger reposez tous ensemble :
L'un par l'autre pressés, demeurez chaudement ;
Jusqu'à ce qu'un beau jour se lève et nous rassemble,
Sous la garde des chiens dormez tranquillement. »
Les chiens rôdaient alors, et le pasteur sensible
Les revoyait heureux dans un rêve paisible,

Eh ! ne l'étaient-ils pas? Tous bénissaient leur sort,
Excepté le plus jeune : hardi, malin, folâtre,
Des fleurs, du miel, des blés et des bois idolâtre,
Seul il jugeait tout bas que son maître avait tort.
Un jour, riant d'avance, et roulant sa chimère,
Ce petit fou d'agneau s'en vint droit à sa mère,
Sage et vieille brebis, soumise au bon pasteur.
« Mère ! écoutez, dit-il : d'où vient qu'on nous enferme?
Les chiens ne le sont pas, et j'en prends de l'humeur.
Cette loi m'est trop dure, et j'y veux mettre un terme.
Je vais courir partout, j'y suis très-résolu.
Le bois doit être beau pendant le clair de lune :
Oui, mère, dès ce soir je veux tenter fortune ;
Tant pis pour le pasteur, c'est lui qui l'a voulu.
— Demeurez, mon agneau, dit la mère attendrie ;
Vous n'êtes qu'un enfant, bon pour la bergerie ;
Restez-y près de moi ! Si vous voulez partir,
Hélas ! j'ose pour vous prévoir un repentir.
— J'ose vous dire non, » cria le volontaire...
Un chien les obligea tous les deux à se taire.
Quand le soleil couchant au parc les rappela,
Et que par flots joyeux le troupeau s'écoula,
L'agneau sous une haie établit sa cachette ;
Il avait finement détaché sa clochette.
Dès que le parc fut clos, il courut à l'entour ;
Il jouait, gambadait, sautait à perdre haleine.
« Je voyage, dit-il, je suis libre à mon tour !
Je ris, je n'ai pas peur : la lune est claire et pleine ;
Allons au bois, dansons, broutons ! » Mais, par malheur,
Des loups pour les enfans cherchaient alors curée :
Un peu de laine, hélas ! sanglante et déchirée,
Fut tout ce que le vent daigna rendre au pasteur.
Jugez comme il fut triste, à l'aube renaissante !
Jugez comme on plaignit la mère gémissante !

« Quoi ! ce soir, cria-t-elle, on nous appellera,
Et ce soir... et jamais l'agneau ne répondra ! »
En l'appelant en vain elle affligea l'aurore ;
Le soir elle mourut en l'appelant encore.

Mme DESBORDES-VALMORE.

IV

Fables et Allégories.

LE LOUP ET L'AGNEAU.

La raison du plus fort est toujours la meilleure.
    Nous l'allons montrer tout-à-l'heure.
    Un agneau se désaltérait
    Dans le courant d'une onde pure.
Un loup survint à jeun, qui cherchait aventure,
    Et que la faim en ces lieux attirait.
« Qui te rend si hardi de troubler mon breuvage?
    Dit cet animal plein de rage :
Tu seras châtié de ta témérité.
—Sire, répond l'agneau, que votre majesté
    Ne se mette pas en colère ;
    Mais plutôt qu'elle considère
    Que je me vas désaltérant
        Dans le courant,
    Plus de vingt pas au-dessous d'elle ;
Et que, par conséquent, en aucune façon,
    Je ne puis troubler sa boisson.
—Tu la troubles ! reprit cette bête cruelle :
Et je sais que de moi tu médis l'an passé.
—Comment l'aurais-je fait si je n'étais pas né?
    Reprit l'agneau ; je tette encor ma mère.
    —Si ce n'est toi, c'est donc ton frère !
—Je n'en ai point.—C'est donc quelqu'un des tiens;

Car vous ne m'épargnez guère,
Vous, vos bergers et vos chiens.
On me l'a dit : il faut que je me venge.»
Là-dessus, au fond des forêts
Le loup l'emporte, et puis le mange,
Sans autre forme de procès.

LA FONTAINE.

L'ENFANT ET LE MAITRE D'ÉCOLE.

Dans ce récit je prétends faire voir
D'un certain sot la remontrance vaine.
Un jeune enfant dans l'eau se laissa choir,
En badinant sur les bords de la Seine.
Le ciel permit qu'un saule se trouva,
Dont le branchage, après Dieu, le sauva
S'étant pris, dis-je, aux branches de ce saule,
Par cet endroit passe un maître d'école ;
L'enfant lui crie : « Au secours ! je péris ! »
Le magister, se tournant à ses cris,
D'un ton fort grave à contre-temps s'avise
De le tancer : « Ah ! le petit babouin !
Voyez, dit-il, où l'a mis sa sottise ?
Et puis, prenez de tels fripons le soin !
Que les parens sont malheureux, qu'il faille
Toujours veiller à semblable canaille !
Qu'ils ont de maux ! et que je plains leur sort ! »
Ayant tout dit, il mit l'enfant à bord.
Je blâme ici plus de gens qu'on ne pense
Tout babillard, tout censeur, tout pédant
Se peut connaître au discours que j'avance.
Chacun des trois fait un peuple fort grand ,

Le Créateur en a béni l'engeance.
En toute affaire ils ne font que songer
  Au moyen d'exercer leur langue.
Hé! mon ami, tire-moi du danger;
  Tu feras après ta harangue.

LA FONTAINE.

LE MEUNIER, SON FILS ET L'ANE.

. . . .
J'ai lu dans quelque endroit qu'un meunier et son fils,
L'un vieillard, l'autre enfant, non pas des plus petits,
Mais garçon de quinze ans, si j'ai bonne mémoire,
Allaient vendre leur âne un certain jour de foire.
Afin qu'il fût plus frais et de meilleur débit,
On lui lia les pieds, on vous le suspendit;
Puis cet homme et son fils le portent comme un lustre.
Pauvres gens! idiots! couple ignorant et rustre!
Le premier qui les vit de rire s'éclata :
« Quelle farce, dit-il, vont jouer ces gens-là?
Le plus âne des trois n'est pas celui qu'on pense. »
Le meunier à ces mots connaît son ignorance :
Il met sur pied sa bête et la fait détaler.
L'âne, qui goûtait fort l'autre façon d'aller,
Se plaint en son patois. Le meunier n'en a cure.
Il fait monter son fils, il suit; et, d'aventure,
Passent trois bons marchands. Cet objet leur déplut.
Le plus vieux au garçon s'écria tant qu'il put:
« Oh là! oh! descendez, que l'on ne vous le dise,
Jeune homme qui menez laquais à barbe grise!
C'était à vous de suivre, au vieillard de monter.
— Messieurs, dit le meunier, il vous faut contenter. »

L'enfant met pied à terre, et puis le vieillard monte ;
Quand trois filles passant, l'une dit : « C'est grand'honte
Qu'il faille voir ainsi clocher ce jeune fils,
Tandis que ce nigaud, comme un évêque assis,
Fait le veau sur son âne et pense être bien sage.
—Il n'est, dit le meunier, plus de veaux à mon age :
Passez votre chemin, la fille, et m'en croyez. »
Après maints quolibets coup sur coup renvoyés,
L'homme crut avoir tort, et mit son fils en croupe.
Au bout de trente pas, une troisième troupe
Trouve encore à gloser. L'un dit : « Ces gens sont fous !
Le baudet n'en peut plus ; il mourra sous leurs coups !
Eh quoi ! charger ainsi cette pauvre bourrique !
N'ont-ils point de pitié de leur vieux domestique !
Sans doute qu'à la foire ils vont vendre sa peau.
—Parbleu ! dit le meunier, est bien fou du cerveau
Qui prétend contenter tout le monde et son père.
Essayons toutefois si par quelque manière.
Nous en viendrons à bout. » Ils descendent tous deux.
L'âne se prélassant marche seul devant eux.
Un quidam les rencontre et dit : « Est-ce la mode
Que baudet aille à l'aise et meunier s'incommode ?
Qui de l'âne ou du maître est fait pour se lasser ?
Je conseille à ces gens de le faire enchâsser.
Ils usent leurs souliers et conservent leur âne !
Nicolas, au rebours, et quand il va voir Jeanne,
Il monte sur sa bête ; et la chanson le dit :
Beau trio de baudets ! » Le meunier repartit :
« Je suis âne, il est vrai, j'en conviens, je l'avoue ;
Mais que dorénavant on me blâme, ou me loue,
Qu'on dise quelque chose ou qu'on ne dise rien,
Je veux faire à ma tête. » Il le fit et fit bien.
Quant à vous, suivez Mars, ou l'amour, ou le prince
Allez, venez, courez, demeurez en province ;

Prenez femme, abbaye, emploi, gouvernement :
Les gens en parleront, n'en doutez nullement.

LA FONTAINE.

LE CHÊNE ET LE ROSEAU.

Le chêne un jour dit au roseau :
« Vous avez bien sujet d'accuser la nature ;
Un roitelet pour vous est un pesant fardeau.
    Le moindre vent qui, d'aventure,
    Fait rider la face de l'eau,
    Vous oblige à baisser la tête ;
Cependant que mon front, au Caucase pareil,
Non content d'arrêter les rayons du soleil,
    Brave l'effort de la tempête.
Tout vous est aquilon, tout me semble zéphyr.
Encor si vous naissiez à l'abri du feuillage
    Dont je couvre le voisinage,
    Vous n'auriez pas tant à souffrir ;
    Je vous défendrais de l'orage.
    Mais vous naissez le plus souvent
Sur les humides bords des royaumes du vent.
La nature envers vous me semble bien injuste.
— Votre compassion, lui répondit l'arbuste,
Part d'un bon naturel. Mais quittez ce souci :
    Les vents me sont moins qu'à vous redoutables ;
Je plie et ne romps pas. Vous avez jusqu'ici
    Contre leurs coups épouvantables
    Résisté sans courber le dos ;
Mais attendons la fin.» Comme il disait ces mots,
Du bout de l'horizon accourt avec furie

POÉSIE ÉPIQUE.

    Le plus terrrible des enfans
Que le nord eût portés jusque là dans ses flancs.
    L'arbre tient bon ; le roseau plie.
    Le vent redouble ses efforts,
    Et fait si bien qu'il déracine
Celui de qui la tête au ciel était voisine,
Et dont les pieds touchaient à l'empire des morts !
LA FONTAINE.

LE LABOUREUR ET SES ENFANS.

    Travaillez, prenez de la peine :
    C'est le fonds qui manque le moins.
Un riche laboureur, sentant sa mort prochaine,
Fit venir ses enfans, leur parla sans témoins.
Gardez-vous, leur dit-il, de vendre l'héritage
    Que nous ont laissé nos parens :
    Un trésor est caché dedans.
Je ne sais pas l'endroit : mais un peu de courage
Vous le fera trouver ; vous en viendrez à bout.
Remuez votre champ dès qu'on aura fait l'oût ;
Creusez, béchez, fouillez, ne laissez nulle place
    Où la main ne passe et repasse.
Le père mort, les fils vous retournent le champ
Deçà, delà, partout ; si bien qu'au bout de l'an
    Il en rapporta davantage.
D'argent, point de caché. Mais le père fut sage
    De leur montrer avant sa mort
    Que le travail est un trésor.
LA FONTAINE.

LA LAITIÈRE ET LE POT AU LAIT.

Perrette, sur sa tête ayant un pot au lait
    Bien posé sur un coussinet,
Prétendait arriver sans encombre à la ville.
Légère et court vêtue, elle allait à grands pas,
Ayant mis, ce jour-là, pour être plus agile,
    Cotillon simple et souliers plats.
    Notre laitière, ainsi troussée,
    Comptait déjà dans sa pensée
Tout le prix de son lait, en employait l'argent;
Achetait un cent d'œufs, faisait triple couvée :
La chose allait à bien par son soin diligent.
    Il m'est, disait-elle, facile
D'élever des poulets autour de ma maison ;
    Le renard sera bien habile
S'il ne m'en laisse assez pour avoir un cochon
Le porc à s'engraisser coûtera peu de son ;
Il était, quand je l'eus, de grosseur raisonnable
J'aurai, le revendant, de l'argent, bel et bon,
Et qui m'empêchera de mettre en notre étable,
Vu le prix dont il est, une vache et son veau,
Que je verrai sauter au milieu du troupeau?
Perrette là-dessus saute aussi transportée ;
Le lait tombe; adieu veau, vache, cochon, couvée.
La dame de ces biens, quittant d'un œil marri
    Sa fortune ainsi répandue,
    Va s'excuser à son mari,
    En grand danger d'être battue.
    Le récit en face en fut fait ;
    On l'appela le pot au lait.

LA FONTAINE.

LE VIEILLARD ET LES TROIS JEUNES HOMMES.

Un octogénaire plantait.
« Passe encor de bâtir ; mais planter, à cet âge !
Disaient trois jouvenceaux, enfans du voisinage :
Assurément il radotait.
Car, au nom des dieux, je vous prie,
Quel fruit de ce labeur pouvez-vous recueillir ?
Autant qu'un patriarche il vous faudrait vieillir.
A quoi bon charger votre vie
Des soins d'un avenir qui n'est pas fait pour vous ?
Ne songez désormais qu'à vos erreurs passées :
Quittez le long espoir et les vastes pensées ;
Tout cela ne convient qu'à nous.
— Il ne convient pas à vous-mêmes,
Repartit le vieillard. Tout établissement
Vient tard et dure peu. La main des Parques blêmes
De vos jours et des miens se joue également.
Nos termes sont pareils par leur courte durée.
Qui de nous des clartés de la voûte azurée
Doit jouir le dernier ? Est-il aucun moment
Qui vous puisse assurer d'un second seulement ?
Mes arrière-neveux me devront cet ombrage :
Hé bien ! défendez-vous au sage
De se donner des soins pour le plaisir d'autrui ?
Cela même est un fruit que je goûte aujourd'hui :
J'en puis jouir demain, et quelques jours encore ;
Je puis enfin compter l'aurore
Plus d'une fois sur vos tombeaux. »
Le vieillard eut raison : l'un des trois jouvenceaux
Se noya dès le port, allant à l'Amérique ;
L'autre, afin de monter aux grandes dignités,
Dans les emplois de Mars servant la république,

Par un coup imprévu vit ses jours emportés ;
    Le troisième tomba d'un arbre
    Que lui-même il voulut enter :
Et, pleurés du vieillard, il grava sur leur marbre
    Ce que je viens de raconter.

LA FONTAINE.

LES DEUX PIGEONS.

Deux pigeons s'aimaient d'amour tendre :
L'un d'eux, s'ennuyant au logis,
Fut assez fou pour entreprendre
Un voyage en lointain pays.
L'autre lui dit : Qu'allez-vous faire
Voulez-vous quitter votre frère ?
L'absence est le plus grand des maux :
Non pas pour vous, cruel ! Au moins, que les travaux,
    Les dangers, les soins du voyage,
    Changent un peu votre courage :
Encor si la saison s'avançait davantage !
Attendez les zéphyrs : qui vous presse ? Un corbeau
Tout-à-l'heure annonçait malheur à quelque oiseau.
Je ne songerai plus que rencontre funeste,
Que faucons, que réseaux. Hélas ! dirai-je, il pleut :
    Mon frère a-t-il tout ce qu'il veut,
    Bon souper, bon gîte, et le reste ?
    Ce discours ébranla le cœur
    De notre imprudent voyageur
Mais le désir de voir et l'humeur inquiète
L'emportèrent enfin. Il dit : Ne pleurez point :
Trois jours au plus rendront mon ame satisfaite !
Je reviendrai dans peu conter de point en point
    Mes aventures à mon frère ;

Je le désennuîrai. Quiconque ne voit guère
N'a guère à dire aussi. Mon voyage dépeint
    Vous sera d'un plaisir extrême.
Je dirai : J'étais là ; telle chose m'avint :
    Vous y croirez être vous-même.
A ces mots, en pleurant, ils se dirent adieu.
Le voyageur s'éloigne : et voilà qu'un nuage
L'oblige de chercher retraite en quelque lieu.
Un seul arbre s'offrit, tel encor que l'orage
Maltraita le pigeon en dépit du feuillage.
L'air devenu serein, il part tout morfondu,
Sèche du mieux qu'il peut son corps chargé de pluie.
Dans un champ à l'écart voit du blé répandu,
Voit un pigeon auprès ; cela lui donne envie ;
Il y vole, il est pris : ce blé couvrait d'un lacs
    Les menteurs et traîtres appas.
Le lacs était usé : si bien que de son aile,
De ses pieds, de son bec, l'oiseau le rompt enfin :
Quelque plume y périt ; et le pis du destin
Fut qu'un certain vautour à la serre cruelle
Vit notre malheureux, qui, traînant la ficelle
Et les morceaux du lacs qui l'avait attrapé,
    Semblait un forçat échappé.
Le vautour s'en allait le lier, quand des nues
Fond à son tour un aigle aux ailes étendues.
Le pigeon profita du conflit des voleurs,
S'envola, s'abattit au pied d'une masure,
    Crut pour le coup que ses malheurs
    Finiraient par cette aventure :
Mais un fripon d'enfant (cet âge est sans pitié)
Prit sa fronde, et du coup tua plus d'à moitié
    La volatile malheureuse,
    Qui, maudissant sa curiosité,
    Traînant l'aile et tirant le pied,

Demi-morte, demi-boiteuse,
Droit au logis s'en retourna :
Que bien, que mal, elle arriva
Sans autre aventure fâcheuse.
Voilà nos gens rejoints : et je laisse à juger
De combien de plaisirs ils payèrent leurs peines.

La Fontaine.

LES ANIMAUX MALADES DE LA PESTE.

Un mal qui répand la terreur,
Mal que le ciel, en sa fureur,
Inventa pour punir les crimes de la terre,
La peste (puisqu'il faut l'appeler par son nom),
Capable d'enrichir en un jour l'Achéron,
Faisait aux animaux la guerre.
Ils ne mouraient pas tous, mais tous étaient frappés ;
On n'en voyait point d'occupés
A chercher le soutien d'une mourante vie ;
Nul mets n'excitait leur envie.
Ni loups ni renards n'épiaient
La douce et l'innocente proie ;
Les tourterelles se fuyaient :
Plus d'amour, partant plus de joie.
Le lion tint conseil, et dit : Mes chers amis,
Je crois que le ciel a permis
Pour nos péchés cette infortune :
Que le plus coupable de nous
Se sacrifie aux traits du céleste courroux :
Peut-être il obtiendra la guérison commune.
L'histoire nous apprend qu'en de tels accidens
On fait de pareils dévoûmens

Ne nous flattons donc point ; voyons sans indulgence
    L'état de notre conscience.
Pour moi, satisfaisant mes appétits gloutons,
    J'ai dévoré force moutons.
    Que m'avaient-ils fait? nulle offense ;
Même il m'est arrivé quelquefois de manger
    Le berger.
Je me dévoûrai donc, s'il le faut ; mais je pense
Qu'il est bon que chacun s'accuse ainsi que moi ;
Car on doit souhaiter, selon toute justice,
    Que le plus coupable périsse.
—Sire, dit le renard, vous êtes trop bon roi :
Vos scrupules font voir trop de délicatesse.
Eh bien ! manger moutons, canaille, sotte espèce,
Est-ce un péché ? Non, non : vous leur fîtes, seigneur,
    En les croquant, beaucoup d'honneur.
    Et, quant au berger, l'on peut dire
    Qu'il était digne de tous maux,
Étant de ces gens-là qui sur les animaux
    Se font un chimérique empire.
Ainsi dit le renard, et flatteurs d'applaudir.
    On n'osa trop approfondir
Du tigre, ni de l'ours, ni des autres puissances
    Les moins pardonnables offenses.
Tous les gens querelleurs, jusqu'aux simples mâtins,
Au dire de chacun, étaient de petits saints.
L'âne vint à son tour, et dit : J'ai souvenance
    Qu'en un pré de moines passant,
La faim, l'occasion, l'herbe tendre, et, je pense,
    Quelque diable aussi me poussant,
Je tondis de ce pré la largeur de ma langue.
Je n'en avais nul droit, puisqu'il faut parler net.
A ces mots, on cria haro sur le baudet.
Un loup quelque peu clerc prouva par sa harangue

Qu'il fallait dévouer ce maudit animal,
Ce pelé, ce galeux, d'où venait tout le mal.
Sa peccadille fut jugée un cas pendable.
Manger l'herbe d'autrui ! quel crime abominable !
    Rien que la mort n'était capable
D'expier son forfait. On le lui fit bien voir.
Selon que vous serez puissant ou misérable,
Les jugemens de cour vous rendront blanc ou noir.

LA FONTAINE.

LE COCHE ET LA MOUCHE.

Dans un chemin montant, sablonneux, malaisé,
Et de tous les côtés au soleil exposé,
    Six forts chevaux tiraient un coche.
Femmes, moines, vieillards, tout était descendu.
L'attelage suait, soufflait, était rendu.
Une mouche survient et des chevaux s'approche,
Prétend les animer par son bourdonnement.
Pique l'un, pique l'autre, et pense à tout moment
    Qu'elle fait aller la machine,
S'assied sur le timon, sur le nez du cocher.
    Aussitôt que le char chemine
    Et qu'elle voit les gens marcher,
Elle s'en attribue uniquement la gloire,
Va, vient, fait l'empressée : il semble que ce soit
Un sergent de bataille, allant en chaque endroit
Faire avancer ses gens et hâter la victoire.
    La mouche, en ce commun besoin,
Se plaint qu'elle agit seule et qu'elle a tout le soin ;
Qu'aucun n'aide aux chevaux à se tirer d'affaire.
    Le moine disait son bréviaire :
Il prenait bien son temps ! Une femme chantait :

C'était bien de chansons qu'alors il s'agissait !
Dame mouche s'en va chanter à leurs oreilles
    Et fait cent sottises pareilles.
Après bien du travail, le coche arrive au haut.
Respirons maintenant, dit la mouche aussitôt :
J'ai tant fait que nos gens sont enfin dans la plaine.
Çà, messieurs les chevaux, payez-moi de ma peine.
Ainsi certaines gens, faisant les empressés,
    S'introduisent dans les affaires :
    Ils font partout les nécessaires,
Et, partout importuns, devraient être chassés.
LA FONTAINE.

LE RAT RETIRÉ DU MONDE.

    Les Levantins en leur légende
Disent qu'un certain rat, las des soins d'ici-bas,
    Dans un fromage de Hollande
    Se retira loin du tracas.
    La solitude était profonde,
    S'étendant partout à la ronde,
Notre ermite nouveau subsistait là dedans.
    Il fit tant des pieds et des dents,
Qu'en peu de jours il eut au fond de l'ermitage
Le vivre et le couvert : que faut-il davantage ?
Il devint gros et gras : Dieu prodigue ses biens
    A ceux qui font vœu d'être siens.
    Un jour, au dévot personnage
    Des députés du peuple rat
S'en vinrent demander quelque aumône légère.
    Ils allaient en terre étrangère
Chercher quelque secours contre le peuple chat ;
    Ratopolis était bloquée ;

On les avait contraints de partir sans argent,
    Attendu l'état indigent
    De la république attaquée.
Ils demandaient fort peu, certains que le secours
    Serait prêt dans quatre ou cinq jours.
    Mes amis, dit le solitaire,
Les choses d'ici-bas ne me regardent plus :
    En quoi peut un pauvre reclus
    Vous assister? que peut-il faire,
Que de prier le ciel qu'il vous aide en ceci ?
J'espère qu'il aura de vous quelque souci.
    Ayant parlé de cette sorte,
    Le nouveau saint ferma sa porte.
    Qui désigné-je, à votre avis,
    Par ce rat si peu secourable?
    Un moine? Non, mais un dervis,
Je suppose qu'un moine est toujours charitable.

LA FONTAINE.

L'AVEUGLE ET LE PARALYTIQUE.

    Aidons-nous mutuellement,
La charge des malheurs en sera plus légère;
    Le bien que l'on fait à son frère
Pour le mal que l'on souffre est un soulagement.
Confucius l'a dit : suivons tous sa doctrine ;
Pour la persuader aux peuples de la Chine,
    Il leur contait le trait suivant.

    Dans une ville de l'Asie
    Il existait deux malheureux,
L'un perclus, l'autre aveugle, et pauvres tous les deux :
Ils demandaient au ciel de terminer leur vie;

      Mais leurs cris étaient superflus,
Ils ne pouvaient mourir. Notre paralytique,
Couché sur un grabat dans la place publique,
Souffrait sans être plaint ; il en souffrait bien plus.
      L'aveugle, à qui tout pouvait nuire,
      Était sans guide, sans soutien,
      Sans avoir même un pauvre chien
      Pour l'aimer et pour le conduire.
      Un certain jour il arriva
Que l'aveugle à tâtons, au détour d'une rue,
      Près du malade se trouva ;
Il entendit ses cris, son ame en fut émue.
      Il n'est tels que les malheureux
      Pour se plaindre les uns les autres.
— J'ai mes maux, lui dit-il, et vous avez les vôtres :
Unissons-les, mon frère, ils seront moins affreux.
— Hélas ! dit le perclus, vous ignorez, mon frère,
      Que je ne puis faire un seul pas ;
      Vous-même vous n'y voyez pas :
A quoi nous servirait d'unir notre misère ?
— A quoi ? répond l'aveugle, écoutez : à nous deux
Nous possédons le bien à chacun nécessaire :
      J'ai des jambes et vous des yeux ;
Moi, je vais vous porter ; vous, vous serez mon guide ;
Vos yeux dirigeront mes pas mal assurés ;
Mes jambes, à leur tour, iront où vous voudrez.
Ainsi, sans que jamais notre amitié décide
Qui de nous deux remplit le plus utile emploi,
Je marcherai pour vous, vous y verrez pour moi.

FLORIAN

LA BREBIS ET LE CHIEN.

La brebis et le chien, de tous les temps amis,
Se racontaient un jour leur vie infortunée.
Ah ! disait la brebis, je pleure et je frémis,
Quand je songe aux malheurs de notre destinée.
Toi, l'esclave de l'homme, adorant des ingrats,
    Toujours soumis, tendre et fidèle,
    Tu reçois, pour prix de ton zèle,
    Des coups et souvent le trépas.
    Moi, qui tous les ans les habille,
Qui leur donne du lait et qui fume leurs champs,
Je vois chaque matin quelqu'un de ma famille
    Assassiné par ces méchans.
Leurs confrères, les loups, dévorent ce qui reste.
    Victimes de ces inhumains,
Travailler pour eux seuls, et mourir par leurs mains,
    Voilà notre destin funeste !
—Il est vrai, dit le chien ; mais crois-tu plus heureux
    Les auteurs de notre misère ?
    Va, ma sœur, il vaut encor mieux
    Souffrir le mal que de le faire.

FLORIAN.

LE GRILLON.

    Un pauvre petit grillon,
    Caché dans l'herbe fleurie,
    Regardait un papillon
    Voltigeant dans la prairie.
L'insecte ailé brillait des plus vives couleurs :
L'azur, le pourpre et l'or éclataient sur ses ailes.
Jeune, beau, petit-maître, il court de fleurs en fleurs,

Prenant et quittant les plus belles.
Ah ! disait le grillon, que son sort et le mien
　　Sont différens ! dame Nature
　Pour lui fit tout, et pour moi rien.
Je n'ai point de talent, encor moins de figure ;
Nul ne prend garde à moi, l'on m'ignore ici-bas ;
　　Autant vaudrait n'exister pas.
　　Comme il parlait, dans la prairie
　　Arrive une troupe d'enfans.
　　Aussitôt les voilà courans
Après ce papillon dont ils ont tous envie.
Chapeaux, mouchoirs, bonnets, servent à l'attraper.
L'insecte vainement cherche à leur échapper,
　　Il devient bientôt leur conquête.
L'un le saisit par l'aile, un autre par le corps ;
Un troisième survient, et le prend par la tête.
　　Il ne fallait pas tant d'efforts
　　Pour déchirer la pauvre bête.
Oh ! oh ! dit le grillon, je ne suis plus fâché ;
Il en coûte trop cher pour briller dans le monde.
Combien je vais aimer ma retraite profonde !
　　Pour vivre heureux vivons caché.

FLORIAN

LE DANSEUR DE CORDE ET LE BALANCIER.

Sur la corde tendue un jeune voltigeur
Apprenait à danser ; et déjà son adresse,
　　Ses tours de force, de souplesse,
　Faisaient venir maint spectateur.
Sur son étroit chemin on le voit qui s'avance,
Le balancier en main, l'air libre, le corps droit.
　　Hardi, léger autant qu'adroit,

Il s'élève, descend, va, vient, plus haut s'élance,
    Retombe, remonte en cadence,
    Et, semblable à certains oiseaux
Qui rasent en volant la surface des eaux,
    Son pied touche, sans qu'on le voie,
A la corde qui plie et dans l'air le renvoie.
Notre jeune danseur, tout fier de son talent,
Dit un jour : A quoi bon ce balancier pesant
    Qui me fatigue et m'embarrasse ?
Si je dansais sans lui, j'aurais bien plus de grâce,
    De force et de légèreté.
Aussitôt fait que dit. Le balancier jeté,
Notre étourdi chancelle, étend les bras et tombe.
Il se cassa le nez, et tout le monde en rit.
Jeunes gens, jeunes gens, ne vous a-t-on pas dit
Que sans règle et sans frein tôt ou tard on succombe ?
La vertu, la raison, les lois, l'autorité,
Dans vos désirs fougueux vous causent quelque peine :
    C'est le balancier qui vous gêne,
    Mais qui fait votre sûreté.

FLORIAN.

L'ANE ET LA FLUTE.

Les sots sont un peuple nombreux,
    Trouvant toutes choses faciles ;
Il faut le leur passer : souvent ils sont heureux :
    Grand motif de se croire habiles.
    Un âne, en broutant ses chardons,
Regardait un pasteur jouant, sous le feuillage,
    D'une flûte dont les doux sons
Attiraient et charmaient les bergers du bocage.
Cet âne mécontent disait : Ce monde est fou !

Les voilà tous, bouche béante,
Admirant un grand sot qui sue et se tourmente
　　　A souffler dans un petit trou.
C'est par de tels efforts qu'on parvient à leur plaire,
Tandis que moi... Suffit... Allons-nous-en d'ici :
　　　Car je me sens trop en colère.
　　　Notre âne, en raisonnant ainsi,
Avance quelques pas, lorsque, sur la fougère,
Une flûte, oubliée en ces champêtres lieux
　　　Par quelque pasteur amoureux,
Se trouve sous ses pieds. Notre âne se redresse,
Sur elle de côté fixe ses deux gros yeux ;
Une oreille en avant, lentement il se baisse,
Applique son naseau sur le pauvre instrument,
Et souffle tant qu'il peut. O hasard incroyable
　　　Il en sort un son agréable.
　　　L'âne se croit un grand talent,
Et, tout joyeux, s'écrie, en faisant la culbute
　　　Eh ! je joue aussi de la flûte !

FLORIAN.

LA MÈRE, L'ENFANT ET LES SARIGUES.

Maman, disait un jour à la plus tendre mère
Un enfant péruvien sur ses genoux assis,
Quel est cet animal qui dans cette bruyère
　　　Se promène avec ses petits ?
Il ressemble au renard. — Mon fils, répondit elle,
　　　Du sarigue c'est la femelle ;
　　　Nulle mère pour ses enfans
N'eut jamais plus d'amour, plus de soins vigilans
La nature a voulu seconder sa tendresse,
　　　Et lui fit près de l'estomac

Une poche profonde, une espèce de sac,
    Où ses petits, quand un danger les presse,
    Vont mettre à couvert leur faiblesse.
Fais du bruit, tu verras ce qu'ils vont devenir.
L'enfant frappe des mains : la sarigue attentive
    Se dresse, et d'une voix plaintive
Jette un cri : les petits aussitôt d'accourir,
    Et de s'élancer vers la mère
En cherchant dans son sein leur retraite ordinaire.
    La poche s'ouvre, les petits
    En un moment y sont blottis :
Ils disparaissent tous ; la mère avec vitesse
    S'enfuit, emportant sa richesse.
La Péruvienne alors dit à l'enfant surpris :
    Si jamais le sort t'est contraire,
Souviens-toi du sarigue ; imite-le, mon fils :
L'asile le plus sûr est le sein d'une mère.

FLORIAN.

LE LAPIN ET LA SARCELLE.

    Unis dès leurs jeunes ans
    D'une amitié fraternelle,
    Un lapin, une sarcelle
    Vivaient heureux et contens.
Le terrier du lapin était sur la lisière
    D'un parc bordé d'une rivière.
    Soir et matin nos bons amis,
    Profitant de ce voisinage,
Tantôt au bord de l'eau, tantôt sous le feuillage,
    L'un chez l'autre étaient réunis.
Là, prenant leurs repas, se contant des nouvelles,
    Ils n'en trouvaient point de si belles

Que de se répéter qu'ils s'aimeraient toujours.
Ce sujet revenait sans cesse en leurs discours.
Tout était en commun, plaisir, chagrin, souffrance.
Ce qui manquait à l'un, l'autre le regrettait ;
Si l'un avait du mal, son ami le sentait ;
Si d'un bien au contraire il goûtait l'espérance,
  Tous deux en jouissaient d'avance.
Tel, était leur destin, lorsqu'un jour, jour affreux !
Le lapin, pour dîner venant chez la sarcelle,
Ne la retrouve plus. Inquiet, il l'appelle ;
Personne ne répond à ses cris douloureux.
Le lapin, de frayeur l'ame toute saisie,
Va, vient, fait mille tours, cherche dans les roseaux,
  S'incline par-dessus les flots,
Et voudrait s'y plonger pour trouver son amie.
Hélas ! s'écriait-il, m'entends-tu ? réponds-moi,
  Ma sœur, ma compagne chérie ;
  Ne prolonge pas mon effroi :
Encor quelques momens, c'en est fait de ma vie.
J'aime mieux expirer que de trembler pour toi.
  Disant ces mots, il court, il pleure,
  Et, s'avançant le long de l'eau,
  Arrive enfin près du château
  Où le seigneur du lieu demeure
  Là notre désolé lapin
  Se trouve au milieu d'un parterre,
  Et voit une grande volière
Où mille oiseaux divers volaient sur un bassin.
  L'amitié donne du courage :
Notre ami sans rien craindre approche du grillage,
Regarde, et reconnaît... ô tendresse ! ô bonheur !
La sarcelle !... Aussitôt il pousse un cri de joie ;
Et, sans perdre de temps à consoler sa sœur,
  De ses quatre pieds il s'emploie

A creuser un secret chemin,
Pour joindre son amie ; et par ce souterrain
Le lapin tout-à-coup entre dans la volière
Comme un mineur qui prend une place de guerre.
Les oiseaux effrayés se pressent en fuyant.
Lui court à la sarcelle, il l'entraîne à l'instant
Dans son obscur sentier, la conduit sous la terre,
Et, la rendant au jour, il est prêt à mourir
   De plaisir.
Quel moment pour tous deux ! Que ne sais-je le peindre
  Comme je saurais le sentir !
Nos bons amis croyaient n'avoir plus rien à craindre ;
Ils n'étaient pas au bout. Le maître du jardin,
En voyant le dégât commis dans sa volière,
Jure d'exterminer jusqu'au dernier lapin
Mes fusils, mes furets ! criait-il en colère.
  Aussitôt fusils et furets
   Sont tout prêts.
Les gardes et les chiens vont dans les jeunes tailles,
  Fouillant les terriers, les broussailles ;
Tout lapin qui paraît trouve un affreux trépas :
Les rivages du Styx sont bordés de leurs mânes ;
  Dans le funeste jour de Cannes
  On mit moins de Romains à bas.
La nuit vient ; tant de sang n'a point éteint la rage
Du seigneur, qui remet au lendemain matin
  La fin de l'horrible carnage.
  Pendant ce temps notre lapin,
Tapi sous des roseaux auprès de la sarcelle,
  Attendait en tremblant la mort,
Mais conjurait sa sœur de fuir à l'autre bord
  Pour ne pas mourir devant elle.
Je ne te quitte point, lui répondait l'oiseau ;
Nous séparer serait la mort la plus cruelle.

Ah ! si tu pouvais passer l'eau !
Pourquoi pas? Attends-moi... La sarcelle le quitte,
 Et revient traînant un vieux nid
Laissé par des canards ; elle l'emplit bien vite
De feuilles de roseau, les presse, les unit
Des pieds, du bec, en forme un batelet capable
 De supporter un lourd fardeau ;
 Puis elle attache à ce vaisseau
 Un brin de jonc qui servira de câble.
 Cela fait, et le bâtiment
Mis à l'eau, le lapin entre tout doucement
Dans le léger esquif, s'assied sur son derrière,
Tandis que devant lui la sarcelle nageant
Tire le brin de jonc, et s'en va dirigeant
 Cette nef à son cœur si chère.
On aborde, on débarque, et jugez du plaisir !
 Non loin du port on va choisir
Un asile où, coulant des jours dignes d'envie,
 Nos bons amis, libres, heureux,
 Aimèrent d'autant plus la vie,
 Qu'ils se la devaient tous les deux.

FLORIAN.

LA MONTRE ET LE CADRAN SOLAIRE.

Un jour la montre au cadran insultait,
 Demandant quelle heure il était.
 Je n'en sais rien, dit le greffier solaire.
— Eh ! que fais-tu donc là si tu n'en sais pas plus?
— J'attends, répondit-il, que le soleil m'éclaire ;
 Je ne sais rien que par Phébus.
 — Attends-le donc ; moi je n'en ai que faire,
Dit la montre ; sans lui je vais toujours mon train.

Tous les huit jours un tour de main,
C'est autant qu'il m'en faut pour toute ma semaine.
Je chemine sans cesse, et ce n'est point en vain
  Que mon aiguille en ce rond se promène.
Écoute ; voilà l'heure ; elle sonne à l'instant.
Une, deux, trois et quatre. Il en est tout autant,
Dit-elle. Mais, tandis que la montre décide,
    Phébus, de ses ardens regards
    Chassant nuages et brouillards,
Regarde le cadran, qui, fidèle à son guide,
    Marque quatre heures et trois quarts.
    Mon enfant, dit-il à l'horloge,
    Va-t'en te faire remonter.
    Tu te vantes sans hésiter
    De répondre à qui t'interroge ;
Mais qui t'en croit peut bien se mécompter.
Je te conseillerais de suivre mon usage :
Si je ne vois bien clair, je dis : Je n'en sais rien.
    Je parle peu, mais je dis bien ;
    C'est le caractère du sage.

LAMOTTE.

LE CHÊNE ET LES BUISSONS.

Le vent s'élève ; un gland tombe dans la poussière ;
Un chêne en sort. Un chêne ! Osez-vous appeler
Chêne cet avorton qu'un souffle fait trembler ?
Ce fétu près de qui la plus humble bruyère
    Serait un arbre ? — Et pourquoi non ?
Je ne m'en dédis pas, docteur, cet avorton,
Ce fétu, c'est un chêne, un vrai chêne, tout comme
    Cet enfant qu'on berce est un homme.
Quoi de plus naturel, d'ailleurs, que vos propos ?

Vous n'avez rien dit là, docteur, qu'en leur langage
    Tous les buissons du voisinage
Sur mon chêne, avant vous, n'aient dit en d'autres mots :
« Quel brin d'herbe, en rampant, sous notre abri se range?
    Quel germe inutile, égaré,
    A nos pieds végète enterré
    Dans la poussière et dans la fange?
— Messieurs, leur répondait, sans discours superflus,
Le germe, au fond du cœur chêne dès sa naissance,
Messieurs, pour ma jeunesse ayez plus d'indulgence;
Je crois, ne vous déplaise, et vous ne croissez plus. »
    Le germe raisonnait fort juste :
Le temps, qui détruit tout, fait tout croître d'abord;
    Par lui le faible devient fort,
    Le petit grand, le germe arbuste.
Les buissons, indignés qu'en une année ou deux
    Un chêne devînt grand comme eux,
    Se récriaient contre l'audace
De cet aventurier qui, comme un champignon,
Né d'hier, et de quoi? sans gêne ici se place,
Et prétend nous traiter de pair à compagnon!
L'égal qu'ils dédaignaient cependant les surpasse;
D'arbuste il devient arbre, et des sucs généreux
    Qui fermentent sous son écorce,
De son robuste tronc à ses rameaux nombreux,
Renouvelant sans cesse et la vie et la force,
Il grandit, il grossit, il s'allonge, il s'étend,
    Il se développe, il s'élance;
    Et l'arbre, comme on en voit tant,
    Finit par être un arbre immense.
De protégé qu'il fut, le voilà protecteur,
Abritant, nourrissant des peuplades sans nombre;
    Les troupeaux, les chiens, le pasteur,
    Vont dormir en paix sous son ombre;

L'abeille dans son sein vient déposer son miel,
    Et l'aigle suspendre son aire
A l'un des mille bras dont il perce le ciel,
Tandis que mille pieds l'attachent à la terre.
L'impétueux Eurus, l'Aquilon mugissant,
En vain contre sa masse ont déchaîné leur rage :
Il rit de leurs efforts, et leur souffle impuissant
    Ne fait qu'agiter son feuillage.
    Cybèle aussi n'a pas de nourrissons,
De l'orme le plus fort au genêt le plus mince,
Qui des forêts en lui ne respectent le prince :
Tout l'admire aujourd'hui, tout, hormis les buissons.
L'orgueilleux ! disent-ils, il ne se souvient guères
    De notre ancienne égalité :
    Enflé de sa prospérité,
A-t-il donc oublié que les arbres sont frères ?
— Si nous naissons égaux, repart avec bonté
L'arbre de Jupiter, dans la même mesure
Nous ne végétons pas ; et ce tort, je vous jure,
    Est l'ouvrage de la nature,
    Et non pas de ma volonté.
Le chêne vers les cieux portant un front superbe,
    L'arbuste qui se perd sous l'herbe,
    Ne font qu'obéir à sa loi.
Vous la voulez changer ; ce n'est pas mon affaire ;
    Je ne dois pas, en bonne foi,
    Me rapetisser pour vous plaire.
Mes frères, tâchez donc de grandir comme moi.

ARNAULT.

LES DÉS PIPÉS.

Quand je songe à l'ordre admirable
Qui régit ce vaste univers ;
A travers le cristal des airs,
Quand je vois les astres divers
Dans l'espace incommensurable
Par les mêmes chemins et dans les mêmes temps,
Décrire les mêmes orbites,
Et la comète même à des règles prescrites
Assujettir ses mouvemens ;
Riant sous les lilas dont son front se couronne,
Dans mon jardin trois mois par l'hiver attristé,
Quand je vois le printemps avec fidélité
Tous les ans précéder et ramener l'été,
Qui tous les ans précède et ramène l'automne,
Ami, j'ai peine à concevoir
Qu'un si magnifique système
Ne vous démontre pas, aussi bien qu'à moi-même,
D'une intelligence suprême
Et la présence et le pouvoir.
Sur ce point-là, je suis, je ne saurais m'en taire,
Tout aussi bête que Voltaire.
« L'univers m'embarrasse, et je ne puis songer
Que cette horloge existe, et n'ait point d'horloger. »
Des gens, sur d'autres points dignes pourtant d'éloge,
Sans horloger voudraient faire aller cette horloge.
Dieu qui n'existe pas n'a pris aucune part
A la confection de la pauvre machine
Dont tu méconnais l'origine ;
Le hasard a tout fait, et tout marche au hasard,
Disaient-ils l'autre jour, après mainte apostrophe,
A certain bachelier dans leur cercle tombé,

Mais qui, sous un manteau d'abbé,
Leur cachait un vrai philosophe.
Las enfin de les sermonner,
Las enfin de s'époumonner
A prêcher pareil auditoire,
Ce bachelier s'esquive, et mes bavards de croire
Qu'il leur a cédé la victoire.
Mais, revenant presque aussitôt,
Messieurs, dit-il, encore un mot ;
Et, jetant deux dés sur la table,
Puisque les argumens ici ne peuvent rien,
Consultons le hasard ; peut-être est-ce un moyen
De savoir qui du monde est l'auteur véritable.
Chaque fois qu'ils auront roulé sur ce tapis,
Si ces dés à vos yeux n'offrent pas double-six,
Je me tiens pour battu. Parlant ainsi, notre homme
A chassé les dés du cornet.
Comptez, messieurs : sonnet. Comptez encor : sonnet !
Sonnet, toujours sonnet. Sonnet ; si bien qu'en somme
Au nombre six de tous côtés
Ces dés semblaient numérotés.
Vous rendez-vous à l'évidence ?
Vos doutes sont-ils dissipés ?
Disait-il cependant...—Tu plaisantes, je pense,
Ces dés, qui peuvent bien fournir à ta dépense,
Ces dés, à coup sûr, sont pipés,
D'une commune voix lui répond l'assistance.
A chaque nouveau coup ramener même chance,
Est-ce un fait du hasard ? — Non, j'en tombe d'accord ;
Mais ai-je, entre nous, si grand tort
Quand sur ce fait-là je me fonde
Pour croire le hasard tout-à-fait étranger
Au gouvernement de ce monde,
Qui, se renouvelant tous les jours sans changer,

Aux mêmes lois toujours fidèle,
Suit à travers les temps sa routine éternelle?
Si le hasard était du jeu,
Chaque jour, par quelque équipée,
Ne mettrait-il pas tout en feu,
Tout sens dessus dessous? Oui, j'en crois votre aveu,
Messieurs, la nature est pipée.

ARNAULT.

LE COLIMAÇON.

Sans ami, comme sans famille,
Ici-bas vivre en étranger;
Se retirer dans sa coquille
Au signal du moindre danger;
S'aimer d'une amitié sans bornes;
De soi seul emplir sa maison;
En sortir suivant la saison,
Pour faire à son prochain les cornes;
Signaler ses pas destructeurs
Par les traces les plus impures;
Outrager les plus belles fleurs
Par ses baisers ou ses morsures;
Enfin, chez soi comme en prison,
Vieillir de jour en jour plus triste;
C'est l'histoire de l'égoïste
Et celle du colimaçon.

ARNAULT.

LE CÈDRE DU LIBAN.

Le cèdre du Liban s'était dit à lui-même:
« Je règne sur les monts; ma tête est dans les cieux;
J'étends sur les forêts mon vaste diadème:
Je prête un noble asile à l'aigle audacieux;

A mes pieds l'homme rampe... » Et l'homme qu'il outrage
Rit, se lève et, d'un bras trop long-temps dédaigné,
Fait tomber sous la hache et la tête et l'ombrage
De ce roi des forêts de sa chute indigné.
Vainement il s'exhale en des plaintes amères ;
Les arbres d'alentour sont joyeux de son deuil ;
Affranchis de son ombre, ils s'élèvent en frères,
Et du géant superbe un ver punit l'orgueil.

LE BRUN.

PORTRAIT DE L'AMITIÉ.

J'ai le visage long et la mine naïve ;
    Je suis sans finesse et sans art.
Mon teint est fort uni, ma couleur assez vive,
    Et je ne mets jamais de fard.
Mon abord est civil ; j'ai la bouche riante,
    Et mes yeux ont mille douceurs ;
Mais, quoique je sois belle, agréable et charmante,
    Je règne sur bien peu de cœurs.
On me proteste assez, et presque tous les hommes
    Se vantent de suivre mes lois.
Mais que j'en connais peu, dans le siècle où nous sommes
    Dont le cœur réponde à la voix !
Ceux que je fais aimer d'une flamme fidèle
    Me font l'objet de tous leurs soins.
Quoique vieille, à leurs yeux je parais toujours belle ;
    Ils ne m'en estiment pas moins.
On m'accuse souvent d'aimer trop à paraître
    Où l'on voit la prospérité ;
Cependant il est vrai qu'on ne peut me connaître
    Qu'au milieu de l'adversité.

PERRAULT.

LA FEUILLE.

De ta tige détachée,
Pauvre feuille desséchée,
Où vas-tu ? — Je n'en sais rien :
L'orage a brisé le chêne
Qui seul était mon soutien ;
De son inconstante haleine,
Le Zéphyr ou l'Aquilon
Depuis ce jour me promène
De la forêt à la plaine,
De la montagne au vallon.
Cédant au vent qui m'entraîne,
Sans me plaindre ou m'effrayer
Je vais où va toute chose,
Où va la feuille de rose
Et la feuille du laurier.»

ARNAULT.

LE VOYAGE.

Partir avant le jour, à tâtons, sans voir goutte,
Sans songer seulement à demander sa route,
Aller de chute en chute, et, se traînant ainsi,
Faire un tiers de chemin jusqu'à près de midi;
Voir sur sa tête alors amasser les nuages ;
Dans un sable mouvant précipiter ses pas;
Courir, en essuyant orages sur orages,
Vers un but incertain où l'on n'arrive pas,
Détrompé, vers le soir chercher une retraite,
Arriver haletant, se coucher, s'endormir
On appelle cela vivre, naître et mourir
    La volonté de Dieu soit faite !

FLORIAN.

POÉSIE DRAMATIQUE.

SCÈNES D'HORACE.

SABINE.

Je suis Romaine, hélas ! puisqu'Horace est Romain ;
J'en ai reçu le titre en recevant sa main ;
Mais ce nœud me tiendrait en esclave enchaînée,
S'il m'empêchait de voir en quels lieux je suis née.
Albe, où j'ai commencé de respirer le jour,
Albe, mon cher pays et mon premier amour,
Lorsqu'entre nous et toi je vois la guerre ouverte,
Je crains notre victoire autant que notre perte.
Rome, si tu te plains que c'est là te trahir,
Fais-toi des ennemis que je puisse haïr.
Quand je vois de tes murs leur armée et la nôtre,
Mes trois frères dans l'une et mon mari dans l'autre,
Puis-je former des vœux, et, sans impiété,
Importuner le ciel pour ta félicité ?
Je sais que ton état, encore en sa naissance,
Ne saurait sans la guerre affermir sa puissance ;
Je sais qu'il doit s'accroître, et que tes grands destins
Ne le borneront pas chez les peuples latins ;
Que les dieux t'ont promis l'empire de la terre,

Et que tu n'en peux voir l'effet que par la guerre.
Bien loin de m'opposer à cette noble ardeur,
Qui suit l'arrêt des Dieux et court à ta grandeur,
Je voudrais déjà voir tes troupes couronnées
D'un pas victorieux franchir les Pyrénées.
Va jusqu'en l'Orient pousser tes bataillons,
Va sur les bords du Rhin planter tes pavillons,
Fais trembler sous tes pas les colonnes d'Hercule,
Mais respecte une ville à qui tu dois Romule :
Ingrate, souviens-toi que du sang de ses rois
Tu tiens ton nom, tes murs et tes premières lois.
Albe est ton origine ; arrête, et considère
Que tu portes le fer dans le sein de ta mère
Tourne ailleurs les efforts de tes bras triomphans
Sa joie éclatera dans l'heur de ses enfans ;
Et, se laissant ravir à l'amour maternelle,
Ses vœux seront pour toi, si tu n'es plus contre elle.

. . . .

HORACE, CURIACE.

CURIACE

Ainsi Rome n'a point séparé son estime ;
Elle eût cru faire ailleurs un choix illégitime.
Cette superbe ville en vos frères et vous
Trouve les trois guerriers qu'elle préfère à tous ;
Et, ne nous opposant d'autres bras que les vôtres,
D'une seule maison brave toutes les nôtres.
Nous croirons, à la voir toute entière en vos mains,
Que, hors les fils d'Horace, il n'est point de Romains.
Ce choix pouvait combler trois familles de gloire,
Consacrer hautement leurs noms à la mémoire :
Oui, l'honneur que reçoit la vôtre par ce choix
En pouvait à bon titre immortaliser trois ;

Et, puisque c'est chez vous que mon heur et ma flamme
M'ont fait placer ma sœur et choisir une femme,
Ce que je vais vous être et ce que je vous suis
Me font y prendre part autant que je le puis.
Mais un autre intérêt tient ma joie en contrainte,
Et parmi ses douceurs mêle beaucoup de crainte :
La guerre en tel éclat a mis votre valeur,
Que je tremble pour Albe et prévois son malheur,
Puisque vous combattez, sa perte est assurée ;
En vous faisant nommer, le destin l'a jurée :
Je vois trop dans ce choix ses funestes projets,
Et me compte déjà pour un de vos sujets.

HORACE.

Loin de trembler pour Albe, il vous faut plaindre Rome,
Voyant ceux qu'elle oublie et les trois qu'elle nomme ;
C'est un aveuglement pour elle bien fatal
D'avoir tant à choisir et de choisir si mal.
Mille, de ses enfans, beaucoup plus dignes d'elle,
Pouvaient bien mieux que nous soutenir sa querelle.
Mais quoique ce combat me promette un cercueil,
La gloire de ce choix m'enfle d'un juste orgueil ;
Mon esprit en conçoit une mâle assurance :
J'ose espérer beaucoup de mon peu de vaillance :
Et, du sort envieux quels que soient les projets,
Je ne me compte point pour un de vos sujets.
Rome a trop cru de moi ; mais mon ame ravie
Remplira son attente, ou quittera la vie.
Qui veut mourir ou vaincre est vaincu rarement :
Ce noble désespoir périt malaisément.
Rome, quoi qu'il en soit, ne sera point sujette
Que mes derniers soupirs n'assurent ma défaite.

CURIACE.

Hélas ! c'est bien ici que je dois être plaint !

Ce que veut mon pays, mon amitié le craint.
Dures extrémités, de voir Albe asservie,
Ou sa victoire au prix d'une si chère vie;
Et que l'unique bien où tendent ses désirs
S'achète seulement par vos derniers soupirs !
Quels vœux puis-je former, et quel bonheur attendre?
De tous les deux côtés j'ai des pleurs à répandre;
De tous les deux côtés mes désirs sont trahis.

HORACE.

Quoi ! vous me pleureriez mourant pour mon pays !
Pour un cœur généreux ce trépas a des charmes,
La gloire qui le suit ne souffre point de larmes;
Et je le recevrais en bénissant mon sort,
Si Rome et tout l'état perdaient moins à ma mort.

CURIACE.

A vos amis pourtant permettez de le craindre;
Dans un si beau trépas ils sont les seuls à plaindre :
La gloire en est pour vous, et la perte pour eux;
Il vous fait immortel et les rend malheureux :
On perd tout quand on perd un ami si fidèle.
Mais Flavian m'apporte ici quelque nouvelle.
 A Flavian.
Albe de trois guerriers a-t-elle fait le choix ?

FLAVIAN.

Je viens pour vous l'apprendre.

CURIACE.

     Hé bien ! qui sont les trois?

FLAVIAN.

Vos deux frères et vous.

CURIACE.

   Qui?

FLAVIAN.

    Vous et vos deux frères.

Mais pourquoi ce front triste et ces regards sévères ?
Ce choix vous déplaît-il ?

CURIACE.

Non ; mais il me surprend ;
Je m'estimais trop peu pour un honneur si grand.

FLAVIAN.

Dirai-je au dictateur, dont l'ordre ici m'envoie,
Que vous le recevez avec si peu de joie ?
Ce morne et froid accueil me surprend à mon tour.

CURIACE.

Dis-lui que l'amitié, l'alliance et l'amour
Ne pourront empêcher que les trois Curiace
Ne servent leur pays contre les trois Horace.

FLAVIAN.

Contre eux ! Ah ! c'est beaucoup me dire en peu de mots.

CURIACE.

Porte-lui ma réponse et nous laisse en repos.

Flavian sort.

Que désormais le ciel, les enfers et la terre
Unissent leurs fureurs à nous faire la guerre ;
Que les hommes, les dieux, les démons et le sort
Préparent contre nous un général effort ;
Je mets à faire pis, en l'état où nous sommes,
Le sort et les démons, et les dieux, et les hommes ;
Ce qu'ils ont de cruel, et d'horrible, et d'affreux,
L'est bien moins que l'honneur qu'on nous fait à tous deux.

HORACE.

Le sort, qui de l'honneur nous ouvre la barrière,
Offre à notre constance une illustre matière :
Il épuise sa force à former un malheur,
Pour mieux se mesurer avec notre valeur ;
Et, comme il voit en nous des âmes peu communes,

Hors de l'ordre commun il nous fait des fortunes.
Combattre un ennemi pour le salut de tous,
Et contre un inconnu s'exposer seul aux coups,
D'une simple vertu c'est l'effet ordinaire ;
Mille déjà l'ont fait, mille pourraient le faire :
Mourir pour le pays est un si digne sort,
Qu'on briguerait en foule une si belle mort.
Mais vouloir au public immoler ce qu'on aime,
S'attacher au combat contre un autre soi-même,
Attaquer un parti qui prend pour défenseur
Le frère d'une femme et l'amant d'une sœur,
Et, rompant tous ces nœuds, s'armer pour la patrie
Contre un sang qu'on voudrait racheter de sa vie,
Une telle vertu n'appartenait qu'à nous.
L'éclat de son grand nom lui fait peu de jaloux ;
Et peu d'hommes au cœur l'ont assez imprimée,
Pour oser aspirer à tant de renommée.

CURIACE.

Il est vrai que nos noms ne sauraient plus périr ;
L'occasion est belle, il nous la faut chérir :
Nous serons les miroirs d'une vertu bien rare.
Mais votre fermeté tient un peu du barbare ;
Peu, même des grands cœurs, tireraient vanité
D'aller par ce chemin à l'immortalité.
A quelque prix qu'on mette une telle fumée,
L'obscurité vaut mieux que tant de renommée.
Pour moi, je l'ose dire, et vous l'avez pu voir,
Je n'ai point consulté pour suivre mon devoir ;
Notre longue amitié, l'amour ni l'alliance
N'ont pu mettre un moment mon esprit en balance ;
Et puisque, par ce choix, Albe montre en effet
Qu'elle m'estime autant que Rome vous a fait,
Je crois faire pour elle autant que vous pour Rome ;

J'ai le cœur aussi bon ; mais enfin je suis homme.
Je vois que votre honneur demande tout mon sang,
Que tout le mien consiste à vous percer le flanc ;
Près d'épouser la sœur, qu'il faut tuer le frère ;
Et que pour mon pays j'ai le sort si contraire,
Qu'encor qu'à mon devoir je coure sans terreur,
Mon cœur s'en effarouche, et j'en frémis d'horreur ;
J'ai pitié de moi-même et jette un œil d'envie
Sur ceux dont notre guerre a consumé la vie ;
Sans souhait toutefois de pouvoir reculer,
Ce triste et fier honneur m'émeut sans m'ébranler :
J'aime ce qu'il me donne, et je plains ce qu'il m'ôte ;
Et si Rome demande une vertu plus haute,
Je rends grâces aux dieux de n'être pas Romain,
Pour conserver encor quelque chose d'humain.

HORACE.

Si vous n'êtes Romain, soyez digne de l'être ;
Et si vous m'égalez, faites-le mieux paraître.
La solide vertu dont je fais vanité
N'admet point de faiblesse avec sa fermeté ;
Et c'est mal de l'honneur entrer dans la carrière
Que dès le premier pas regarder en arrière.
Notre malheur est grand, il est au plus haut point,
Je l'envisage entier ; mais je n'en frémis point.
Contre qui que ce soit que mon pays m'emploie,
J'accepte aveuglément cette gloire avec joie :
Celle de recevoir de tels commandemens
Doit étouffer en nous tous autres sentimens ;
Qui, près de le servir, considère autre chose,
A faire ce qu'il doit lâchement se dispose ;
Ce droit saint et sacré rompt tout autre lien.
Rome a choisi mon bras, je n'examine rien.
Avec une allégresse aussi pleine et sincère
Que j'épousai la sœur, je combattrai le frère ;

Et, pour trancher enfin ces discours superflus,
Albe vous a nommé, je ne vous connais plus.

CURIACE.

Je vous connais encore, et c'est ce qui me tue;
Mais cette âpre vertu ne m'était pas connue;
Comme notre malheur elle est au plus haut point;
Souffrez que je l'admire et ne l'imite point.

. . . .

LE VIEIL HORACE.

Qu'est-ce ci, mes enfans? écoutez-vous vos flammes?
Et perdez-vous encor le temps avec des femmes?
Prêts à verser du sang, regardez-vous des pleurs?
Fuyez; et laissez-les déplorer leurs malheurs.
Leurs plaintes ont pour vous trop d'art et de tendresse;
Elles vous feraient part enfin de leur faiblesse,
Et ce n'est qu'en fuyant qu'on pare de tels coups.

SABINE.

N'appréhendez rien d'eux, ils sont dignes de vous :
Malgré tous nos efforts, vous en devez attendre
Ce que vous souhaitez et d'un fils et d'un gendre,
Et si notre faiblesse avait pu les changer,
Nous vous laissons ici pour les encourager.
Allons, ma sœur, allons, ne perdons plus de larmes :
Contre tant de vertus ce sont de faibles armes;
Ce n'est qu'au désespoir qu'il nous faut recourir
Tigres, allez combattre; et nous, allons mourir.

HORACE.

Mon père, retenez des femmes qui s'emportent,
Et, de grâce, empêchez surtout qu'elles ne sortent;
Leur amour importun viendrait avec éclat
Par des cris et des pleurs troubler notre combat;
Et ce qu'elles nous sont ferait qu'avec justice
On nous imputerait ce mauvais artifice.

L'honneur d'un si beau choix serait trop acheté
Si l'on nous soupçonnait de quelque lâcheté.

LE VIEIL HORACE.

J'en aurai soin. Allez, vos frères vous attendent,
Ne pensez qu'aux devoirs que vos pays demandent.

CURIACE.

Quel adieu vous dirai-je? et par quels complimens...

LE VIEIL HORACE.

Ah! n'attendrissez point ici mes sentimens.
Pour vous encourager ma voix manque de termes;
Mon cœur ne forme point de pensers assez fermes,
Moi-même, en cet adieu, j'ai les larmes aux yeux.
Faites votre devoir, et laissez faire aux dieux.

CORNEILLE.

SCÈNE DE POLYEUCTE.

POLYEUCTE, PAULINE, GARDES.

POLYEUCTE.

Madame, quel dessein vous fait me demander?
Est-ce pour me combattre ou pour me seconder?
Cet effort généreux de votre amour parfaite
Vient-il à mon secours, vient-il à ma défaite?
Apportez-vous ici la haine, ou l'amitié,
Comme mon ennemie, ou ma chère moitié?

PAULINE.

Vous n'avez point ici d'ennemi que vous-même;
Seul vous vous haïssez lorsque chacun vous aime;
Seul vous exécutez tout ce que j'ai rêvé;
Ne veuillez pas vous perdre, et vous êtes sauvé.
A quelque extrémité que votre crime passe,
Vous êtes innocent si vous vous faites grâce.

Daignez considérer le sang d'où vous sortez,
Vos grandes actions, vos rares qualités;
Chéri de tout le peuple, estimé chez le prince,
Gendre du gouverneur de toute la province;
Je ne vous compte à rien le nom de mon époux :
C'est un bonheur pour moi, qui n'est pas grand pour vous;
Mais après vos exploits, après votre naissance,
Après votre pouvoir, voyez notre espérance;
Et n'abandonnez pas à la main d'un bourreau
Ce qu'à nos justes vœux promet un sort si beau.

POLYEUCTE.

Je considère plus; je sais mes avantages
Et l'espoir que sur eux forment les grands courages;
Ils n'aspirent enfin qu'à des biens passagers,
Que troublent les soucis, que suivent les dangers;
La mort nous les ravit, la fortune s'en joue;
Aujourd'hui sur le trône, et demain dans la boue;
Et leur plus haut éclat fait tant de mécontens,
Que peu de vos Césars en ont joui long-temps.
J'ai de l'ambition, mais plus noble et plus belle :
Cette grandeur périt, j'en veux une immortelle,
Un bonheur assuré, sans mesure et sans fin,
Au-dessus de l'envie, au-dessus du destin.
Est-ce trop l'acheter que d'une triste vie,
Qui tantôt, qui soudain, me peut être ravie;
Qui ne me fait jouir que d'un instant qui fuit,
Et ne peut m'assurer de celui qui le suit?

PAULINE.

Voilà de vos chrétiens les ridicules songes;
Voilà jusqu'à quel point vous charment leurs mensonges;
Tout votre sang est peu pour un bonheur si doux!
Mais, pour en disposer, ce sang est-il à vous?
Vous n'avez pas la vie ainsi qu'un héritage;

Le jour qui vous la donne en même temps l'engage :
Vous la devez au prince, au public, à l'état.

POLYEUCTE.

Je la voudrais pour eux perdre dans un combat :
Je sais quel en est l'heur et quelle en est la gloire.
Des aïeux de Décie on vante la mémoire ;
Et ce nom, précieux encore à vos Romains,
Au bout de six cents ans lui met l'empire aux mains,
Je dois ma vie au peuple, au prince, à sa couronne ;
Mais je la dois bien plus au Dieu qui me la donne.
Si mourir pour son prince est un illustre sort,
Quand on meurt pour son Dieu, quelle sera la mort !

PAULINE.

Quel Dieu !

POLYEUCTE

Tout beau, Pauline : il entend vos paroles,
Et ce n'est pas un Dieu comme vos dieux frivoles,
Insensibles et sourds, impuissans, mutilés,
De bois, de marbre ou d'or, comme vous les voulez :
C'est le Dieu des chrétiens, c'est le mien, c'est le vôtre
Et la terre et le ciel n'en connaissent point d'autre.

PAULINE.

Adorez-le dans l'ame, et n'en témoignez rien.

POLYEUCTE.

Que je sois tout ensemble idolâtre et chrétien !

PAULINE.

Ne feignez qu'un moment : laissez partir Sévère,
Et donnez lieu d'agir aux bontés de mon père.

POLYEUCTE.

Les bontés de mon Dieu sont bien plus à chérir :
Il m'ôte des périls que j'aurais pu courir,
Et, sans me laisser lieu de tourner en arrière,
Sa faveur me couronne entrant dans la carrière ;

Du premier coup de vent il me conduit au port,
Et, sortant du baptême, il m'envoie à la mort.
Si vous pouviez comprendre et le peu qu'est la vie,
Et de quelles douceurs cette mort est suivie!...
Mais que sert de parler de ces trésors cachés
A des esprits que Dieu n'a pas encor touchés?

PAULINE.

Cruel! car il est temps que ma douleur éclate,
Et qu'un juste reproche accable une ame ingrate,
Est-ce là ce beau feu? sont-ce là tes sermens?
Témoignes-tu pour moi les moindres sentimens?
Je ne te parlais point de l'état déplorable
Où ta mort va laisser ta femme inconsolable:
Je croyais que l'amour t'en parlerait assez,
Et je ne voulais pas de sentimens forcés;
Mais cette amour si ferme et si bien méritée
Que tu m'avais promise et que je t'ai portée,
Quand tu me veux quitter, quand tu me fais mourir
Te peut-elle arracher une larme, un soupir?
Tu me quittes, ingrat, et le fais avec joie;
Tu ne la caches pas, tu veux que je la voie;
Et ton cœur, insensible à ces tristes appas,
Se figure un bonheur où je ne serai pas!
C'est donc là le dégoût qu'apporte l'hyménée!
Je te suis odieuse après m'être donnée!

POLYEUCTE.

Hélas!

PAULINE.

Que cet hélas a de peine à sortir!
Encor s'il commençait un heureux repentir,
Que, tout forcé qu'il est, j'y trouverais de charmes!
Mais courage, il s'émeut, je vois couler des larmes.

POLYEUCTE.

 en verse, et plût à Dieu qu'à force d'en verser,

Ce cœur trop endurci se pût enfin percer !
Le déplorable état où je vous abandonne
Est bien digne des pleurs que mon amour vous donne ;
Et, si l'on peut au ciel sentir quelques douleurs,
J'y pleurerai pour vous l'excès de vos malheurs ;
Mais si, dans ce séjour de gloire et de lumière,
Ce Dieu tout juste et bon peut souffrir ma prière,
S'il y daigne écouter un conjugal amour,
Sur votre aveuglement il répandra le jour.
Seigneur, de vos bontés il faut que je l'obtienne ;
Elle a trop de vertus pour n'être pas chrétienne :
Avec trop de mérite il vous plut la former,
Pour ne vous pas connaître et ne vous pas aimer,
Pour vivre des enfers esclave infortunée,
Et sous leur triste joug mourir comme elle est née.

PAULINE.

Que dis-tu, malheureux ? qu'oses-tu souhaiter ?

POLYEUCTE.

Ce que de tout mon sang je voudrais acheter.

PAULINE.

Que plutôt ! . . . .

POLYEUCTE.

C'est en vain qu'on se met en défense :
Ce Dieu touche les cœurs lorsque moins on y pense.
Ce bienheureux moment n'est pas encor venu ;
Il viendra ; mais le temps ne m'en est pas connu.

PAULINE.

Quittez cette chimère, et m'aimez.

POLYEUCTE.

Je vous aime,
Beaucoup moins que mon Dieu, mais bien plus que moi-même.

PAULINE.

Au nom de cet amour, ne m'abandonnez pas.
POLYEUCTE.

Au nom de cet amour, daignez suivre mes pas.
PAULINE.

C'est peu de me quitter, tu veux donc me séduire?
POLYEUCTE.

C'est peu d'aller au ciel, je vous y veux conduire.
PAULINE.

Imaginations !
POLYEUCTE.
Célestes vérités !
PAULINE.

Etrange aveuglement !
POLYEUCTE.
Éternelles clartés !
PAULINE.

Tu préfères la mort à l'amour de Pauline?
POLYEUCTE.

Vous préférez le monde à la bonté divine !
PAULINE.

Va, cruel, va mourir ; tu ne m'aimas jamais.
POLYEUCTE.

Vivez heureuse au monde ! et me laissez en paix.

Pierre Corneille.

FRAGMENTS DE VENCESLAS.

VENCESLAS.

Prêtez-moi, Ladislas, le cœur avec l'oreille.
J'attends toujours du temps qu'il mûrisse le fruit

Que, pour *me succéder, ma couche m'a produit,*
Et je croyais, mon fils, votre mère immortelle,
Par le reste *qu'en vous elle me laissa d'elle ;*
Mais, hélas ! ce portrait qu'elle s'était tracé,
Perd beaucoup de son lustre, et s'est bien effacé,
Et, vous considérant, moins je la vois paraître,
Plus l'ennui de sa mort commence à me renaître ;
Toutes vos actions démentent votre rang;
Je n'y vois rien d'auguste et digne de mon sang;
J'y cherche Ladislas, et ne le puis connaître :
Vous n'avez rien de roi que le désir de l'être,
Et ce désir, dit-on, peu discret et trop prompt,
En souffre avec ennui le bandeau sur mon front.
Vous plaignez le travail où ce fardeau m'engage,
Et, n'osant m'attaquer, vous attaquez mon âge.
Je suis vieux, mais un fruit de ma vieille saison,
Est d'en posséder mieux la parfaite raison.
Régner est un secret dont la haute science
Ne s'acquiert que par l'âge et par l'expérience.
Un roi vous semble heureux, et sa condition
Est douce, au sentiment de votre ambition :
Il dispose à son gré des fortunes humaines;
Mais, comme les douceurs, *en* savez-vous les peines?
A quelque heureuse fin que tendent ses projets,
Jamais il ne fait bien, au gré de ses sujets :
Il passe pour cruel s'il garde la justice;
S'il est doux, pour timide et partisan du vice;
S'il se porte à la guerre, il fait des malheureux;
S'il entretient la paix, il n'est pas généreux;
S'il pardonne, il est mou; s'il se venge, barbare;
S'il donne, il est prodigue; et s'il épargne, avare :
Ses desseins les plus purs et les plus innocens
Toujours dans quelque esprit *jettent un mauvais sens ;*
Et jamais sa vertu, tant soit-elle connue,
En l'estime des siens *ne passe toute nue.*

Le prince tourne la tête, et témoigne de l'impatience.

Si donc, pour mériter de régir des états
La plus pure vertu même ne suffit pas,
Par quel heur voulez-vous que le règne succède
A des esprits oisifs, que le vice possède,
Hors de leurs voluptés, incapables d'agir,
Et qui, serfs de leurs sens, ne sauraient se régir.
Ici mon *seul respect* contient votre caprice ;
Mais examinez-vous, et rendez-vous justice :
Pouvez-vous attenter sur ceux dont j'ai fait choix
Pour soutenir mon trône et dispenser mes lois,
Sans blesser les respects dus à mon diadème,
Et *sans en* même temps attenter sur moi-même ?
Le duc par sa faveur vous a blessé les yeux,
Et parce qu'il m'est cher, il vous est odieux ;
Mais, voyant d'un côté sa splendeur non commune,
Voyez par quels degrés il monte à sa fortune ;
Songez combien son *bras a* mon trône affermi,
Et mon affection vous fait son ennemi !
Encore est-ce trop peu : votre aveugle colère
Le hait en autrui même, et passe à votre frère ;
Votre jalouse humeur ne lui saurait souffrir
La liberté d'aimer ce qu'il me voit chérir :
Son amour pour le duc lui produit votre haine.
Cherchez un digne objet à cette humeur hautaine ?
Employez, employez ces bouillans mouvemens
A combattre l'orgueil des peuples Ottomans ;
Renouvelez contre eux nos haines immortelles ;
Et soyez généreux, en de justes querelles ;
Mais contre votre frère et contre un favori,
Nécessaire à son roi, plus qu'il n'en est chéri !
Et qui de tant de bras qu'armait la Moscovie,
Vient de sauver mon sceptre et peut-être ma vie,
C'est un emploi célèbre et digne d'un grand cœur !
Votre caprice enfin veut régler ma faveur ;

Je sais mal appliquer mon amour et ma haine,
Et c'est de vos leçons qu'il faut que je l'apprenne :
J'aurais mal profité de l'usage du temps !

LADISLAS.

Souffrez...

VENCESLAS.

Encore un mot, et puis je vous entends.
S'il faut qu'à cent rapports ma créance réponde,
Rarement le soleil rend la lumière au monde,
Que le premier rayon qu'il répand ici-bas
N'y découvre quelqu'un de vos assassinats ;
Ou du moins on vous tient en si mauvaise estime,
Qu'innocent ou coupable, on vous charge du crime.
Et que, vous offensant d'un soupçon éternel,
Aux bras du sommeil même on vous fait criminel.
Sous ce fatal soupçon, qui défend qu'on me craigne,
On se venge, on s'égorge, et l'impunité règne ;
Et ce juste mépris de mon autorité
Est la punition de cette impunité.
Votre valeur enfin, naguère si vantée,
Dans vos folles amours languit comme enchantée,
Et par cette langueur, dedans tous les esprits,
Efface son estime, et s'acquiert des mépris :
Et je vois toutefois qu'un heur inconcevable,
Malgré tous ces défauts, vous rend encore aimable,
Et que *votre bon offre*, en ces mêmes esprits,
Souffre ensemble pour vous l'amour et le mépris ;
Par le secret pouvoir d'un charme que j'ignore,
Quoiqu'on vous mésestime, on vous chérit encore :
Vicieux, on vous craint ; mais vous plaisez heureux,
Et pour vous l'on confond le murmure et les vœux.
Las ! méritez, mon fils, que cet amour vous dure :
Pour conserver les vœux, étouffez le murmure,
Et régnez dans les cœurs, par un sort dépendant
Plus de votre vertu que de votre ascendant ;

Par elle rendez-vous digne d'un diadème,
Né pour donner des lois, commencez par vous-même,
Et que vos passions, ces rebelles sujets,
De cette noble *ardeur soient les premiers objets*.
Par ce genre de règne il faut mériter l'autre ;
Par ce degré mon fils, mon trône sera vôtre ;
Mes états, mes sujets, tout fléchira sous vous,
Et, sujet de vous seul, vous régnerez sur tous.
Mais, si toujours vous-même, et toujours *serf* du vice,
Vous ne prenez des lois que de votre caprice,
Et si, pour encourir votre indignation,
Il ne faut qu'avoir part en mon affection ;
Si votre humeur hautaine, enfin, ne considère
Ni les profonds respects dont le duc vous révère,
Ni l'étroite amitié dont l'infant vous chérit,
Ni la soumission d'un peuple *qui vous rit*,
Ni d'un père, d'un roi le conseil salutaire,
Lors, pour être tout roi, je ne serai plus père,
Et, vous abandonnant à la rigueur des lois,
Au mépris de mon sang, je maintiendrai mes droits.

LADISLAS.

Comment, dis-je, mon père, accablé de tant d'âge,
Et sa force, à présent, servant mal son courage,
Ne se décharge-t-il, avant qu'y succomber,
D'un pénible fardeau qui le fera tomber ?
Devrait-il, ne pouvant assurer sa couronne,
Hasarder que l'état me l'ôte ou me la donne ?
Et, s'il veut conserver la qualité de roi,
La retiendrait-il pas, s'en dépouillant pour moi ?
Comme il sait murmurer de l'âge qui l'accable,
Croit-il de ce fardeau ma jeunesse incapable ?
Et n'ai-je pas appris, sous son gouvernement,
Assez de politique et de raisonnement
Pour savoir à quels soins oblige un diadème ?

Ce qu'un roi doit aux siens, à l'état, à soi-même,
A ses confédérés, à la foi des traités ;
Dedans quels intérêts ses droits sont limités,
Quelle guerre est nuisible, et quelle d'importance ;
A qui, quand et comment il doit son assistance ?
Et pour garder, enfin, ses états d'accidents,
Quel ordre il doit tenir et dehors et dedans ?
Ne sais-je pas qu'un roi qui veut qu'on le révère
Doit mêler à propos l'affable et le sévère ?
Et, selon l'exigence et des temps et des lieux,
Savoir faire parler et son front et ses yeux !
Mettre bien la franchise et la feinte en usage,
Porter tantôt un masque, et tantôt un visage,
Quelque avis qu'on lui donne, être toujours pareil,
Et se croire souvent plus que tout son conseil ;
Mais surtout, et de là dépend l'heur des couronnes,
Savoir bien appliquer les emplois aux personnes,
Et faire, par des choix judicieux et saints,
Tomber le ministère en de fidèles mains,
Elever peu de gens si haut qu'ils puissent nuire,
Être lent à former, aussi bien qu'à détruire ;
Des bonnes actions garder le souvenir,
Etre prompt à payer et tardif à punir.
N'est-ce pas sur cet art, leur dis-je, et ces maximes
Que se maintient le cours des règnes légitimes ?

ROTROU.

SCÈNE D'ATHALIE.

Scène première. — Acte premier.

JOAD, ABNER.

ABNER.

Oui, je viens dans son temple adorer l'Éternel,
Je viens, selon l'usage antique et solennel,

Célébrer avec vous la fameuse journée
Où sur le mont Sina la Loi nous fut donnée.
Que les temps sont changés! Sitôt que de ce jour
La trompette sacrée annonçait le retour,
Du temple, orné partout de festons magnifiques,
Le peuple saint en foule inondait les portiques;
Et tous, devant l'autel avec ordre introduits,
De leurs champs dans leurs mains portant les nouveaux fruits,
Au Dieu de l'univers consacraient ces prémices:
Les prêtres ne pouvaient suffire aux sacrifices.
L'audace d'une femme, arrêtant ce concours,
En des jours ténébreux a changé ces beaux jours
D'adorateurs zélés à peine un petit nombre
Ose des premiers temps nous retracer quelque ombre;
Le reste pour son Dieu montre un oubli fatal,
Ou même, s'empressant aux autels de Baal,
Se fait initier à ses honteux mystères,
Et blasphème le nom qu'ont invoqué leurs pères.
Je tremble qu'Athalie, à ne vous rien cacher,
Vous-même de l'autel vous faisant arracher,
N'achève enfin sur vous ses vengeances funestes
Et d'un respect forcé ne dépouille les restes.

JOAD.

D'où vous vient aujourd'hui ce noir pressentiment?

ABNER.

Pensez-vous être saint et juste impunément?
Dès long-temps elle hait cette fermeté rare,
Qui rehausse en Joad l'éclat de la tiare:
Dès long-temps votre amour pour la religion
Est traité de révolte ou de sédition.
Du mérite éclatant cette reine jalouse
Hait surtout Josabet votre fidèle épouse;
Si du grand-prêtre Aaron Joad est successeur,

De notre dernier roi Josabet est la sœur.
Mathan d'ailleurs, Mathan, ce prêtre sacrilége,
Plus méchant qu'Athalie, à toute heure l'assiége;
Mathan, de nos autels infâme déserteur,
Et de toute vertu zélé persécuteur.
C'est peu que, le front ceint d'une mitre étrangère,
Ce lévite à Baal prête son ministère;
Ce temple l'importune, et son impiété
Voudrait anéantir le Dieu qu'il a quitté.
Pour vous perdre il n'est point de ressorts qu'il n'invente.
Quelquefois il vous plaint, souvent même il vous vante;
Il affecte pour vous une fausse douceur;
Et, par là de son fiel colorant la noirceur,
Tantôt à cette reine il vous peint redoutable;
Tantôt, voyant pour l'or sa soif insatiable,
Il lui feint qu'en un lieu que vous seul connaissez
Vous cachez des trésors par David amassés.
Enfin, depuis deux jours la superbe Athalie
Dans un sombre chagrin paraît ensevelie.
Je l'observais hier, et je voyais ses yeux
Lancer sur le lieu saint des regards furieux;
Comme si, dans le fond de ce vaste édifice,
Dieu cachait un vengeur armé pour son supplice.
Croyez-moi, plus j'y pense, et moins je puis douter
Que sur vous son courroux ne soit près d'éclater,
Et que de Jézabel la fille sanguinaire
Ne vienne attaquer Dieu jusqu'en son sanctuaire.

JOAD.

Celui qui met un frein à la fureur des flots
Sait aussi des méchans arrêter les complots.
Soumis avec respect à sa volonté sainte,
Je crains Dieu, cher Abner, et n'ai point d'autre crainte.
Cependant je rends grâce au zèle officieux

Qui sur tous mes périls vous fait ouvrir les yeux.
Je vois que l'injustice en secret vous irrite,
Que vous avez encor le cœur israélite.
Le Ciel en soit béni ! Mais ce secret courroux,
Cette oisive vertu, vous en contentez-vous ?
La foi qui n'agit point, est-ce une foi sincère ?
Huit ans déjà passés, une impie étrangère
Du sceptre de David usurpe tous les droits,
Se baigne impunément dans le sang de nos rois,
Des enfans de son fils détestable homicide,
Et même contre Dieu lève son bras perfide :
Et vous, l'un des soutiens de ce tremblant état,
Vous, nourri dans les camps du saint roi Josaphat,
Qui sous son fils Joram commandiez nos armées,
Qui rassurâtes seul nos villes alarmées,
Lorsque d'Ochozias le trépas imprévu
Dispersa tout son camp à l'aspect de Jéhu ;
Je crains Dieu, dites-vous : sa vérité me touche !
Voici comme ce Dieu vous répond par ma bouche :
« Du zèle de ma loi que sert de vous parer ?
» Par de stériles vœux pensez-vous m'honorer ?
» Quel fruit me revient-il de tous vos sacrifices ?
» Ai-je besoin du sang des boucs et des génisses ?
» Le sang de vos rois crie, et n'est point écouté.
» Rompez, rompez tout pacte avec l'impiété,
» Du milieu de mon peuple exterminez les crimes :
» Et vous viendrez alors m'immoler vos victimes. »

ABNER.

Hé ! que puis-je au milieu de ce peuple abattu ?
Benjamin est sans force et Juda sans vertu :
Le jour qui de leurs rois vit éteindre la race
Éteignit tout le feu de leur antique audace.
Dieu même, disent-ils, s'est retiré de nous

De l'honneur des Hébreux autrefois si jaloux,
Il voit sans intérêt leur grandeur terrassée,
Et sa miséricorde à la fin s'est lassée :
On ne voit plus pour nous ses redoutables mains
De merveilles sans nombre effrayer les humains :
L'arche sainte est muette, et ne rend plus d'oracles.

JOAD.

Et quel temps fut jamais si fertile en miracles?
Quand Dieu par plus d'effets montra-t-il son pouvoir?
Auras-tu donc toujours des yeux pour ne point voir,
Peuple ingrat? quoi! toujours les plus grandes merveilles,
Sans ébranler ton cœur, frapperont tes oreilles!
Faut-il, Abner, faut-il vous rappeler le cours
Des prodiges fameux accomplis en nos jours :
Des tyrans d'Israël les célèbres disgrâces,
Et Dieu trouvé fidèle en toutes ses menaces;
L'impie Achab détruit, et de son sang trempé
Le champ que par le meurtre il avait usurpé;
Près de ce champ fatal Jézabel immolée;
Sous les pieds des chevaux cette reine foulée;
Dans son sang inhumain les chiens désaltérés,
Et de son corps hideux les membres déchirés;
Des prophètes menteurs la troupe confondue,
Et la flamme du ciel sur l'autel descendue;
Élie aux élémens parlant en souverain,
Les cieux par lui fermés et devenus d'airain,
Et la terre trois ans sans pluie et sans rosée;
Les morts se ranimant à la voix d'Élisée?
Reconnaissez, Abner, à ces traits éclatans,
Un Dieu tel aujourd'hui qu'il fut dans tous les temps.
Il sait, quand il lui plait, faire éclater sa gloire,
Et son peuple est toujours présent à sa mémoire.

ABNER.

Mais où sont ces honneurs à David tant promis,

Et prédits même encore à Salomon son fils?
Hélas! nous espérions que de leur race heureuse
Devait sortir de rois une suite nombreuse;
Que sur toute tribu, sur toute nation,
L'un deux établirait sa domination,
Ferait cesser partout la discorde et la guerre,
Et verrait à ses pieds tous les rois de la terre.

JOAD.

Aux promesses du ciel pourquoi renoncez-vous?

ABNER.

Ce roi, fils de David, où le chercherons-nous?
Le ciel même peut-il réparer les ruines
De cet arbre séché jusque dans ses racines?
Athalie étouffa l'enfant même au berceau.
Les morts, après huit ans, sortent-ils du tombeau?
Ah! si dans sa fureur elle s'était trompée;
Si du sang de nos rois quelque goutte échappée....

JOAD.

Eh bien! que feriez-vous?

ABNER.

O jour heureux pour moi!
De quelle ardeur j'irais reconnaître mon roi!
Doutez-vous qu'à ses pieds nos tribus empressées...
Mais pourquoi me flatter de ces vaines pensées?
Déplorable héritier de ces rois triomphans,
Ochozias restait seul avec ses enfans:
Par les traits de Jéhu je vis percer le père;
Vous avez vu les fils massacrés par la mère.

JOAD.

Je ne m'explique point; mais quand l'astre du jour
Aura sur l'horizon fait le tiers de son tour,
Lorsque la troisième heure aux prières rappelle,
Retrouvez-vous au temple avec ce même zèle,

Dieu pourra vous montrer, par d'importans bienfaits.
Que sa parole est stable, et ne trompe jamais.
Allez : pour ce grand jour il faut que je m'apprête,
Et du temple déjà l'aube blanchit le faîte.

ABNER.

Quel sera ce bienfait que je ne comprends pas ?
L'illustre Josabet porte vers vous ses pas :
Je sors, et vais me joindre à la troupe fidèle
Qu'attire de ce jour la pompe solennelle.

Scène II.
JOAD, JOSABET.

JOAD.

Les temps sont accomplis, princesse : il faut parler ;
Et votre heureux larcin ne se peut plus céler.
Des ennemis de Dieu la coupable insolence,
Abusant contre lui de ce profond silence,
Accuse trop long-temps ses promesses d'erreur :
Que dis-je ? le succès animant leur fureur,
Jusque sur notre autel votre injuste marâtre
Veut offrir à Baal un encens idolâtre.
Montrons ce jeune roi que vos mains ont sauvé,
Sous l'aile du Seigneur dans le temple élevé.
De nos princes hébreux il aura le courage,
Et déjà son esprit a devancé son âge ;
Avant que son destin s'explique par ma voix,
Je vais l'offrir au Dieu par qui règnent les rois :
Aussitôt, assemblant nos lévites, nos prêtres,
Je leur déclarerai l'héritier de leurs maîtres.

JOSABET.

Sait-il déjà son nom et son noble destin ?

JOAD.

Il ne répond encor qu'au nom d'Éliacin,

Et se croit quelque enfant rejeté par sa mère,
A qui j'ai par pitié daigné servir de père.

JOSABET.

Hélas! de quel péril je l'avais su tirer!
Dans quel péril encore est-il près de rentrer!

JOAD.

Quoi! déjà votre foi s'affaiblit et s'étonne?

JOSABET.

A vos sages conseils, seigneur, je m'abandonne.
Du jour que j'arrachai cet enfant à la mort,
Je remis en vos mains tout le soin de son sort;
Même, de mon amour craignant la violence,
Autant que je le puis, j'évite sa présence,
De peur qu'en le voyant, quelque trouble indiscret
Ne fasse avec mes pleurs échapper mon secret.
Surtout j'ai cru devoir aux larmes, aux prières,
Consacrer ces trois jours et ces trois nuits entières.
Cependant aujourd'hui puis-je vous demander
Quels amis vous avez prêts à vous seconder?
Abner, le brave Abner, viendra-t-il nous défendre?
A-t-il près de son roi fait serment de se rendre?

JOAD.

Abner, quoiqu'on se pût assurer sur sa foi,
Ne sait pas même encor si nous avons un roi.

JOSABET.

Mais à qui de Joas confiez-vous la garde?
Est-ce Obed, est-ce Amnon que cet honneur regarde?
De mon père sur eux les bienfaits répandus...

JOAD.

A l'injuste Athalie ils se sont tous vendus.

JOSABET.

Qui donc opposez-vous contre ses satellites?

POÉSIE DRAMATIQUE.

JOAD.

Ne vous l'ai-je pas dit? nos prêtres, nos lévites.

JOSABET.

Je sais que, près de vous en secret assemblé,
Par vos soins prévoyans leur nombre est redoublé;
Que, pleins d'amour pour vous, d'horreur pour Athalie,
Un serment solennel par avance les lie
A ce fils de David qu'on leur doit révéler.
Mais, quelque noble ardeur dont ils puissent brûler,
Peuvent-ils de leur roi venger seuls la querelle?
Pour un si grand ouvrage est-ce assez de leur zèle?
Doutez-vous qu'Athalie, au premier bruit semé
Qu'un fils d'Ochozias est ici renfermé,
De ses fiers étrangers assemblant les cohortes,
N'environne le temple et n'en brise les portes?
Suffira-t-il contre eux de vos ministres saints,
Qui, levant au Seigneur leurs innocentes mains,
Ne savent que gémir et prier pour nos crimes,
Et n'ont jamais versé que le sang des victimes?
Peut-être dans leurs bras Joas percé de coups.....

JOAD.

Et comptez-vous pour rien Dieu qui combat pour nous?
Dieu qui de l'orphelin protége l'innocence,
Et fait dans la faiblesse éclater sa puissance;
Dieu, qui hait les tyrans et qui dans Jezraël
Jura d'exterminer Achab et Jézabel;
Dieu, qui, frappant Joram, le mari de leur fille,
A jusque sur son fils poursuivi leur famille;
Dieu, dont le bras vengeur, pour un temps suspendu,
Sur cette race impie est toujours étendu?

JOSABET.

Et c'est sur tous ces rois sa justice sévère
Que je crains pour le fils de mon malheureux frère.

Qui sait si cet enfant, par leur crime entraîné,
Avec eux en naissant ne fut pas condamné ?
Si Dieu, le séparant d'une odieuse race,
En faveur de David voudra lui faire grâce ?
Hélas ! l'état horrible où le ciel me l'offrit
Revient à tout moment effrayer mon esprit.
De princes égorgés la chambre était remplie :
Un poignard à la main l'implacable Athalie
Au carnage animait ses barbares soldats,
Et poursuivait le cours de ses assassinats.
Joas, laissé pour mort, frappa soudain ma vue ;
Je me figure encor sa nourrice éperdue,
Qui devant les bourreaux s'était jetée en vain,
Et, faible, le tenait renversé sur son sein.
Je le pris tout sanglant. Et baignant son visage,
Mes pleurs du sentiment lui rendirent l'usage ;
Et, soit frayeur encore, ou pour me caresser,
De ses bras innocens je me sentis presser.
Grand Dieu, que mon amour ne lui soit point funeste !
Du fidèle David c'est le précieux reste :
Nourri dans ta maison, en l'amour de ta loi,
Il ne connaît encor d'autre père que toi.
Sur le point d'attaquer une reine homicide,
A l'aspect du péril si ma foi s'intimide,
Si la chair et le sang, se troublant aujourd'hui,
Ont trop de part aux pleurs que je répands pour lui,
Conserve l'héritier de tes saintes promesses,
Et ne punis que moi de toutes mes faiblesses !

JOAD

Vos larmes, Josabet, n'ont rien de criminel ;
Mais Dieu veut qu'on espère en son soin paternel.
Il ne recherche point, aveugle en sa colère,
Sur le fils qui le craint l'impiété du père.

Tout ce qui reste encor de fidèles Hébreux
Lui viendront aujourd'hui renouveler leurs vœux.
Autant que de David la race est respectée,
Autant de Jézabel la fille est détestée.
Joas les touchera par sa noble pudeur,
Où semble de son sang reluire la splendeur :
Et Dieu, par sa voix même appuyant notre exemple,
De plus près à leur cœur parlera dans son temple.
Deux infidèles rois tour à tour l'ont bravé,
Il faut que sur le trône un roi soit élevé,
Qui se souvienne un jour qu'au rang de ses ancêtres
Dieu l'a fait remonter par la main de ses prêtres,
L'a tiré par leurs mains de l'oubli du tombeau,
Et de David éteint rallumé le flambeau.

. . . .

Acte II. — Scène V.
ATHALIE, ABNER, MATHAN.

ATHALIE.

. . . .

C'était pendant l'horreur d'une profonde nuit ;
Ma mère Jézabel devant moi s'est montrée,
Comme au jour de sa mort, pompeusement parée :
Ses malheurs n'avaient point abattu sa fierté ;
Même elle avait encor cet éclat emprunté
Dont elle eut soin de peindre et d'orner son visage,
Pour réparer des ans l'irréparable outrage :
« Tremble, m'a-t-elle dit, fille digne de moi ;
» Le cruel Dieu des Juifs l'emporte aussi sur toi.
» Je te plains de tomber dans ses mains redoutables,
» Ma fille. » En achevant ces mots épouvantables,
Son ombre vers mon lit a paru se baisser :
Et moi, je lui tendais les mains pour l'embrasser ;
Mais je n'ai plus trouvé qu'un horrible mélange

D'os et de chair meurtris et traînés dans la fange,
Des lambeaux pleins de sang, et des membres affreux
Que des chiens dévorans se disputaient entre eux.

ABNER.

Grand Dieu!

ATHALIE.

Dans ce désordre à mes yeux se présente
Un jeune enfant couvert d'une robe éclatante,
Tel qu'on voit des Hébreux les prêtres revêtus.
Sa vue a ranimé mes esprits abattus :
Mais lorsque, revenant de mon trouble funeste,
J'admirais sa douceur, son air noble et modeste
J'ai senti tout-à-coup un homicide acier
Que le traître en mon sein a plongé tout entier.
De tant d'objets divers le bizarre assemblage
Peut-être du hasard vous paraît un ouvrage :
Moi-même quelque temps, honteuse de ma peur,
Je l'ai pris pour l'effet d'une sombre vapeur.
Mais de ce souvenir mon ame possédée
A deux fois en dormant revu la même idée ;
Deux fois mes tristes yeux se sont vu retracer
Ce même enfant toujours tout prêt à me percer.
Lasse enfin des horreurs dont j'étais poursuivie,
J'allais prier Baal de veiller sur ma vie,
Et chercher du repos au pied de ses autels
Que ne peut la frayeur sur l'esprit des mortels !
Dans le temple des Juifs un instinct m'a poussée,
Et d'apaiser leur Dieu j'ai conçu la pensée ;
J'ai cru que des présens calmeraient son courroux,
Que ce Dieu, quel qu'il soit, en deviendrait plus doux.
Pontife de Baal, excusez ma faiblesse.
J'entre. Le peuple fuit ; le sacrifice cesse ;
Le grand-prêtre vers moi s'élance avec fureur :
Pendant qu'il me parlait, ô surprise ! ô terreur !

J'ai vu ce même enfant dont je suis menacée,
Tel qu'un songe effrayant l'a peint à ma pensée.
Je l'ai vu; son même air, son même habit de lin,
Sa démarche, ses yeux et tous ses traits enfin :
C'est lui-même. Il marchait à côté du grand-prêtre.
Mais bientôt à ma vue on l'a fait disparaître.
Voilà quel trouble ici m'oblige à m'arrêter,
Et sur quoi j'ai voulu tous deux vous consulter.
Que présage, Mathan, ce prodige incroyable?

MATHAN.

Ce songe et ce rapport, tout me semble effroyable...

ATHALIE.

Mais cet enfant fatal, Abner, vous l'avez vu :
Quel est-il? de quel sang, et de quelle tribu?

ABNER.

Deux enfans à l'autel prêtaient leur ministère :
L'un est fils de Joad, Josabet est sa mère;
L'autre m'est inconnu.

MATHAN.

      Pourquoi délibérer?
De tous les deux, madame, il se faut assurer.
Vous savez pour Joad mes égards, mes mesures ;
Que je ne cherche point à venger des injures ;
Que la seule équité règne en tous mes avis :
Mais lui-même, après tout, fût-ce son propre fils,
Voudrait-il un moment laisser vivre un coupable?

ABNER.

De quel crime un enfant peut-il être capable?

MATHAN.

Le ciel nous le fait voir un poignard à la main :
Le ciel est juste et sage, et ne fait rien en vain.
Que cherchez-vous de plus?

ABNER.

Mais, sur la foi d'un songe,
Dans le sang d'un enfant voulez-vous qu'on se plonge?
Vous ne savez encor de quel père il est né,
Quel il est.

MATHAN.

On le craint; tout est examiné.
A d'illustres parens s'il doit son origine,
La splendeur de son sort doit hâter sa ruine ;
Dans le vulgaire obscur si le sort l'a placé,
Qu'importe qu'au hasard un sang vil soit versé?
Est-ce aux rois à garder cette lente justice?
Leur sûreté souvent dépend d'un prompt supplice.
N'allons point les gêner d'un soin embarrassant :
Dès qu'on leur est suspect, on n'est plus innocent.

ABNER.

Hé quoi, Mathan! d'un prêtre est-ce là le langage?
Moi, nourri dans la guerre aux horreurs du carnage,
Des vengeances des rois ministre rigoureux,
C'est moi qui prête ici ma voix au malheureux!
Et vous qui lui devez des entrailles de père,
Vous, ministre de paix dans les temps de colère,
Couvrant d'un zèle faux votre ressentiment,
Le sang à votre gré coule trop lentement!
Vous m'avez commandé de vous parler sans feinte,
Madame : quel est donc ce grand sujet de crainte?
Un songe, un faible enfant, que votre œil prévenu
Peut-être sans raison croit avoir reconnu.

ATHALIE.

Je le veux croire, Abner, je puis m'être trompée :
Peut-être un songe vain m'a trop préoccupée.
Eh bien, il faut revoir cet enfant de plus près;
Il en faut à loisir examiner les traits.

POÉSIE DRAMATIQUE.

Qu'on les fasse tous deux paraître en ma présence.

ABNER.

Je crains...

ATHALIE.

Manquerait-on pour moi de complaisance ?
De ce refus bizarre où seraient les raisons ?
Il pourrait me jeter en d'étranges soupçons.
Que Josabet, vous dis-je, ou Joad les amène.
Je puis, quand je voudrai, parler en souveraine.
Vos prêtres, je veux bien, Abner, vous l'avouer,
Des bontés d'Athalie ont lieu de se louer.
Je sais sur ma conduite et contre ma puissance
Jusqu'où de leurs discours ils portent la licence ;
Ils vivent cependant, et leur temple est debout.
Mais je sens que bientôt ma douceur est à bout.
Que Joad mette un frein à son zèle sauvage,
Et ne m'irrite point par un second outrage.
Allez.

. . . .

Scène VII.

JOSABET, ATHALIE, ABNER, JOAS, Deux Lévites.

JOSABET, aux deux lévites.

O vous, sur ces enfans si chers, si précieux,
Ministres du Seigneur, ayez toujours les yeux.

ABNER à Josabet.

Princesse, assurez-vous, je les prends sous ma garde.

ATHALIE.

O ciel ! plus j'examine, et plus je le regarde..
C'est lui ! D'horreur encor tous mes sens sont saisis.
  (Montrant Joas.)
Épouse de Joad, est-ce là votre fils ?

JOSABET.

Qui ? lui, madame ?

ATHALIE.
Lui.

JOSABET.
Je ne suis point sa mère,
Montrant Zacharie.
Voilà mon fils.

ATHALIE, à Joas
Et vous, quel est donc votre père?
Jeune enfant, répondez.

JOSABET.
Le ciel jusqu'aujourd'hui...

ATHALIE à Josabet.
Pourquoi vous pressez-vous de répondre pour lui?
C'est à lui de parler.

JOSABET.
Dans un âge si tendre
Quel éclaircissement en pouvez-vous attendre?

ATHALIE.
Cet âge est innocent : son ingénuité
N'altère point encor la simple vérité.
Laissez-le s'expliquer sur tout ce qui le touche.

JOSABET, bas, à part.
Daigne mettre, grand Dieu! ta sagesse en sa bouche.

ATHALIE.
Comment vous nommez-vous?

JOAS.
J'ai nom Éliacin.

ATHALIE.
Votre père?

JOAS.
Je suis, dit-on, un orphelin
Entre les bras de Dieu jeté dès ma naissance,
Et qui de mes parens n'eus jamais connaissance.

ATHALIE

Vous êtes sans parens ?

JOAS.

Ils m'ont abandonné.

ATHALIE.

Comment ? et depuis quand ?

JOAS.

Depuis que je suis né.

ATUALIE.

Ne sait-on pas au moins quel pays est le vôtre ?

JOAS.

Ce temple est mon pays, je n'en connais point d'autre.

ATHALIE.

Où dit-on que le sort vous a fait rencontrer ?

JOAS.

Parmi des loups cruels prêts à me dévorer.

ATHALIE.

Qui vous mit dans ce temple ?

JOAS.

Une femme inconnue,
Qui ne dit point son nom, et qu'on n'a point revue.

ATHALIE.

Mais de vos premiers ans quelles mains ont pris soin ?

JOAS.

Dieu laissa-t-il jamais ses enfans au besoin ?
Aux petits des oiseaux il donne leur pâture,
Et sa bonté s'étend sur toute la nature.
Tous les jours je l'invoque, et d'un soin paternel
Il me nourrit des dons offerts sur son autel.

ATHALIE, à part.

Quel prodige nouveau me trouble et m'embarrasse !
La douceur de sa voix, son enfance, sa grâce,
Font insensiblement à mon inimitié
Succéder... Je serais sensible à la pitié !

ABNER.

Madame, voilà donc cet ennemi terrible !
De vos songes menteurs l'imposture est visible ;
A moins que la pitié, qui semble vous troubler,
Ne soit ce coup fatal qui vous faisait trembler.

ATHALIE, à Joas et à Josabet.

Vous sortez ?

JOSABET.

Vous avez entendu sa fortune.
Sa présence à la fin pourrait être importune.

ATHALIE.

Non : revenez. Quel est tous les jours votre emploi ?

JOAS.

J'adore le Seigneur ; on m'explique sa loi ;
Dans son livre divin on m'apprend à la lire ;
Et déjà de ma main je commence à l'écrire.

ATHALIE.

Que vous dit cette loi ?

JOAS.

Que Dieu veut être aimé ;
Qu'il venge tôt ou tard son saint nom blasphémé ;
Qu'il est le défenseur de l'orphelin timide ;
Qu'il résiste au superbe et punit l'homicide.

ATHALIE.

J'entends. Mais tout ce peuple enfermé dans ce lieu
A quoi s'occupe-t-il ?

JOAS.

Il loue, il bénit Dieu.

ATHALIE.
Dieu veut-il qu'à toute heure on prie, on le contemple ?
JOAS
Tout profane exercice est banni de son temple.
ATHALIE.
Quels sont donc vos plaisirs ?
JOAS.
Quelquefois à l'autel
Je présente au grand-prêtre ou l'encens ou le sel ;
J'entends chanter de Dieu les grandeurs infinies ;
Je vois l'ordre pompeux de ses cérémonies.
ATHALIE.
Hé quoi ! vous n'avez pas de passe-temps plus doux ?
Je plains le triste sort d'un enfant tel que vous :
Venez dans mon palais, vous y verrez ma gloire.
JOAS.
Moi ! des bienfaits de Dieu je perdrais la mémoire !
ATHALIE.
Non, je ne vous veux pas contraindre à l'oublier.
JOAS.
Vous ne le priez point.
ATHALIE.
Vous pourrez le prier.
JOAS.
Je verrais cependant en invoquer un autre.
ATHALIE.
J'ai mon dieu que je sers : vous servirez le vôtre.
Ce sont deux puissans dieux.
JOAS.
Il faut craindre le mien :
Lui seul est Dieu, madame, et le vôtre n'est rien.
ATHALIE.
Les plaisirs près de moi vous chercheront en foule.

JOAS.

Le bonheur des méchans comme un torrent s'écoule.

ATHALIE.

Ces méchans, qui sont-ils?

JOSABET.

Hé, madame! excusez
Un enfant...

ATHALIE à Josabet.

J'aime à voir comme vous l'instruisez
Enfin, Éliacin, vous avez su me plaire :
Vous n'êtes point sans doute un enfant ordinaire;
Vous voyez, je suis reine, et n'ai point d'héritier.
Laissez là cet habit, quittez ce vil métier :
Je veux vous faire part de toutes mes richesses.
Essayez dès ce jour l'effet de mes promesses :
A ma table, partout, à mes côtés assis,
Je prétends vous traiter comme mon propre fils.

JOAS.

Comme votre fils!

ATHALIE.

Oui.... Vous vous taisez?

JOAS.

Quel père
Je quitterais! et pour...

ATHALIE.

Hé bien?

JOAS.

Pour quelle mère!

. . . .

Acte III. — Scène III.
MATHAN, NABAL.

MATHAN.

Ami, depuis deux jours je ne la connais plus.
Ce n'est plus cette reine éclairée, intrépide,

Élevée au-dessus de son sexe timide,
Qui d'abord accablait ses ennemis surpris,
Et d'un instant perdu connaissait tout le prix :
La peur d'un vain remords trouble cette grande ame :
Elle flotte, elle hésite; en un mot, elle est femme.
J'avais tantôt rempli d'amertume et de fiel
Son cœur déjà saisi des menaces du ciel :
Elle-même, à mes soins confiant sa vengeance,
M'avait dit d'assembler sa garde en diligence.
Mais, soit que cet enfant devant elle amené,
De ses parens, dit-on, rebut infortuné,
Eût d'un songe effrayant diminué l'alarme,
Soit qu'elle eût même en lui vu je ne sais quel charme,
J'ai trouvé son courroux chancelant, incertain,
Et déjà remettant sa vengeance à demain,
Tous ses projets semblaient l'un l'autre se détruire.
« Du sort de cet enfant je me suis fait instruire,
» Ai-je dit ; on commence à vanter ses aïeux :
» Joad de temps en temps le montre aux factieux,
» Le fait attendre aux Juifs comme un autre Moïse,
» Et d'oracles menteurs s'appuie et s'autorise. »
Ces mots ont fait monter la rougeur sur son front.
Jamais mensonge heureux n'eut un effet si prompt.
« Est-ce à moi de languir dans cette incertitude?
» Sortons, a-t-elle dit, sortons d'inquiétude.
» Vous-même à Josabet prononcez cet arrêt :
» Les feux vont s'allumer, et le fer est tout prêt ;
» Rien ne peut de leur temple empêcher le ravage,
» Si je n'ai de leur foi cet enfant pour otage. »

NABAL.

Eh bien! pour un enfant qu'ils ne connaissent pas,
Que le hasard peut-être a jeté dans leurs bras,
Voudront-ils que leur temple, enseveli sous l'herbe...

MATHAN.

Ah! de tous les mortels connais le plus superbe.
Plutôt que dans mes mains par Joad soit livré
Un enfant qu'à son Dieu Joad a consacré,
Tu lui verras subir la mort la plus terrible.
D'ailleurs pour cet enfant leur attache est visible.
Si j'ai bien de la reine entendu le récit,
Joad sur sa naissance en sait plus qu'il ne dit.
Quel qu'il soit, je prévois qu'il leur sera funeste.
Ils le refuseront. Je prends sur moi le reste,
Et j'espère qu'enfin de ce temple odieux
Et la flamme et le fer vont délivrer mes yeux.

NABAL.

Qui peut vous inspirer une haine si forte?
Est-ce que de Baal le zèle vous transporte?
Pour moi, vous le savez, descendu d'Ismaël,
Je ne sers ni Baal ni le Dieu d'Israël.

MATHAN.

Ami, peux-tu penser que d'un zèle frivole
Je me laisse aveugler pour une vaine idole,
Pour un fragile bois, que, malgré mon secours,
Les vers sur son autel consument tous les jours?
Né ministre du dieu qu'en ce temple on adore,
Peut-être que Mathan le servirait encore,
Si l'amour des grandeurs, la soif de commander,
Avec son joug étroit pouvaient s'accommoder.
Qu'est-il besoin, Nabal, qu'à tes yeux je rappelle
De Joad et de moi la fameuse querelle,
Quand j'osai contre lui disputer l'encensoir;
Mes brigues, mes combats, mes pleurs, mon désespoir?
Vaincu par lui, j'entrai dans une autre carrière,

Et mon ame à la cour s'attacha tout entière.
J'approchai par degrés de l'oreille des rois,
Et bientôt en oracle on érigea ma voix.
J'étudiai leur cœur, je flattai leurs caprices,
Je leur semai de fleurs le bord des précipices :
Près de leurs passions rien ne me fut sacré ;
De mesure et de poids je changeais à leur gré.
Autant que de Joad l'inflexible rudesse
De leur superbe oreille offensait la mollesse ;
Autant je les charmais par ma dextérité,
Dérobant à leurs yeux la triste vérité,
Prêtant à leur fureur des couleurs favorables,
Et prodigue surtout du sang des misérables.
Enfin, au dieu nouveau qu'elle avait introduit
Par les mains d'Athalie un temple fut construit.
Jérusalem pleura de se voir profanée ;
Des enfants de Lévi la troupe consternée
En poussa vers le ciel des hurlemens affreux :
Moi seul, donnant l'exemple aux timides Hébreux,
Déserteur de leur loi, j'approuvai l'entreprise,
Et par là de Baal méritai la prêtrise ;
Par-là je me rendis terrible à mon rival,
Je ceignis la tiare, et marchai son égal.
Toutefois, je l'avoue, en ce comble de gloire,
Du Dieu que j'ai quitté l'importune mémoire
Jette encore en mon ame un reste de terreur ;
Et c'est ce qui redouble et nourrit ma fureur.
Heureux si, sur son temple achevant ma vengeance,
Je puis convaincre enfin sa haine d'impuissance,
Et parmi le débris, le ravage et les morts,
A force d'attentats, perdre tous mes remords.

. . . .

Scène VII.

JOAD, JOSABET, AZARIAS, suivi du chœur et de plusieurs lévites.

JOAD.

Eh bien ! Azarias, le temple est-il fermé ?

AZARIAS.

J'en ai fait devant moi fermer toutes les portes.

JOAD.

N'y reste-t-il que vous et vos saintes cohortes ?

AZARIAS.

De ses parvis sacrés j'ai deux fois fait le tour.
Tout a fui, tous se sont séparés sans retour :
Misérable troupeau qu'a dispersé la crainte :
Et Dieu n'est plus servi que dans la tribu sainte.
Depuis qu'à Pharaon ce peuple est échappé
Une égale terreur ne l'avait point frappé.

JOAD.

Peuple lâche, en effet, et né pour l'esclavage,
Hardi contre Dieu seul ! Poursuivons notre ouvrage.
Mais qui retient encor ces enfans parmi nous ?

UNE DES FILLES DU CHOEUR.

Eh ! pourrions-nous, seigneur, nous séparer de vous ?
Dans le temple de Dieu sommes-nous étrangères ?
Vous avez près de vous nos pères et nos frères.

UNE AUTRE.

Hélas ! si, pour venger l'opprobre d'Israël,
Nos mains ne peuvent pas, comme autrefois Jahel,
Des ennemis de Dieu percer la tête impie,
Nous lui pouvons du moins immoler notre vie.
Quand vos bras combattront pour son temple attaqué,
Par nos larmes du moins il peut être invoqué.

JOAD.

Voilà donc quels vengeurs s'arment pour ta querelle ?

Des prêtres, des enfans, ô sagesse éternelle?
Mais si tu les soutiens, qui peut les ébranler?
Du tombeau, quand tu veux, tu sais nous rappeler,
Tu frappes et guéris, tu perds et ressuscites.
Ils ne s'assurent point en leurs propres mérites,
Mais en ton nom sur eux invoqué tant de fois,
En tes sermens jurés au plus saint de leurs rois,
En ce temple où tu fais ta demeure sacrée,
Et qui doit du soleil égaler la durée.
Mais d'où vient que mon cœur frémit d'un saint effroi?
Est-ce l'esprit divin qui s'empare de moi?
C'est lui-même : il m'échauffe ; il parle ; mes yeux s'ouvre
Et les siècles obscurs devant moi se découvrent.
Lévites, de vos sons prêtez-moi les accords,
Et de ses mouvemens secondez les transports.

LE CHOEUR chante au son de toute la symphonie des instrumens.

   Que du Seigneur la voix se fasse entendre,
   Et qu'à nos cœurs son oracle divin
      Soit ce qu'à l'herbe tendre
   Est, au printemps, la fraîcheur du matin.

JOAD.

Cieux, écoutez ma voix ; terre, prête l'oreille,
Ne dis plus, ô Jacob, que ton Seigneur sommeille.
Pécheurs, disparaissez : le Seigneur se réveille.

Ici recommence la symphonie, et Joad aussitôt reprend la parole.

Comment en un plomb vil l'or pur s'est-il changé?...
Quel est dans le lieu saint ce pontife égorgé?...
Pleure, Jérusalem, pleure, cité perfide,
Des prophètes divins malheureuse homicide ;
De son amour pour toi ton Dieu s'est dépouillé.
Ton encens à ses yeux est un encens souillé...
   Où menez-vous ces enfans et ces femmes?
Le Seigneur a détruit la reine des cités :

Ses prêtres sont captifs, ses rois sont rejetés.
Dieu ne veut plus qu'on vienne à ses solennités.
Temple, renverse-toi ! cèdres, jetez des flammes !
  Jérusalem, objet de ma douleur,
Quelle main en un jour t'a ravi tous tes charmes ?
Qui changera mes yeux en deux sources de larmes
  Pour pleurer ton malheur ?

AZARIAS.

O saint temple !

JOSABET.

  O David !

LE CHOEUR.

    Dieu de Sion, rappelle,
Rappelle en sa faveur tes antiques bontés.

La symphonie recommence encore, et Joad un moment après l'interrompt.

JOAD.

  Quelle Jérusalem nouvelle
Sort du fond du désert brillante de clartés,
Et porte sur le front une marque immortelle ?
  Peuples de la terre, chantez.
Jérusalem renaît plus charmante et plus belle.
  D'où lui viennent de tous côtés
Ces enfans qu'en son sein elle n'a point portés ?
Lève, Jérusalem, lève ta tête altière ;
Regarde tous ces rois de ta gloire étonnés ;
Les rois des nations, devant toi prosternés,
  De tes pieds baisent la poussière ;
Les peuples à l'envi marchent à ta lumière.
Heureux qui pour Sion d'une sainte ferveur
  Sentira son ame embrasée !
  Cieux, répandez votre rosée,
Et que la terre enfante son sauveur !

JOSABET.

Hélas ! d'où nous viendra cette insigne faveur,
Si les rois de qui doit descendre ce sauveur...

JOAD.

Préparez, Josabet, le riche diadème
Que sur son front sacré David porta lui-même.

Aux lévites.

Et vous, pour vous armer suivez-moi dans ces lieux
Où se garde caché, loin des profanes yeux,
Ce formidable amas de lances et d'épées
Qui du sang philistin jadis furent trempées,
Et que David vainqueur, d'ans et d'honneurs chargé,
Fit consacrer au Dieu qui l'avait protégé.
Peut-on les employer pour un plus noble usage ?
Venez, je veux moi-même en faire le partage.

Scène VIII.

SALOMITH, LE CHOEUR.

SALOMITH.

Que de craintes, mes sœurs, que de troubles mortels !
   Dieu tout-puissant, sont-ce là les prémices,
     Les parfums et les sacrifices
Qu'on devait en ce jour offrir sur tes autels ?

UNE DES FILLES DU CHOEUR.

   Quel spectacle à nos yeux timides !
   Qui l'eût cru, qu'on dût voir jamais
Les glaives meurtriers, les lances homicides
   Briller dans la maison de paix ?

UNE AUTRE.

D'où vient que, pour son Dieu pleine d'indifférence,
Jérusalem se tait en ce pressant danger ?
D'où vient, mes sœurs, que, pour nous protéger,
Le brave Abner au moins ne rompt pas le silence ?

SALOMITH.

Hélas ! dans une cour où l'on n'a d'autres lois
Que la force et la violence,
Où les honneurs et les emplois
Sont le prix d'une aveugle et basse obéissance
Ma sœur, pour la triste innocence
Qui voudrait élever sa voix ?

UNE AUTRE.

Dans ce péril, dans ce désordre extrême,
Pour qui prépare-t-on le sacré diadème ?

SALOMITH.

Le Seigneur a daigné parler;
Mais ce qu'à son prophète il vient de révéler,
Qui pourra nous le faire entendre ?
S'arme-t-il pour nous défendre ?
S'arme-t-il pour nous accabler ?

TOUT LE CHOEUR chante.

O promesse ! ô menace ! ô ténébreux mystère !
Que de maux, que de biens sont prédits tour à tour !
Comment peut-on avec tant de colère
Accorder tant d'amour ?

UNE VOIX seule.

Sion ne sera plus; une flamme cruelle
Détruira tous ses ornemens.

UNE AUTRE VOIX.

Dieu protége Sion; elle a pour fondemens
Sa parole éternelle.

LA PREMIÈRE.

Je vois tout son éclat disparaître à mes yeux.

LA SECONDE.

Je vois de toutes parts sa clarté répandue.

LA PREMIÈRE.

Dans un gouffre profond Sion est descendue.

LA SECONDE.
Sion a son front dans les cieux.
LA PREMIÈRE.
Quel triste abaissement!
LA SECONDE.
Quelle immortelle gloire!
LA PREMIÈRE.
Que de cris de douleur!
LA SECONDE.
Que de chants de victoire!
UNE TROISIÈME.
Cessons de nous troubler; notre Dieu, quelque jour,
Dévoilera ce grand mystère.
TOUTES TROIS.
Révérons sa colère;
Espérons en son amour.
UNE AUTRE.
D'un cœur qui t'aime,
Mon Dieu, qui peut troubler la paix.
Il cherche en tout ta volonté suprême,
Et ne se cherche jamais.
Sur la terre, dans le ciel même,
Est-il d'autre bonheur que la tranquille paix
D'un cœur qui t'aime?

Acte IV. — Scène II.

JOAD, JOAS.

JOAS, *courant dans les bras du grand-prêtre.*
Mon père!
JOAD.
Eh bien, mon fils?
JOAS.
Qu'est-ce donc qu'on prépare?

JOAD.

Il est juste, mon fils, que je vous le déclare ;
Il faut que vous soyez instruit, même avant tous,
Des grands desseins de Dieu sur son peuple et sur vous.
Armez-vous d'un courage et d'une foi nouvelle ;
Il est temps de montrer cette ardeur et ce zèle
Qu'au fond de votre cœur mes soins ont cultivés,
Et de payer à Dieu ce que vous lui devez.
Sentez-vous cette noble et généreuse envie ?

JOAS.

Je me sens prêt, s'il veut, à lui donner ma vie.

JOAD.

On vous a lu souvent l'histoire de nos rois :
Vous souvient-il, mon fils, quelles étroites lois
Doit s'imposer un roi digne du diadème ?

JOAS.

Un roi sage, ainsi Dieu l'a prononcé lui-même,
Sur la richesse et l'or ne met point son appui,
Craint le Seigneur son Dieu ; sans cesse a devant lui
Ses préceptes, ses lois, ses jugemens sévères,
Et d'injustes fardeaux n'accable point ses frères.

JOAD.

Mais, sur l'un de ces rois s'il fallait vous régler,
A qui choisiriez-vous, mon fils, de ressembler ?

JOAS.

David, pour le Seigneur plein d'un amour fidèle,
Me paraît des grands rois le plus parfait modèle.

JOAD.

Ainsi, dans leurs excès, vous n'imiteriez pas
L'infidèle Joram, l'impie Ochozias !

JOAS.

O mon père !

JOAD.

        Achevez, dites, que vous en semble ?

JOAS.
Puisse périr comme eux quiconque leur ressemble!

Joad se prosterne à ses pieds.

Mon père, en quel état vous vois-je devant moi!

JOAD.
Je vous rends le respect que je dois à mon roi.
De votre aïeul David, Joas, rendez-vous digne.

JOAS.
Joas? moi?

JOAD, se relevant.
Vous saurez par quelle grâce insigne,
D'une mère en fureur Dieu trompant le dessein,
Quand déjà son poignard était dans votre sein,
Vous choisit, vous sauva du milieu du carnage.
Vous n'êtes pas encore échappé de sa rage:
Avec la même ardeur qu'elle voulut jadis
Perdre en vous le dernier des enfans de son fils,
A vous faire périr sa cruauté s'attache,
Et vous poursuit encor sous le nom qui vous cache.
Mais sous vos étendards j'ai déjà su ranger
Un peuple obéissant et prompt à vous venger.
Entrez, généreux chefs des familles sacrées,
Du ministère saint tour à tour honorées.

Scène III.

JOAS, JOAD, AZARIAS, ISMAEL, TROIS AUTRES CHEFS DE LÉVITES.

JOAD.
Roi, voilà vos vengeurs contre vos ennemis.
Prêtres, voilà le roi que je vous ai promis.

AZARIAS.
Quoi! c'est Éliacin?

ISMAEL.
Quoi! cet enfant aimable...

JOAD.

Est des rois de Juda l'héritier véritable,
Dernier né des enfans du triste Ochozias
Nourri, vous le savez, sous le nom de Joas.
De cette fleur si tendre et si tôt moissonnée
Tout Juda, comme vous, plaignant la destinée,
Avec ses frères morts le crut enveloppé.
Du perfide couteau, comme eux, il fut frappé :
Mais Dieu du coup mortel sut détourner l'atteinte,
Conserva dans son cœur la chaleur presque éteinte,
Permit que, des bourreaux trompant l'œil vigilant,
Josabet dans son sein l'emportât tout sanglant,
Et, n'ayant de son vol que moi seul pour complice,
Dans le temple cachât l'enfant et la nourrice.

JOAS.

Hélas ! de tant d'amour et de tant de bienfaits,
Mon père, quel moyen de m'acquitter jamais ?

JOAD.

Gardez pour d'autres temps cette reconnaissance.
Voilà donc votre roi, votre unique espérance :
J'ai pris soin jusqu'ici de vous le conserver ;
Ministres du Seigneur, c'est à vous d'achever.
Bientôt de Jézabel la fille meurtrière,
Instruite que Joas voit encor la lumière,
Dans l'horreur du tombeau viendra le replonger :
Déjà, sans le connaître, elle veut l'égorger.
Prêtres saints, c'est à vous de prévenir sa rage :
Il faut finir des Juifs le honteux esclavage,
Venger vos princes morts, relever votre loi,
Et faire aux deux tribus reconnaître leur roi.
L'entreprise, sans doute, est grande et périlleuse.
J'attaque sur son trône une reine orgueilleuse,
Qui voit sous ses drapeaux marcher un camp nombreux
De hardis étrangers, d'infidèles Hébreux :

Mais ma force est au Dieu dont l'intérêt me guide.
Songez qu'en cet enfant tout Israël réside.
Déjà ce Dieu vengeur commence à la troubler ;
Déjà, trompant ses soins, j'ai su vous rassembler :
Elle nous croit ici sans armes, sans défense.
Couronnons, proclamons Joas en diligence :
De là, du nouveau prince intrépides soldats,
Marchons en invoquant l'arbitre des combats ;
Et, réveillant la foi dans les cœurs endormie,
Jusque dans son palais cherchons notre ennemie.
Et quels cœurs si plongés dans un lâche sommeil,
Nous voyant avancer dans ce saint appareil,
Ne s'empresseront pas à suivre notre exemple !
Un roi, que Dieu lui-même a nourri dans son temple
Le successeur d'Aaron, de ses prêtres suivi,
Conduisant au combat les enfans de Lévi ;
Et, dans ces mêmes mains des peuples révérées,
Les armes au Seigneur par David consacrées !
Dieu sur ses ennemis répandra sa terreur.
Dans l'infidèle sang baignez-vous sans horreur ;
Frappez et Tyriens et même Israélites.
Ne descendez-vous pas de ces fameux lévites
Qui, lorsqu'au dieu du Nil le volage Israël
Rendit dans le désert un culte criminel,
De leurs plus chers parens saintement homicides,
Consacrèrent leurs mains dans le sang des perfides,
Et, par ce noble exploit, vous acquirent l'honneur
D'être seuls employés aux autels du Seigneur ?
  Mais je vois que déjà vous brûlez de me suivre.
Jurez donc, avant tout, sur cet auguste livre,
A ce roi que le ciel vous redonne aujourd'hui
De vivre, de combattre et de mourir pour lui

  AZARIAS, *au bout de la table, ayant la main sur le livre saint.*
Oui, nous jurons ici pour nous, pour tous nos frères,

De rétablir Joas au trône de ses pères,
De ne poser le fer entre nos mains remis
Qu'après l'avoir vengé de tous ses ennemis.
Si quelque transgresseur enfreint cette promesse,
Qu'il éprouve, grand Dieu, ta fureur vengeresse :
Qu'avec lui ses enfans, de ton partage exclus,
Soient au rang de ces morts que tu ne connais plus !

JOAD.

Et vous, à cette loi, votre règle éternelle,
Roi, ne jurez-vous pas d'être toujours fidèle ?

JOAS.

Pourrais-je à cette loi ne me pas conformer ?

JOAD.

O mon fils, de ce nom j'ose encor vous nommer,
Souffrez cette tendresse, et pardonnez aux larmes
Que m'arrachent pour vous de trop justes alarmes ;
Loin du trône nourri, de ce fatal honneur,
Hélas ! vous ignorez le charme empoisonneur ;
De l'absolu pouvoir vous ignorez l'ivresse
Et des lâches flatteurs la voix enchanteresse.
Bientôt ils vous diront que les plus saintes lois,
Maîtresses du vil peuple, obéissent aux rois ;
Qu'un roi n'a d'autre frein que sa volonté même ;
Qu'il doit immoler tout à sa grandeur suprême ;
Qu'aux larmes, au travail, le peuple est condamné,
Et d'un sceptre de fer veut être gouverné ;
Que, s'il n'est opprimé, tôt ou tard il opprime.
Ainsi de piége en piége, et d'abîme en abîme,
Corrompant de vos mœurs l'aimable pureté,
Ils vous feront enfin haïr la vérité,
Vous peindront la vertu sous une affreuse image.
Hélas ! ils ont des rois égaré le plus sage.
Promettez sur ce livre, et devant ces témoins,
Que Dieu fera toujours le premier de vos soins ;

Que, sévère aux méchans et des bons le refuge,
Entre le pauvre et vous vous prendrez Dieu pour juge,
Vous souvenant mon fils, que, caché sous ce lin,
Comme eux vous fûtes pauvre, et comme eux orphelin.

JOAS, au milieu de la table, ayant la main sur le livre saint.

Je promets d'observer ce que la loi m'ordonne,
Mon Dieu, punissez-moi si je vous abandonne !

JOAD.

Venez, de l'huile sainte il faut vous consacrer.
Paraissez, Josabet, vous pouvez vous montrer.

RACINE.

SCÈNES D'ESTHER.

La scène est à Suse, dans le palais d'Assuérus.

Acte 1. — Scène III.

ESTHER, MARDOCHÉE, ELISE; LE CHOEUR.

ESTHER.

Quel profane en ce lieu s'ose avancer vers nous ?
Que vois-je ! Mardochée ! ô mon père, est-ce vous ?
Un ange du Seigneur, sous son aile sacrée,
A donc conduit vos pas et caché votre entrée ?
Mais d'où vient cet air sombre et ce cilice affreux,
Et cette cendre, enfin, qui couvre vos cheveux ?
Que nous annoncez-vous ?

MARDOCHÉE.

O reine infortunée !
O d'un peuple innocent barbare destinée !
Lisez, lisez l'arrêt détestable, cruel...
Nous sommes tous perdus, et c'est fait d'Israël.

ESTHER.

Juste ciel ! tout mon sang dans mes veines se glace !

MARDOCHÉE.

On doit de tous les Juifs exterminer la race.
Au sanguinaire Aman nous sommes tous livrés;

Les glaives, les couteaux sont déjà préparés :
Toute la nation à la fois est proscrite.
Aman, l'impie Aman, race d'Amalécite,
A pour ce coup funeste armé tout son crédit ;
Et le roi trop crédule a signé cet édit.
Prévenu contre nous par cette bouche impure,
Il nous croit en horreur à toute la nature :
Ses ordres sont donnés ; et, dans tous ses états,
Le jour fatal est pris pour tant d'assassinats.
Cieux ! éclairerez-vous cet horrible carnage !
Le fer ne connaîtra ni le sexe, ni l'âge ;
Tout doit servir de proie aux tigres, aux vautours,
Et ce jour effroyable arrive dans dix jours.

ESTHER.

O Dieu, qui vois former des desseins si funestes,
As-tu donc de Jacob abandonné les restes ?

UNE DES PLUS JEUNES ISRAÉLITES.

Ciel, qui nous défendra, si tu ne nous défends ?

MARDOCHÉE.

Laissez les pleurs, Esther, à ces jeunes enfans.
En vous est tout l'espoir de vos malheureux frères ;
Il faut les secourir : mais les heures sont chères ;
Le temps vole, et bientôt amènera le jour
Où le nom des Hébreux doit périr sans retour.
Toute pleine du feu de tant de saints prophètes,
Allez, osez au roi déclarer qui vous êtes.

ESTHER.

Hélas ! ignorez-vous quelles sévères lois
Aux timides mortels cachent ici les rois ?
Au fond de leurs palais leur majesté terrible
Affecte à leurs sujets de se rendre invisible.
Et la mort est le prix de tout audacieux
Qui, sans être appelé, se présente à leurs yeux,
Si le roi dans l'instant, pour sauver le coupable,

Ne lui donne à baiser le sceptre redoutable,
Rien ne met à l'abri de cet ordre fatal,
Ni le rang, ni le sexe ; et le crime est égal.
Moi-même, sur son trône à ses côtés assise,
Je suis à cette loi, comme une autre, soumise.
Et, sans le prévenir, il faut, pour lui parler,
Qu'il me cherche, ou du moins qu'il me fasse appeler.

MARDOCHÉE.

Quoi! lorsque vous voyez périr votre patrie,
Pour quelque chose, Esther, vous comptez votre vie!
Dieu parle, et d'un mortel vous craignez le courroux !
Que dis-je? votre vie, Esther, est-elle à vous?
N'est-elle pas au sang dont vous êtes issue?
N'est-elle pas à Dieu dont vous l'avez reçue?
Et qui sait, lorsqu'au trône il conduisit vos pas,
Si, pour sauver son peuple, il ne vous gardait pas?
Songez-y bien ; ce Dieu ne vous a pas choisie
Pour être un vain spectacle aux peuples de l'Asie,
Ni pour charmer les yeux des profanes humains :
Pour un plus noble usage il réserve ses saints.
S'immoler pour son nom et pour son héritage,
D'un enfant d'Israël voilà le vrai partage.
Trop heureuse pour lui de hasarder vos jours !
Et quel besoin son bras a-t-il de nos secours?
Que peuvent contre lui tous les rois de la terre?
En vain ils s'uniraient pour lui faire la guerre :
Pour dissiper leur ligue, il n'a qu'à se montrer ;
Il parle, et dans la poudre il les fait tous rentrer.
Au seul son de sa voix la mer fuit, le ciel tremble
Il voit comme un néant tout l'univers ensemble ;
Et les faibles mortels, vains jouets du trépas,
Sont tous devant ses yeux comme s'ils n'étaient pas.
  S'il a permis d'Adam l'audace criminelle,
Sans doute qu'il voulait éprouver votre zèle.

C'est lui qui, m'excitant à vous oser chercher,
Devant moi, chère Esther, a bien voulu marcher :
Et, s'il faut que sa voix frappe en vain vos oreilles,
Nous n'en verrons pas moins éclater ses merveilles.
Il peut confondre Aman, il peut briser nos fers
Par la plus faible main qui soit dans l'univers :
Et vous, qui n'aurez point accepté cette grâce,
Vous périrez peut-être, et toute votre race.

ESTHER.

Allez; que tous les Juifs dans Suse répandus
A prier avec vous jour et nuit assidus,
Me prêtent de leurs vœux le secours salutaire,
Et pendant ces trois jours gardent un jeûne austère.
Déjà la sombre nuit a commencé son tour.
Demain, quand le soleil rallumera le jour,
Contente de périr, s'il faut que je périsse,
J'irai pour mon pays m'offrir en sacrifice.
Qu'on s'éloigne un moment.

Le chœur se retire vers le fond du théâtre.

Scène IV.
ESTHER, ÉLISE, LE CHOEUR.

ESTHER.

      O mon souverain roi,
Me voici donc, tremblante et seule, devant toi !
Mon père mille fois m'a dit dans mon enfance
Qu'avec nous tu juras une sainte alliance,
Quand, pour te faire un peuple agréable à tes yeux,
Il plut à ton amour de choisir nos aïeux.
Même tu leur promis de ta bouche sacrée
Une postérité d'éternelle durée.
Hélas ! ce peuple ingrat a méprisé ta loi.
La nation chérie a violé sa foi ;
Elle a répudié son époux et son père,
Pour rendre à d'autres dieux un honneur adultère.

Maintenant elle sert sous un maître étranger.
Mais c'est peu d'être esclave, on la veut égorger :
Nos superbes vainqueurs, insultant à nos larmes,
Imputent à leurs dieux le bonheur de leurs armes,
Et veulent aujourd'hui qu'un même coup mortel
Abolisse ton nom, ton peuple et ton autel.
Ainsi donc un perfide, après tant de miracles,
Pourrait anéantir la foi de tes oracles,
Ravirait aux mortels le plus cher de tes dons,
Le saint que tu promets et que nous attendons ?
Non, non, ne souffre pas que ces peuples farouches,
Ivres de notre sang, ferment les seules bouches
Qui dans tout l'univers célèbrent tes bienfaits ;
Et confonds tous ces dieux qui ne furent jamais.

Pour moi, que tu retiens parmi ces infidèles,
Tu sais combien je hais leurs fêtes criminelles,
Et que je mets au rang des profanations
Leur table, leurs festins et leurs libations ;
Que même cette pompe où je suis condamnée,
Ce bandeau, dont il faut que je paraisse ornée,
Dans ces jours solennels à l'orgueil dédiés,
Seule et dans le secret, je le foule à mes pieds ;
Qu'à ces vains ornemens je préfère la cendre,
Et n'ai de goût qu'aux pleurs que tu me vois répandre.
J'attendais le moment marqué dans ton arrêt,
Pour oser de ton peuple embrasser l'intérêt :
Ce moment est venu. Ma prompte obéissance
Va d'un roi redoutable affronter la présence.
C'est pour toi que je marche : accompagne mes pas
Devant ce fier lion qui ne te connaît pas.
Commande, en me voyant, que son courroux s'apaise,
Et prête à mes discours un charme qui lui plaise.
Les orages, les vents, les cieux te sont soumis :
Tourne enfin sa fureur contre nos ennemis.

LE CHOEUR.

UNE ISRAÉLITE, seule.

Pleurons et gémissons, mes fidèles compagnes ;
A nos sanglots donnons un libre cours :
Levons les yeux vers les saintes montagnes
D'où l'innocence attend tout son secours.
O mortelles alarmes !
Tout Israël périt. Pleurez, mes tristes yeux :
Il ne fut jamais sous les cieux
Un si juste sujet de larmes.

TOUT LE CHOEUR.

O mortelles alarmes !

UNE AUTRE ISRAÉLITE.

N'était-ce pas assez qu'un vainqueur odieux
De l'auguste Sion eût détruit tous les charmes,
Et traîné ses enfans captifs en mille lieux ?

TOUT LE CHOEUR.

O mortelles alarmes !

LA MÊME ISRAÉLITE.

Faibles agneaux, livrés à des loups furieux,
Nos soupirs sont nos seules armes.

TOUT LE CHOEUR.

O mortelles alarmes !

UNE ISRAÉLITE.

Arrachons, déchirons tous ces vains ornemens
Qui parent notre tête.

UNE AUTRE.

Revêtons-nous d'habillemens
Conformes à l'horrible fête
Que l'impie Aman nous apprête.

TOUT LE CHOEUR.

Arrachons, déchirons tous ces vains ornemens
Qui parent notre tête.

Quel carnage de toutes parts !
On égorge à la fois les enfans, les vieillards,
  Et la sœur et le frère,
  Et la fille et la mère,
 Le fils dans les bras de son père !
Que de corps entassés, que de membres épars,
  Privés de sépulture !
 Grand Dieu, tes saints sont la pâture
 Des tigres et des léopards !

UNE DES PLUS JEUNES ISRAÉLITES.

 Hélas ! si jeune encore,
Par quel crime ai-je pu mériter mon malheur ?
 Ma vie à peine a commencé d'éclore :
  Je tomberai comme une fleur
  Qui n'a vu qu'une aurore.
 Hélas ! si jeune encore,
Par quel crime ai-je pu mériter mon malheur ?

UNE AUTRE.

Des offenses d'autrui malheureuses victimes,
Que nous servent, hélas ! ces regrets superflus ?
Nos pères ont péché, nos pères ne sont plus,
 Et nous portons la peine de leurs crimes.

TOUT LE CHOEUR.

Le Dieu que nous servons est le Dieu des combats :
  Non, non, il ne souffrira pas
  Qu'on égorge ainsi l'innocence.

UNE ISRAÉLITE, seule.

 Eh quoi ! dirait l'impiété,
 Où donc est-il ce Dieu si redouté,
Dont Israël nous vantait la puissance ?

UNE AUTRE.

Ce Dieu jaloux, ce Dieu victorieux,
 Frémissez, peuples de la terre,

Le Dieu jaloux, ce Dieu victorieux,
Est le seul qui commande aux cieux :
Ni les éclairs, ni le tonnerre
N'obéissent point à vos dieux.

UNE AUTRE.

Il renverse l'audacieux.

UNE AUTRE.

Il prend l'humble sous sa défense.

TOUT LE CHOEUR.

Dieu que nous servons est le Dieu des combats :
Non, non, il ne souffrira pas
Qu'on égorge ainsi l'innocence.

DEUX ISRAÉLITES.

O Dieu, que la gloire couronne,
Dieu, que la lumière environne,
Qui voles sur l'aile des vents,
Et dont le trône est porté par les anges ;

DEUX AUTRES DES PLUS JEUNES.

Dieu qui veux bien que de simples enfans
Avec eux chantent tes louanges

TOUT LE CHOEUR.

Tu vois nos pressans dangers ;
Donne à ton nom la victoire ;
Ne souffre point que ta gloire
Passe à des dieux étrangers.

UNE ISRAÉLITE, seule.

Arme-toi, viens nous défendre :
Descends tel qu'autrefois la mer te vit descendre.
Que les méchans apprennent aujourd'hui
A craindre ta colère :
Qu'ils soient comme la poudre et la paille légère
Que le vent chasse devant lui.

TOUT LE CHOEUR.

Tu vois nos pressans dangers ;

Donne à ton nom la victoire ;
Ne souffre point que ta gloire
Passe à des dieux étrangers.

Acte II. — Scène VII.
ASSUÉRUS, ESTHER, une partie du chœur.

ASSUÉRUS.

Sans mon ordre on porte ici ses pas !
Quel mortel insolent vient chercher le trépas ?
Gardes... C'est vous, Esther ? Quoi ! sans être attendue ?

ESTHER.

Mes filles, soutenez votre reine éperdue ;
Je me meurs.
(Elle tombe évanouie.)

ASSUÉRUS.

Dieux puissans ! quelle étrange pâleur
De son teint tout-à-coup efface la couleur !
Esther, que craignez-vous ? Suis-je pas votre frère ?
Est-ce pour vous qu'est fait un ordre si sévère ?
Vivez : le sceptre d'or que vous tend cette main
Pour vous de ma clémence est un gage certain.

ESTHER.

Quelle voix salutaire ordonne que je vive
Et rappelle en mon sein mon ame fugitive ?

ASSUÉRUS.

Ne connaissez-vous pas la voix de votre époux ?
Encore un coup, vivez, et revenez à vous.

ESTHER.

Seigneur, je n'ai jamais contemplé qu'avec crainte
L'auguste majesté sur votre front empreinte ;
Jugez combien ce front irrité contre moi
Dans mon ame troublée a dû jeter d'effroi.
Sur ce trône sacré qu'environne la foudre,

J'ai cru vous voir tout prêt à me réduire en poudre
Hélas ! sans frissonner quel cœur audacieux
Soutiendrait les éclairs qui partaient de vos yeux ?
Ainsi du Dieu vivant la colère étincelle.....

ASSUÉRUS.

O soleil ! ô flambeau de lumière immortelle !
Je me trouble moi-même, et sans frémissement
Je ne puis voir sa peine et son saisissement.
Calmez, reine, calmez la frayeur qui vous presse.
Du cœur d'Assuérus souveraine maîtresse,
Éprouvez seulement son ardente amitié.
Faut-il de mes états vous donner la moitié ?

ESTHER.

Eh ! se peut-il qu'un roi craint de la terre entière,
Devant qui tout fléchit et baise la poussière,
Jette sur son esclave un regard si serein,
Et m'offre sur son cœur un pouvoir souverain ?

ASSUÉRUS.

Croyez-moi, chère Esther, ce sceptre, cet empire,
Et ces profonds respects que la terreur inspire,
A leur pompeux éclat mêlent peu de douceur,
Et fatiguent souvent leur triste possesseur.
Je ne trouve qu'en vous je ne sais quelle grâce
Qui me charme toujours et jamais ne me lasse.
De l'aimable vertu doux et puissans attraits !
Tout respire en Esther l'innocence et la paix.
Du chagrin le plus noir elle écarte les ombres,
Et fait des jours sereins de mes jours les plus sombr
Que dis-je ? sur ce trône assis auprès de vous,
Des astres ennemis j'en crains moins le courroux,
Et crois que votre front prête à mon diadème
Un éclat qui le rend respectable aux dieux même
Osez donc me répondre, et ne me cachez pas

Quel sujet important conduit ici vos pas,
Quel intérêt, quels soins vous agitent, vous pressent :
Je vois qu'en m'écoutant vos yeux au ciel s'adressent.
Parlez : de vos désirs le succès est certain,
Si ce succès dépend d'une mortelle main.

ESTHER.

O bonté qui m'assure autant qu'elle m'honore!
Un intérêt pressant veut que je vous implore :
J'attends ou mon malheur ou ma félicité;
Et tout dépend, seigneur, de votre volonté.
Un mot de votre bouche, en terminant mes peines,
Peut rendre Esther heureuse entre toutes les reines.

ASSUÉRUS.

Ah! que vous enflammez mon désir curieux !

ESTHER.

Seigneur, si j'ai trouvé grâce devant vos yeux,
Si jamais à mes vœux vous fûtes favorable,
Permettez, avant tout, qu'Esther puisse à sa table
Recevoir aujourd'hui son souverain seigneur,
Et qu'Aman soit admis à cet excès d'honneur.
J'oserai devant lui rompre ce grand silence,
Et j'ai, pour m'expliquer, besoin de sa présence.

ASSUÉRUS.

Dans quelle inquiétude, Esther, vous me jetez,
Toutefois qu'il soit fait comme vous souhaitez.

A ceux de sa suite.

Vous, que l'on cherche Aman, et qu'on lui fasse entendre
Qu'invité chez la reine, il ait soin de s'y rendre.

. . . .

L'acte troisième se passe dans les jardins d'Esther

ASSUÉRUS, ESTHER, AMAN.

ASSUÉRUS.

Oui, vos moindres discours ont des grâces secrètes :

20.

Une noble pudeur à tout ce que vous faites
Donne un prix que n'ont point ni la pourpre ni l'or.
Quel climat renfermait un si rare trésor?
Dans quel sein vertueux avez-vous pris naissance?
Et quelle main si sage éleva votre enfance?
Mais dites promptement ce que vous demandez.
Tous vos désirs, Esther, vous seront accordés :
Dussiez-vous, je l'ai dit, et veux bien le redire,
Demander la moitié de ce puissant empire.

ESTHER.

Je ne m'égare point dans ces vastes désirs.
Mais, puisqu'il faut enfin expliquer mes soupirs,
Puisque mon roi lui-même à parler me convie,
Se jetant aux pieds du roi.
J'ose vous implorer, et pour ma propre vie,
Et pour les tristes jours d'un peuple infortuné,
Qu'à périr avec moi vous avez condamné.

ASSUÉRUS, la relevant.

A périr! Vous! Quel peuple? Et quel est ce mystère?

AMAN, bas, à part.

Je tremble.

ESTHER.

Esther, seigneur, eut un Juif pour son père :
De vos ordres sanglans vous savez la rigueur.

AMAN, à part.

Ah dieux!

ASSUÉRUS.

Ah! de quel coup me percez-vous le cœur!
Vous la fille d'un Juif! Eh quoi! tout ce que j'aime,
Cette Esther, l'innocence et la sagesse même,
Que je croyais du ciel les plus chères amours,
Dans cette source impure aurait puisé ses jours!
Malheureux!

ESTHER.

Vous pourrez rejeter ma prière :

Mais je demande au moins que, pour grâce dernière,
Jusqu'à la fin, seigneur, vous m'entendiez parler,
Et que surtout Aman n'ose point me troubler.

ASSUÉRUS.

Parlez.

ESTHER.

O Dieu, confonds l'audace et l'imposture!
Ces Juifs, dont vous voulez délivrer la nature,
Que vous croyez, seigneur, le rebut des humains,
D'une riche contrée autrefois souverains,
Pendant qu'ils n'adoraient que le Dieu de leurs pères,
Ont vu bénir le cours de leurs destins prospères.
Ce Dieu, maître absolu de la terre et des cieux,
N'est point tel que l'erreur le figure à vos yeux.
L'Éternel est son nom; le monde est son ouvrage :
Il entend les soupirs de l'humble qu'on outrage,
Juge tous les mortels avec d'égales lois,
Et du haut de son trône interroge les rois :
Des plus fermes états la chute épouvantable,
Quand il veut, n'est qu'un jeu de sa main redoutable.
Les Juifs à d'autres dieux osèrent s'adresser :
Roi, peuples, en un jour, tout se vit disperser.
Sous les Assyriens leur triste servitude
Devint le juste prix de leur ingratitude.
Mais, pour punir enfin nos maîtres à leur tour,
Dieu fit choix de Cyrus avant qu'il vît le jour,
L'appela par son nom, le promit à la terre,
Le fit naître, et soudain l'arma de son tonnerre,
Brisa les fiers remparts et les portes d'airain,
Mit des superbes rois la dépouille en sa main,
De son temple détruit vengea sur eux l'injure :
Babylone paya nos pleurs avec usure.
Cyrus, par lui vainqueur, publia ses bienfaits,
Regarda notre peuple avec des yeux de paix,

Nous rendit et nos lois et nos fêtes divines :
Et le temple déjà sortait de ses ruines.
Mais, de ce roi si sage héritier insensé,
Son fils interrompit l'ouvrage commencé,
Fut sourd à nos douleurs. Dieu rejeta sa race,
Le retrancha lui-même, et vous mit à sa place.
Que n'espérions-nous point d'un roi si généreux !
Dieu regarde en pitié son peuple malheureux,
Disions-nous ; un roi règne, ami de l'innocence :
Partout du nouveau prince on vantait la clémence :
Les Juifs partout de joie en poussèrent des cris.
Ciel ! verra-t-on toujours par de cruels esprits
Des princes les plus doux l'oreille environnée,
Et du bonheur public la source empoisonnée !
Dans le fond de la Thrace un barbare enfanté
Est venu dans ces lieux souffler la cruauté :
Un ministre ennemi de votre propre gloire...

AMAN.

De votre gloire ! moi ! ciel ! le pourriez-vous croire ?
Moi, qui n'ai d'autre objet ni d'autre dieu..

ASSUÉRUS.
                                Tais-toi.
Oses-tu donc parler sans l'ordre de ton roi ?

ESTHER.

Notre ennemi cruel devant vous se déclare.
C'est lui, c'est ce ministre infidèle et barbare
Qui, d'un zèle trompeur à vos yeux revêtu,
Contre notre innocence arme votre vertu.
Et quel autre, grand Dieu ! qu'un Scythe impitoyable
Aurait de tant d'horreurs dicté l'ordre effroyable ?
Partout l'affreux signal en même temps donné
De meurtres remplira l'univers étonné.
On verra, sous le nom du plus juste des princes,

Un perfide étranger désoler vos provinces ;
Et dans ce palais même, en proie à son courroux,
Le sang de vos sujets regorger jusqu'à vous.
 Et que reproche aux Juifs sa haine envenimée ?
Quelle guerre intestine avons-nous allumée ?
Les a-t-on vus marcher parmi vos ennemis ?
Fut-il jamais au joug esclaves plus soumis ?
Adorant dans leurs fers le Dieu qui les châtie,
Pendant que votre main sur eux appesantie
A leurs persécuteurs les livrait sans secours,
Ils conjuraient ce Dieu de veiller sur vos jours,
De rompre des méchans les trames criminelles,
De mettre votre trône à l'ombre de ses ailes.
N'en doutez point, seigneur, il fut votre soutien :
Lui seul mit à vos pieds et le Parthe et l'Indien,
Dissipa devant vous les innombrables Scythes,
Et renferma les mers dans vos vastes limites.
Lui seul aux yeux d'un Juif découvrit le dessein
De deux traîtres tout prêts à vous percer le sein.
Hélas ! ce Juif jadis m'adopta pour sa fille.

ASSUÉRUS.

Mardochée ?

ESTHER.

 Il restait seul de notre famille.
Mon père était son frère. Il descend comme moi
Du sang infortuné de notre premier roi.
Plein d'une juste horreur pour un Amalécite,
Race que notre Dieu de sa bouche a maudite,
Il n'a devant Aman pu fléchir les genoux,
Ni lui rendre un honneur qu'il ne croit dû qu'à vous.
De là contre les Juifs et contre Mardochée
Cette haine, seigneur, sous d'autres noms cachée.
En vain de vos bienfaits Mardochée est paré :
A la porte d'Aman est déjà préparé

D'un infâme trépas l'instrument exécrable.
Dans une heure au plus tard, ce vieillard vénérable,
Des portes du palais par son ordre arraché,
Couvert de votre pourpre, y doit être attaché.

ASSUÉRUS.

Quel jour mêlé d'horreur vient effrayer mon ame!
Tout mon sang de colère et de honte s'enflamme.
J'étais donc le jouet... Ciel, daigne m'éclairer !
Un moment sans témoins cherchons à respirer.
Appelez Mardochée, il faut aussi l'entendre.

Assuérus s'éloigne.

UNE ISRAÉLITE.

Vérité, que j'implore, achève de descendre!

. . . .

Pendant l'absence d'Assuérus, Aman se jette aux pieds d'Esther, dont il implore la clémence. Assuérus rentre en ce moment, et s'écrie :

Quoi ! le traître sur vous porte ses mains hardies!
Ah ! dans ses yeux confus je lis ses perfidies;
Et son trouble, appuyant la foi de vos discours,
De tous ses attentats me rappelle le cours.
Qu'à ce monstre à l'instant l'ame soit arrachée;
Et que, devant sa porte, au lieu de Mardochée,
Apaisant par sa mort et la terre et les cieux,
De mes peuples vengés il repaisse les yeux.

Aman est emmené par les gardes.

ASSUÉRUS, à Mardochée.

Mortel chéri du ciel, mon salut et ma joie,
Aux conseils des méchans ton roi n'est plus en proie;
Mes yeux sont dessillés, le crime est confondu.
Viens briller près de moi dans le rang qui t'est dû.
Je te donne d'Aman les biens et la puissance;
Possède justement son injuste opulence.

Je romps le joug funeste où les Juifs sont soumis ;
Je leur livre le sang de tous leurs ennemis :
A l'égal des Persans je veux qu'on les honore,
Et que tout tremble au nom du Dieu qu'Esther adore.
Rebâtissez son temple, et peuplez vos cités ;
Que vos heureux enfans, dans leurs solennités,
Consacrent de ce jour le triomphe et la gloire,
Et qu'à jamais mon nom vive dans leur mémoire.

ASSUÉRUS, à Asaph, qui entre.

Que veut Asaph ?

ASAPH.

Seigneur, le traître est expiré,
Par le peuple en fureur à moitié déchiré.
On traîne, on va donner en spectacle funeste
De son corps tout sanglant le misérable reste.

MARDOCHÉE.

Roi ! qu'à jamais le ciel prenne soin de vos jours ;
Le péril des Juifs presse, et veut un prompt secours.

ASSUÉRUS.

Oui, je t'entends. Allons, par des ordres contraires,
Révoquer d'un méchant les ordres sanguinaires.

ESTHER.

O Dieu, par quelle route inconnue aux mortels
Ta sagesse conduit ses desseins éternels !

LE CHOEUR.

TOUT LE CHOEUR.

Dieu fait triompher l'innocence ;
Chantons, célébrons sa puissance.

UNE ISRAÉLITE.

Il a vu contre nous les méchans s'assembler
Et notre sang prêt à couler ;
Comme l'eau sur la terre ils allaient le répandre ;

Du haut du ciel sa voix s'est fait entendre ;
L'homme superbe est renversé,
Ses propres flèches l'ont percé.

UNE AUTRE.

J'ai vu l'impie adoré sur la terre ;
Pareil au cèdre, il cachait dans les cieux
Son front audacieux ;
Il semblait à son gré gouverner le tonnerre,
Foulait aux pieds ses ennemis vaincus ;
Je n'ai fait que passer, il n'était déjà plus.

UNE AUTRE.

On peut des plus grands rois surprendre la justice.
Incapables de tromper,
Ils ont peine à s'échapper
Des piéges de l'artifice.
Un cœur noble ne peut soupçonner en autrui
La bassesse et la malice
Qu'il ne sent point en lui.

UNE AUTRE.

Comment s'est calmé l'orage ?

UNE AUTRE.

Quelle main salutaire a chassé le nuage ?

TOUT LE CHOEUR.

L'aimable Esther a fait ce grand ouvrage.

UNE ISRAÉLITE, seule.

De l'amour de son Dieu son cœur s'est embrasé ;
Au péril d'une mort funeste
Son zèle ardent s'est exposé ;
Elle a parlé, le ciel a fait le reste.

DEUX ISRAÉLITES.

Esther a triomphé des filles des Persans :
La nature et le ciel à l'envi l'ont ornée.

L'UNE DES DEUX.

Tout ressent de ses yeux les charmes innocens.
Jamais tant de beauté fut-elle couronnée?

L'AUTRE.

Les charmes de son cœur sont encor plus puissans.
Jamais tant de vertu fut-elle couronnée?

TOUTES DEUX, ensemble.

Esther a triomphé des filles des Persans :
La nature et le ciel à l'envi l'ont ornée.

UNE ISRAÉLITE, seule.

Ton Dieu n'est plus irrité ;
Réjouis-toi, Sion, et sors de la poussière ;
Quitte les vêtemens de ta captivité,
Et reprends ta splendeur première.
Les chemins de Sion à la fin sont ouverts :
Rompez vos fers,
Tribus captives ;
Troupes fugitives,
Repassez les monts et les mers,
Rassemblez-vous des bouts de l'univers.

TOUT LE CHOEUR.

Rompez vos fers,
Tribus captives ;
Troupes fugitives,
Repassez les monts et les mers ;
Rassemblez-vous des bouts de l'univers.

UNE ISRAÉLITE, seule.

Je reverrai ces campagnes si chères.

UNE AUTRE.

J'irai pleurer au tombeau de mes pères.

TOUT LE CHOEUR.

Repassez les monts et les mers ;
Rassemblez-vous des bouts de l'univers.

UNE ISRAÉLITE, seule.

Relevez, relevez les superbes portiques
Du temple où notre Dieu se plaît d'être adoré :
Que de l'or le plus pur son autel soit paré,
Et que du sein des monts le marbre soit tiré.
Liban, dépouille-toi de tes cèdres antiques :
   Prêtres sacrés, préparez vos cantiques.

UNE AUTRE.

Dieu descend et revient habiter parmi nous
  Terre, frémis d'allégresse et de crainte ;
    Et vous, sous sa majesté sainte,
      Cieux, abaissez-vous.

UNE AUTRE.

Que le Seigneur est bon ! que son joug est aimable !
Heureux qui dès l'enfance en connaît la douceur !
Jeune peuple, courez à ce maître adorable·
Les biens les plus charmans n'ont rien de comparable
Aux torrens de plaisirs qu'il répand dans un cœur.
Que le Seigneur est bon ! que son joug est aimable !
Heureux qui dès l'enfance en connaît la douceur ?

UNE AUTRE.

   Il s'apaise, il pardonne.
 Du cœur ingrat qui l'abandonne
    Il attend le retour.
Il excuse notre faiblesse,
A nous chercher même il s'empresse :
Pour l'enfant qu'elle a mis au jour
Une mère a moins de tendresse.
Ah ! qui peut avec lui partager notre amour !

TROIS ISRAÉLITES.

Il nous fait remporter une illustre victoire.

L'UNE DES TROIS.

Il nous a révélé sa gloire.

POÉSIE DRAMATIQUE.

TOUTES TROIS, ensemble.

Ah! qui peut avec lui partager notre amour!

TOUT LE CHOEUR.

Que son nom soit béni ; que son nom soit chanté,
   Que l'on célèbre ses ouvrages
   Au-delà des temps et des âges,
   Au-delà de l'éternité.

SCÈNE D'IPHIGÉNIE.

IPHIGÉNIE, à Agamemnon.

              Mon père,
Cessez de vous troubler ; vous n'êtes pas trahi ;
Quand vous commanderez, vous serez obéi.
Ma vie est votre bien, vous pouvez la reprendre
Vos ordres sans détours pouvaient se faire entendre.
D'un œil aussi content, d'un cœur aussi soumis
Que j'acceptai l'époux que vous m'aviez promis,
Je saurai, s'il le faut, victime obéissante,
Tendre au fer de Calchas une tête innocente,
Et, respectant le coup par vous-même ordonné,
Vous rendre tout le sang que vous m'avez donné.
Si pourtant ce respect, si cette obéissance
Paraît digne à vos yeux de quelque récompense,
Si d'une mère en pleurs vous plaignez les ennuis
J'ose vous dire ici, qu'en l'état où je suis,
Peut-être assez d'honneurs environnaient ma vie
Pour ne pas souhaiter qu'elle me fût ravie,
Ni qu'en me l'arrachant un sévère destin
Si près de ma naissance en eût marqué la fin
Fille d'Agamemnon, c'est moi qui, la première,
Seigneur, vous appelai de ce doux nom de père ;
C'est moi, qui, si long-temps le plaisir de vos yeux,

Vous ai fait de ce nom remercier les dieux ;
Et vous, qui, tant de fois prodiguant vos caresses,
Vous n'avez point du sang dédaigné les faiblesses.
Hélas ! avec plaisir je me faisais conter
Tous les noms des pays que vous alliez dompter
Et déjà d'Ilion présageant la conquête,
D'un triomphe si beau je préparais la fête ;
Je ne m'attendais pas que pour le commencer,
Mon sang fût le premier que vous dussiez verser.
Non que la peur du coup dont je suis menacée
Me fasse rappeler votre bonté passée ;
Ne craignez rien : mon cœur, de votre honneur jaloux,
Ne fera pas rougir un père tel que vous ;
Et si je n'avais eu que ma vie à défendre,
J'aurais su renfermer un souvenir si tendre ;
Mais à mon triste sort, vous le savez, seigneur,
Une mère, un amant attachaient leur bonheur,
Un roi digne de vous a cru voir la journée
Qui devait éclairer notre illustre hyménée ;
Déjà sûr de mon cœur, à sa flamme promis,
Il s'estimait heureux ; vous me l'aviez permis ;
Il sait votre dessein : jugez de ses alarmes ;
Ma mère est devant vous, et vous voyez ses larmes.
Pardonnez aux efforts que je viens de tenter,
Pour prévenir les pleurs que je leur vais coûter.

SCÈNE DE ZAÏRE.

LUSIGNAN, à sa fille.

Mon Dieu, j'ai combattu soixante ans pour ta gloire ;
J'ai vu tomber ton temple et périr ta mémoire ;
Dans un cachot affreux abandonné vingt ans ;
Mes larmes t'imploraient pour mes tristes enfans ;

Et lorsque ma famille est par toi réunie,
Quand je trouve ma fille, elle est ton ennemie.
Je suis bien malheureux... C'est ton père, c'est moi,
C'est ma seule prison qui t'a ravi ta foi !
 Ma fille, tendre objet de mes dernières peines,
Songe au moins, songe au sang qui coule dans tes veines ;
C'est le sang de vingt rois, tous chrétiens comme moi,
C'est le sang des héros défenseurs de ma loi ;
C'est le sang des martyrs, ô fille encor trop chère !
Connais-tu ton destin ? Sais-tu quelle est ta mère ?
Sais-tu bien qu'à l'instant que son flanc mit au jour
Ce triste et dernier fruit d'un malheureux amour,
Je la vis massacrer par la main forcenée,
Par la main des brigands à qui tu t'es donnée ?
Tes frères, ces martyrs égorgés sous mes yeux,
T'ouvrent leurs bras sanglans tendus du haut des cieux.
 Ton Dieu que tu trahis, ton Dieu que tu blasphèmes,
Pour toi, pour l'univers est mort en ces lieux mêmes ;
En ces lieux où mon bras le servit tant de fois,
En ces lieux où son sang te parle par ma voix.
Vois ces murs, vois ce temple envahi par tes maîtres,
Tout annonce le Dieu qu'ont vengé tes ancêtres.
Tourne les yeux, sa tombe est près de ce palais ;
C'est ici la montagne, où, lavant nos forfaits,
Il voulut expirer sous les coups de l'impie ;
C'est là que de la tombe il rappela sa vie.
Tu ne saurais marcher dans cet auguste lieu,
Tu n'y peux faire un pas sans y trouver ton Dieu ;
Et tu n'y peux rester sans renier ton père,
Ton honneur qui te parle et ton Dieu qui t'éclaire.
Je te vois dans mes bras et pleurer et frémir ;
Sur ton front pâlissant Dieu met le repentir :
Je vois la vérité dans ton cœur descendue :
Je retrouve ma fille après l'avoir perdue ;

Et je reprends ma gloire et ma félicité,
En dérobant mon sang à l'infidélité.

VOLTAIRE.

SCÈNES DE MÉROPE.

MÉROPE, EURYCLÈS, ÉGISTHE, enchaîné, ISMÉNIE, Gardes.

ÉGISTHE, dans le fond du théâtre, à Isménie.

Est-ce là cette reine auguste et malheureuse,
Celle de qui la gloire et l'infortune affreuse
Retentit jusqu'à moi dans le fond des déserts?

ISMÉNIE.

Rassurez-vous, c'est elle.
Elle sort.

ÉGISTHE.

O Dieu de l'univers!
Dieu qui formas ses traits, veille sur ton image!
La vertu sur le trône est ton plus digne ouvrage.

MÉROPE.

C'est là ce meurtrier? Se peut-il qu'un mortel,
Sous des dehors si doux, ait un cœur si cruel?
Approche, malheureux, et dissipe tes craintes.
Réponds-moi : de quel sang tes mains sont-elles teintes'

ÉGISTHE.

O reine! pardonnez. Le trouble, le respect,
Glacent ma triste voix tremblante à votre aspect.
A Euryclès.
Mon âme, en sa présence, étonnée, attendrie...

MÉROPE.

Parle. De qui ton bras a-t-il tranché la vie?

ÉGISTHE.

D'un jeune audacieux, que les arrêts du sort

Et ses propres fureurs ont conduit à la mort.

MÉROPE.

D'un jeune homme! Mon sang s'est glacé dans mes veines.
Ah!... T'était-il connu?

ÉGISTHE.

           Non : les champs de Messène,
Ses murs, leurs citoyens, tout est nouveau pour moi.

MÉROPE.

Quoi! ce jeune inconnu s'est armé contre toi?
Tu n'aurais employé qu'une juste défense?

ÉGISTHE.

J'en atteste le ciel : il sait mon innocence.
Aux bords de la Pamise, en un temple sacré,
Où l'un de vos aïeux, Hercule, est adoré,
J'osais prier pour vous ce dieu vengeur des crimes :
Je ne pouvais offrir ni présens ni victimes ;
Né dans la pauvreté, j'offrais de simples vœux,
Un cœur pur et soumis, présent des malheureux.
Il semblait que le dieu, touché de mon hommage,
Au-dessus de moi-même élevât mon courage.
Deux inconnus armés m'ont abordé soudain,
L'un dans la fleur des ans, l'autre vers son déclin.
Quel est donc, m'ont-ils dit, le dessein qui te guide?
Et quels vœux formes-tu pour la race d'Alcide?
L'un et l'autre, à ces mots, ont levé le poignard ;
Le ciel m'a secouru dans ce triste hasard ;
Cette main du plus jeune a puni la furie ;
Percé de coups, madame, il est tombé sans vie :
L'autre a fui lâchement, tel qu'un vil assassin.
Et moi, je l'avouerai, de mon sort incertain,
Ignorant de quel sang j'avais rougi la terre,
Craignant d'être puni d'un meurtre involontaire,

J'ai traîné dans les flots ce corps ensanglanté.
Je fuyais; vos soldats m'ont bientôt arrêté :
Ils ont nommé Mérope, et j'ai rendu les armes.

EURYCLÈS.

Eh ! madame, d'où vient que vous versez des larmes ?

MÉROPE.

Te le dirai-je ? hélas ! tandis qu'il m'a parlé,
Sa voix m'attendrissait, tout mon cœur s'est troublé.
Cresphonte, ô ciel !... j'ai cru... Que j'en rougis de honte !
Oui, j'ai cru démêler quelques traits de Cresphonte
Jeux cruels du hasard, en qui me montrez-vous
Une si fausse image et des rapports si doux ?
Affreux ressouvenir, quel vain songe m'abuse !

EURYCLÈS.

Rejetez donc, madame, un soupçon qui l'accuse;
Il n'a rien d'un barbare, et rien d'un imposteur.

MÉROPE.

Les dieux ont sur son front imprimé la candeur.
Demeurez: en quel lieu le ciel vous fit-il naître ?

ÉGISTHE.

En Élide.

MÉROPE.

Qu'entends-je ? en Élide ! Ah ! peut-être...
L'Élide... répondez... Narbas vous est connu ?
Le nom d'Égisthe au moins jusqu'à vous est venu ?
Quel était votre état, votre rang, votre père ?

ÉGISTHE.

Mon père est un vieillard accablé de misère,
Polyclète est son nom ; mais Égisthe, Narbas,
Ceux dont vous me parlez, je ne les connais pas.

MÉROPE.

O Dieux ! vous vous jouez d'une triste mortelle !

J'avais de quelque espoir une faible étincelle :
J'entrevoyais le jour, et mes yeux affligés
Dans la profonde nuit sont déjà replongés.
Et quel rang vos parens tiennent-ils dans la Grèce?

ÉGISTHE.

Si la vertu suffit pour faire la noblesse,
Ceux dont je tiens le jour, Polyclète, Sirris,
Ne sont point des mortels dignes de vos mépris :
Leur sort les avilit ; mais leur sage constance
Fait respecter en eux l'honorable indigence.
Sous ses rustiques toits mon père vertueux
Fait le bien, suit les lois, et ne craint que les dieux.

MÉROPE.

Chaque mot qu'il me dit est plein de nouveaux charmes :
Pourquoi donc le quitter, pourquoi causer ses larmes ?
Sans doute il est affreux d'être privé d'un fils.

ÉGISTHE.

Un vain désir de gloire a séduit mes esprits :
On me parlait souvent des troubles de Messène,
Des malheurs dont le ciel avait frappé la reine,
Surtout de ses vertus, dignes d'un autre prix :
Je me sentais ému par ces tristes récits.
De l'Élide en secret dédaignant la mollesse,
J'ai voulu dans la guerre exercer ma jeunesse,
Servir sous vos drapeaux et vous offrir mon bras ;
Voilà le seul dessein qui conduisit mes pas.
Ce faux instinct de gloire égara mon courage :
A mes parens, flétris sous les rides de l'âge,
J'ai de mes jeunes ans dérobé les secours :
C'est ma première faute, elle a troublé mes jours.
Le ciel m'en a puni : le ciel inexorable
M'a conduit dans le piége, et m'a rendu coupable.

MÉROPE.

Il ne l'est point, j'en crois son ingénuité :
Le mensonge n'a point cette simplicité.
Tendons à sa jeunesse une main bienfaisante ;
C'est un infortuné que le ciel me présente.
Il suffit qu'il soit homme, et qu'il soit malheureux
Mon fils peut éprouver un sort plus rigoureux.
Il me rappelle Égisthe ; Égisthe est de son âge :
Peut-être, comme lui, de rivage en rivage,
Inconnu, fugitif, et partout rebuté,
Il souffre le mépris qui suit la pauvreté.
L'opprobre avilit l'ame et flétrit le courage.
Pour le sang de nos dieux quel horrible partage !

On fait croire à Mérope que ce jeune homme est le meurtrier de son fils. Dans son désespoir, elle demande la mort de l'inconnu ; elle veut elle-même répandre son sang. Mais, au moment de l'égorger, elle apprend que c'est son fils même. Polyphonte conçoit des soupçons, et, pour les éclaircir, il fait conduire de nouveau Égisthe devant elle, et la presse de se venger.

POLYPHONTE, ÉROX, ÉGISTHE, EURYCLES, MÉROPE,
ISMÉNIE, Gardes.

MÉROPE.

Remplissez vos sermens, songez à me venger :
Qu'à mes mains, à moi seule, on laisse la victime.

POLYPHONTE.

La voici devant vous. Votre intérêt m'anime.
Vengez-vous, baignez-vous au sang du criminel ;
Et sur son corps sanglant je vous mène à l'autel.

MÉROPE.

Ah Dieux !

ÉGISTHE, à Polyphonte.

Tu vends mon sang à l'hymen de la reine.

Ma vie est peu de chose, et je mourrai sans peine :
Mais je suis malheureux, innocent, étranger ;
Si le ciel t'a fait roi, c'est pour me protéger.
J'ai tué justement un injuste adversaire.
Mérope veut ma mort ; je l'excuse, elle est mère :
Je bénirai ses coups prêts à tomber sur moi ;
Et je n'accuse ici qu'un tyran tel que toi.

POLYPHONTE.

Malheureux, oses-tu, dans ta rage insolente...?

MÉROPE.

Eh ! seigneur, excusez sa jeunesse imprudente.
Élevé loin des cours et nourri dans les bois,
Il ne sait pas encor ce qu'on doit à des rois.

POLYPHONTE.

Qu'entends-je ! quel discours ! quelle surprise extrême !
Vous le justifier !

MÉROPE.

    Qui moi, seigneur ?

POLYPHONTE.

              Vous-même.
De cet égarement sortirez-vous enfin ?
De votre fils, madame, est-ce ici l'assassin ?

MÉROPE.

Mon fils, de tant de rois le déplorable reste,
Mon fils, enveloppé dans un piége funeste,
Sous les coups d'un barbare...

ISMÉNIE.

       O ciel ! que faites-vous ?

POLYPHONTE.

Quoi ! vos regards sur lui se tournent sans courroux ?
Vous tremblez à sa vue, et vos yeux s'attendrissent ?

Vous voulez me cacher les pleurs qui les remplissent?

MÉROPE.

Je ne les cache point; ils paraissent assez:
La cause en est trop juste, et vous la connaissez.

POLYPHONTE.

Pour en tarir la source, il est temps qu'il expire.
Qu'on l'immole, soldats.

MÉROPE, s'avançant.

Cruel! qu'osez-vous dire?

ÉGISTHE.

Quoi! de pitié pour moi tous vos sens sont saisis?

POLYPHONTE.

Qu'il meure.

MÉROPE.

Il est...

POLYPHONTE.

Frappez.

MÉROPE, se jetant entre Égisthe et les soldats.

Barbare! il est mon fils.

ÉGISTHE.

Moi! votre fils?

MÉROPE, en l'embrassant.

Tu l'es: et ce ciel que j'atteste,
Ce ciel qui t'a formé dans un sein si funeste,
Et qui trop tard, hélas! a dessillé mes yeux,
Te remet dans mes bras pour nous perdre tous deux!

ÉGISTHE.

Quel miracle, grands dieux! que je ne puis comprendre?

POLYPHONTE.

Une telle imposture a de quoi me surprendre.

Vous, sa mère ? Qui ? vous, qui demandiez sa mort ?
ÉGISTHE.
Ah ! si je meurs son fils, je rends grâce à mon sort.
MÉROPE.
Je suis sa mère. Hélas ! mon amour m'a trahie.
Oui, tu tiens dans tes mains le secret de ma vie,
Tu tiens le fils des dieux enchaîné devant toi,
L'héritier de Cresphonte, et ton maître, et ton roi.
Tu peux, si tu le veux, m'accuser d'imposture :
Ce n'est pas aux tyrans à sentir la nature.
Ton cœur, nourri de sang, n'en peut être frappé.
Oui, c'est mon fils, te dis-je, au carnage échappé.
POLYPHONTE.
Que prétendez-vous dire, et sur quelles alarmes ?...
ÉGISTHE.
Va, je me crois son fils ; mes preuves sont ses larmes,
Mes sentimens, mon cœur, par la gloire animé,
Mon bras qui t'eût puni, s'il n'était désarmé.
POLYPHONTE.
Ta rage auparavant sera seule punie.
C'est trop.
MÉROPE, se jetant à ses genoux.
Commencez donc par m'arracher la vie :
Ayez pitié des pleurs dont mes yeux sont noyés.
Que vous faut-il de plus ? Mérope est à vos pieds :
Mérope les embrasse et craint votre colère.
A cet effort affreux, jugez si je suis mère.
Jugez de mes tourmens : ma détestable erreur,
Ce matin de mon fils allait percer le cœur.
Je pleure à vos genoux mon crime involontaire.
Cruel ! vous qui vouliez lui tenir lieu de père,
Qui deviez protéger ses jours infortunés,

Le voilà devant vous, et vous l'assassinez.
Son père est mort, hélas ! par un crime funeste ;
Sauvez le fils : je puis oublier tout le reste.
Sauvez le sang des dieux et de vos souverains ;
Il est seul, sans défense, il est entre vos mains.
Qu'il vive, et c'est assez. Heureuse en mes misères,
Lui seul il me rendra mon époux et ses frères.
Vous voyez avec moi ses aïeux à genoux,
Votre roi dans les fers.

ÉGISTHE.

O reine ! levez-vous,
Et daignez me prouver que Cresphonte est mon père,
En cessant d'avilir et sa veuve et ma mère.
Je sais peu de mes droits quelle est la dignité ;
Mais le ciel m'a fait naître avec trop de fierté,
Avec un cœur trop haut pour qu'un tyran l'abaisse.
De mon premier état j'ai bravé la bassesse,
Et mes yeux du présent ne sont point éblouis.
Je me sens né des rois, je me sens votre fils.
Hercule, ainsi que moi, commença sa carrière ;
Il sentit l'infortune en ouvrant la paupière ;
Et les dieux l'ont conduit à l'immortalité,
Pour avoir, comme moi, vaincu l'adversité.
S'il m'a transmis son sang, j'en aurai le courage.
Mourir digne de vous, voilà mon héritage.
Cessez de le prier, cessez de démentir,
Le sang des demi-dieux dont on me fait sortir.

POLYPHONTE, à Mérope.

Eh bien ! il faut ici nous expliquer sans feinte.
Je prends part aux douleurs dont vous êtes atteinte :
Son courage me plaît ; je l'estime, et je crois
Qu'il mérite en effet d'être du sang des rois.
Mais une vérité d'une telle importance

N'est pas de ces secrets qu'on croit sans évidence.
Je le prends sous ma garde, il m'est déjà remis ;
Et s'il est né de vous, je l'adopte pour fils.

ÉGISTHE.

Vous, m'adopter ?

MÉROPE.

Hélas !

POLYPHONTE.

Réglez sa destinée.
Vous achetiez sa mort avec mon hyménée.
La vengeance à ce point a pu vous captiver.
L'amour fera-t-il moins quand il faut le sauver ?

MÉROPE.

Quoi, barbare ?

POLYPHONTE.

Madame, il y va de sa vie.
Votre ame en sa faveur paraît trop attendrie
Pour vouloir exposer à mes justes rigueurs,
Par d'imprudens refus, l'objet de tant de pleurs.

MÉROPE.

Seigneur, que de son sort il soit du moins le maître.
Daignez...

POLYPHONTE.

C'est votre fils, madame, ou c'est un traître.
Je dois m'unir à vous pour lui servir d'appui,
Ou je dois me venger et de vous et de lui.
C'est à vous d'ordonner sa grâce ou son supplice.
Vous êtes, en un mot, sa mère ou sa complice.
Choisissez ; mais sachez qu'au sortir de ces lieux,
Je ne vous en croirai qu'en présence des dieux.
Vous, soldats, qu'on le garde ; et vous, que l'on me suive.

A Mérope.

Je vous attends : voyez si vous voulez qu'il vive,

Déterminez d'un mot mon esprit incertain ;
Confirmez sa naissance en me donnant la main.
Votre seule réponse ou le sauve ou l'opprime.
Voilà mon fils, madame, ou voilà ma victime.
Adieu.

MÉROPE.

Ne m'ôtez pas la douceur de le voir.
Rendez-le à mon amour, à mon vain désespoir.

POLYPHONTE.

Vous le verrez au temple.

ÉGISTHE, que les soldats emmènent.

O reine auguste et chère !
O vous que j'ose à peine encor nommer ma mère,
Ne faites rien d'indigne et de vous et de moi ;
Si je suis votre fils, je sais mourir en roi.

VOLTAIRE.

SCÈNE D'OEDIPE A COLONNE.

OEDIPE, ANTIGONE.

OEDIPE, tenant le bras d'Antigone.

Ma fille, arrêtons-nous ; la fatigue et les ans
Ont dérobé la force à mes pas languissans.
  S'asseyant sur un débris de rocher.
Suis-je bien affermi ? Puis-je être ici tranquille ?

ANTIGONE.

Des rochers, des cyprès, peuplent seuls cet asile.
Mais votre cœur encor se rouvre à vos ennuis.

OEDIPE.

Je ne sortirai pas de la place où je suis.

ANTIGONE.

O ciel ! que dites-vous ?

OEDIPE.

O ma chère Antigone !
Je suis las de traîner l'horreur qui m'environne.
Je vais cesser de vivre.

ANTIGONE.

Et tels sont les discours
Dont vos cruels chagrins m'entretiennent toujours !

OEDIPE.

As-tu vu quelquefois le débris des naufrages
Rejeté par des flots, chassé par les rivages ?

ANTIGONE.

Eh bien ?

OEDIPE.

Voilà mon sort.

ANTIGONE.

Ainsi donc votre esprit
S'abreuve avec plaisir d'un poison qui l'aigrit.

OEDIPE.

Je suis OEdipe

ANTIGONE.

Hélas ! faut-il qu'instruit par l'âge,
Votre Antigone en vain vous exhorte au courage !

OEDIPE.

Avec quelle rigueur les ingrats m'ont chassé !

ANTIGONE.

Je suis auprès de vous, oubliez le passé.

OEDIPE.

Je les aimais.

ANTIGONE.

Songez...

OEDIPE.

Je prévois leurs misères :
L'orgueil aura bientôt divisé les deux frères,
Je l'ai prédit.

ANTIGONE.

Perdez ce fatal souvenir.

OEDIPE.

Le ciel ne peut manquer un jour de les punir.

ANTIGONE.

Peut-être.

OEDIPE.

Oui, tu verras le fougueux Polynice
De mon sort quelque jour envier le supplice.

ANTIGONE.

Thésée ici bientôt va vous tendre les bras.

OEDIPE.

Crois-tu qu'à mon aspect il ne frémira pas?

ANTIGONE.

Tant que nous respirons, le ciel à nos alarmes
D'un bonheur, quel qu'il soit, laisse entrevoir les charmes.
Ne me dérobez pas l'espoir que j'en conçoi.

OEDIPE.

Je ne te blâme point, j'ai pensé comme toi.
D'être heureux en naissant l'homme apporte l'envie ;
Mais il n'est point, crois-moi, de bonheur dans la vie.
Il lui faut, d'âge en âge, en changeant de malheur,
Payer le long tribut qu'il doit à la douleur.
Ses premiers jours, peut-être, ont pour lui quelques charmes;
Mais qu'il connaît bientôt l'infortune et les larmes!

Il meurt dès qu'il respire, il se plaint au berceau :
Tout gémit sur la terre, et tout marche au tombeau.

ANTIGONE.

De vous plus que jamais la tristesse s'empare.

OEDIPE.

Époux, pères, enfans, il faut qu'on se sépare ;
C'est un arrêt du sort, nul ne peut l'éviter.

ANTIGONE.

Hélas !

OEDIPE.

Ne pleure point.

ANTIGONE.

Ah ! vous m'allez quitter.

OEDIPE.

Va, crois-moi, prends pitié de ton malheureux père.
Ma fille, assez long-temps j'ai gémi sur la terre.
Vois ces tremblantes mains, vois ce corps épuisé.

ANTIGONE.

Sous le fardeau des ans il n'est point affaissé.

OEDIPE.

Ah ! je n'en sens pas moins leur nombre et ma faiblesse.

ANTIGONE.

Les dieux vous donneront la plus longue vieillesse.

OEDIPE.

Ma vie est un supplice ; et, pour me secourir,
Il ne me reste plus que l'espoir de mourir.

ANTIGONE.

Vous plaignez-vous des soins et du cœur d'Antigone ?
Vous ai-je abandonné ?

OEDIPE.

Ma fille, hélas ! pardonne.

Je t'outrageais, sans doute. Eh ! qui, jusqu'à ce jour,
M'a montré plus que toi de constance et d'amour ?
Ton sort me fait frémir.

ANTIGONE.

    Mon sort ! je le préfère
A l'hymen le plus doux, au trône de mon frère.
Hélas ! c'est à mon bras que le vôtre eut recours.
Si mon sexe trop faible a borné mes secours,
Par ma tendresse au moins j'ai calmé vos alarmes,
J'ai soutenu vos pas, j'ai recueilli vos larmes.
Hélas ! pour vous nourrir, j'ai souvent mendié
Les refus insultans d'une avare pitié.
Il semblait que le ciel, adoucissant l'outrage,
Aux malheurs de mon père égalât mon courage.
Seule au fond des déserts, j'ai marché sans effroi,
Croyant avoir toujours vos vertus près de moi.
Vos ennuis sont les miens, ma douleur est la vôtre.
Nous seuls nous nous restons, consolés l'un par l'autre.
L'univers nous oublie : ah ! recevons du moins,
Moi, vos tristes soupirs, et vous, mes tendres soins !
Que Thèbe à vos deux fils offre un trône en partage ;
Vous suivre et vous aimer, voilà mon héritage.

OEDIPE.

Dieux, vous avez payé mes tourmens, mes travaux !
Ma joie en ce moment a passé tous mes maux.
Mais dis, où sommes-nous ?

ANTIGONE.

    Sous ces cyprès arides
Je vois le temple affreux des tristes Euménides.
D'horreur à cet aspect mon esprit est frappé...
Mon père, ah ! d'où vous vient cet air préoccupé ?
Quelque nouvel effroi semble encor vous surprendre.

OEDIPE.

Les Euménides ! ciel ! Ah ! je crois les entendre.
Je crois les voir ici s'attacher sur mes pas.
Ma fille, approche-toi ; ne m'abandonne pas.

ANTIGONE.

Dans ses égaremens le voilà qui retombe.
Hélas ! sous tant de maux, je crains qu'il ne succombe.
Rassurez-vous, mon père.

OEDIPE.

O supplice ! ô tourmens !

ANTIGONE.

Modérez dans mes bras ces affreux mouvemens.
Hélas ! dans ces déserts quels secours puis-je attendre ?

OEDIPE.

O filles des enfers ! vous qui devez m'entendre,
Vous, de qui j'ai reçu ma naissance et mon nom,
Vous, qui m'avez jeté sur le mont Cythéron,
Divinités d'OEdipe, exaucez ma prière !

ANTIGONE.

Suspendez, justes dieux, les transports de mon père.

OEDIPE.

Indomptable pouvoir du sort qui me poursuit,
Dans quel horrible état mes forfaits m'ont réduit !

ANTIGONE.

Le ciel vous y forçait.

OEDIPE.

A mon esprit timide
N'offrez plus, dieux vengeurs, les champs de la Phocide ;
Cachez-moi, par pitié, ce sentier douloureux,
Où j'ai percé les flancs d'un père malheureux ;
Cachez-moi cet autel, où des sermens impies

Ont joint deux chastes cœurs aux flambeaux des furies;
Cet autel exécrable, où leurs serpens hideux
Déjà de leurs replis nous enchaînaient tous deux,
Où Mégère debout, avec un ris funeste,
Sous les traits de l'Hymen consacra notre inceste.

ANTIGONE.

Mon père !

OEDIPE.

O ma patrie ! et vous, dieux outragés,
J'ai fait ce que j'ai pu, je vous ai tous vengés.
N'a-t-on pas vu ces mains, secondant ma colère,
Creuser ces yeux sanglans, en chasser la lumière ?

ANTIGONE.

Dieux !

OEDIPE.

J'ai rempli le monde et d'horreur et d'effroi.
Les peuples à mon nom s'arment tous contre moi.

ANTIGONE.

Hé seigneur !

OEDIPE.

O Jocaste, ô mère malheureuse !
Que tu prévoyais bien ma destinée affreuse !
Et toi, berceau sanglant où j'aurais dû périr,
Rochers du Cythéron, j'y reviens pour mourir !

ANTIGONE.

Hélas !

OEDIPE.

Es-tu content ? j'ai massacré mon père,
J'ai profané l'hymen par l'hymen de ma mère :
Du fond de tes déserts je sortis vertueux;
J'y retourne assassin, proscrit, incestueux,
Traînant partout mes maux, mes forfaits, mes ténèbres.
Entends mes derniers vœux, entends mes cris funèbres.

ANTIGONE.

O ciel !

OEDIPE.

De mon tombeau je me vais emparer ;
Voilà, voilà la pierre où je dois expirer.

ANTIGONE.

Quelle horreur !

OEDIPE.

Je ne veux, lorsque ma mort s'apprête,
Que l'abri d'un rocher pour y cacher ma tête.

ANTIGONE.

Mon père !

OEDIPE.

Tout s'ébranle à mon funeste nom.

ANTIGONE.

Mon père, écoutez-moi !

OEDIPE.

Cythéron ! Cythéron !

ANTIGONE.

Dissipez vos terreurs, sortez de ce supplice.
Souffrez...

OEDIPE.

Retire-toi, malheureux Polynice :
Viens-tu dans ces déserts, par un forfait nouveau,
Pour m'en fermer l'accès, t'asseoir sur mon tombeau ?
Viens-tu me disputer un repos que j'implore,
Et forcer ma vengeance à te maudire encore ?

ANTIGONE.

C'est Antigone, hélas ! qui vous embrasse ici.

OEDIPE.

Les cruels !... On m'entraîne... et toi, ma fille, aussi !

Tu braves mes sanglots, tu braves mes prières ;
Tu te joins contre OEdipe à tes barbares frères !
Après tant de bienfaits, après tant de secours,
Tu t'es lassée enfin de consoler mes jours !
Vois mon triste abandon, mes pleurs, ma solitude ;
Le plus grand de mes maux est ton ingratitude.

ANTIGONE.

Connaissez mieux mon cœur, ma tendresse, ma foi.
Je vous tiens dans mes bras : détrompez-vous.

OEDIPE.

           C'est toi !
Laisse-moi m'assurer, en t'y pressant moi-même,
Que je n'ai pas perdu l'unique objet que j'aime.

ANTIGONE.

C'est moi qui vous chéris, c'est moi qui vis pour vous.

OEDIPE.

Ah ! je me sens calmer par des accens si doux.
O consolante voix ! nature ! ô tendres charmes !
Que je puisse à loisir t'arroser de mes larmes !

ANTIGONE.

Et moi, mon père, et moi, pour calmer vos douleurs,
Que je puisse à mon tour vous baigner de mes pleurs.

OEDIPE.

Oui, tu seras un jour, chez la race nouvelle,
De l'amour filial le plus parfait modèle ;
Tant qu'il existera des pères malheureux,
Ton nom consolateur sera sacré pour eux ;
Il peindra la vertu, la pitié douce et tendre :
Jamais sans tressaillir ils ne pourront l'entendre.

ANTIGONE.

Comment ce ciel si juste a-t-il pu vous livrer
 Aux douleurs dont l'excès vient de vous déchirer ?

OEDIPE.

N'accusons point des dieux la justice suprême
Quels que soient nos destins, elle est toujours la même.
Leurs secrètes faveurs, les généreux bienfaits,
Ont surpassé souvent tous les maux qu'ils m'ont faits :
Vous me voyez gémir sous la main qui m'immole ;
Mais vous n'entendez pas la voix qui me console.
Qui sait, lorsque le sort nous frappe de ses coups,
Si le plus grand malheur n'est pas un bien pour nous ?
Hélas ! de l'avenir vains juges que nous sommes !
Ignorer et souffrir, voilà le sort des hommes.
Nous errons avec crainte et dans l'obscurité
Sous l'astre impérieux de la fatalité.
Tout trahit nos projets, tout sert à les confondre :
De nos seules vertus nous pouvons nous répondre.
Grands dieux ! oui, je commence à lire en vos desseins ;
Tout entiers devant moi vous offrez mes destins :
Vous m'avez entouré de douleurs et de crimes,
Pour mieux voir votre Œdipe au fond de tant d'abîmes,
Pour mieux le contempler luttant, privé d'appui,
A qui l'emporterait de son sort ou de lui.

DUCIS.

SCÈNE D'AGAMEMNON.

AGAMEMNON, CLYTEMNESTRE, ORESTE, CASSANDRE, STROPHUS, PEUPLE ET SOLDATS, portant des trophées. Cassandre descend vers un des côtés de la scène, et demeure dans l'abattement.

AGAMEMNON.

Salut, ô murs d'Argos, ô palais ! ô patrie !
O terre où de Pélops la race fut nourrie !
Recevez, amis chers, et vous, augustes lieux,

Ces pleurs qu'un saint transport fait couler de mes yeux,
Tributs de mes respects et de ma tendre joie !
Les dieux seuls ont permis qu'enfin je vous revoie.
Si le grand Jupiter qui me rend à ces bords
N'a pas joint ma dépouille à tant d'illustres morts,
S'il a de mille exploits payé dix ans d'absence,
D'un solennel hommage honorons sa puissance.
Qu'aux yeux de tous les Grecs dans le temple assemblés,
Coule à longs flots le sang des taureaux immolés ;
Que sur l'autel chargé de fruits et de guirlandes,
Les prêtres en leurs chants consacrent nos offrandes,
Et sur les trépieds d'or brûlent un pur encens
Qui porte aux immortels nos vœux reconnaissans.
Déposons ce trophée aux pieds de leurs images.

STROPHUS.

Si d'un prince fidèle accueillant les hommages,
Un vainqueur se souvient...

AGAMEMNON.

C'est toi, digne Strophus !
Toi, qui dus à mon fils enseigner tes vertus !
Approche de ce cœur assuré de ton zèle.
Après les longs travaux d'une guerre cruelle,
Que j'aime à respirer des horreurs des combats !

ORESTE.

Mon père !

AGAMEMNON.

Mon cher fils ! espoir de ma famille !
Mais quoi ? que fait Électre ? où peut être ma fille ?

CLYTEMNESTRE.

Ta fille, dont les pleurs te demandaient aux flots,
Consulte sur ton sort les prêtres de Délos.

AGAMEMNON.

Puissent-ils rassurer sa pieuse tendresse !...

Mais d'où vient sur ton front cette morne tristesse,
Clytemnestre? pourquoi, dans de si doux momens,
Ton trouble répond-il à mes embrassemens?

CLYTEMNESTRE.

La crainte de ta mort, sur de vains bruits semée,
Fut cent fois démentie et cent fois confirmée ;
De tourmens si divers j'éprouvai la rigueur,
Que le bonheur est lent à passer dans mon cœur.

ORESTE.

Oui, mon père, nos vœux et nos tendres alarmes
Ont suivi tous tes pas dans le péril des armes ;
Moi, que dans ce palais tu laissas tout enfant,
Je brûlais de connaître un père triomphant,
Fier de tous les succès dont la gloire t'honore,
Je me les fis cent fois dire et redire encore.
Je comptais, tous les mois loin de nous écoulés,
Le nombre des héros par ta main immolés ;
Je me faisais tracer, pour toi plein d'épouvante,
Les bords du Simoïs, les rivages du Xanthe,
L'enceinte de nos camps, et Troie, et ses remparts.
J'imaginais te voir, au travers des hasards,
Allant vaincre, et soudain je demandais des armes,
Ou tombant sous les coups, et je versais des larmes.

AGAMEMNON.

Douce ivresse, qu'un père a peine à déguiser !

ORESTE.

Ces redoutables mains, laisse-moi les baiser.

AGAMEMNON.

Pieux et tendre amour !

ORESTE.

    Est-ce là cette épé
Que du sang ennemi ta valeur a trempée?

Permets que je la touche, et d'un respect sacré
Que je laisse un garant sur ce fer révéré.

AGAMEMNON.

Mon fils, je la réserve à ton jeune courage.

ORESTE.

Quel éclatant honneur m'a dérobé mon âge !
Tout poudreux et sanglant, marchant à tes côtés,
Quels triomphes mon bras n'eût-il pas remportés ?
Oreste eût partagé ta fortune guerrière :
Peut-être, comme Achille, il eût dans la poussière
Traîné ce fier Hector, Hector même...

CASSANDRE.
      O douleur !

AGAMEMNON.

Arrête, mon cher fils, cette femme est sa sœur.
Épargnons-lui l'aspect d'une joie importune ;
Comme un arrêt des dieux révérons l'infortune.
Malheureuse Cassandre, approche sans effroi,
Ne redoute mon fils, ni sa mère, ni moi ;
Qui ne respecterait ton illustre disgrâce,
Ton âge, tes chagrins, et l'éclat de ta race ?

CLYTEMNESTRE.

La fille de Priam, d'un maître impérieux
N'aura point à souffrir l'orgueil injurieux.
Ses droits me sont sacrés, je veux qu'on les respecte....

 Cassandre recule avec effroi.

Quel regard ! notre foi serait-elle suspecte ?
Pourquoi cet air affreux qui me glace d'horreur ?
Dépouille toute haine, et parle sans terreur...

 Cassandre montre la même crainte.

C'en est trop.

CASSANDRE.
   Cette femme importune ma vue...
Tous mes sens ont frémi.

AGAMEMNON.

Quelle horreur imprévue
T'inspire Clytemnestre, et d'où naît ce transport ?

CASSANDRE.

Je touche enfin la terre où m'attendait la mort.

AGAMEMNON.

Contre tous les périls ta vie est assurée.

CASSANDRE.

Tu n'en crois pas le dieu dont je suis inspirée...
A l'oracle trop vrai par ma bouche dicté
Il attacha le doute et l'incrédulité.
Amante d'Apollon, à sa flamme immortelle
Depuis que ma froideur se montra si rebelle,
Ce dieu me retira son favorable appui.
Il m'accabla des maux que je pleure aujourd'hui.
Mes yeux ont vu périr ma famille immolée...
Que suis-je ? une ombre errante aux enfers appelée.
L'heure fatale approche... Adieu, fleuves sacrés !
Ondes du Simoïs, sur vos bords révérés,
Vous ne me verrez plus, comme en nos jours propices,
Parer de nœuds de fleurs l'autel des sacrifices ;
Et ma voix, chez les morts où bientôt je descends,
Au bruit de l'Achéron mêlera ses accens.

AGAMEMNON.

Exempte des frayeurs qu'inspire l'esclavage,
Est-ce à toi d'écouter un désespoir sauvage ?
Qui pourrait menacer ton repos ou tes jours ?

CASSANDRE.

Hélas ! des Phrygiens tels étaient les discours.
Vainement j'annonçai le terme de leur gloire,
La chute de leurs murs, qu'ils n'ont pas voulu croire ;
Cependant et leur gloire et leurs murs ne sont plus.

CLYTEMNESTRE.

Pourquoi t'entretenir de chagrins superflus?
Tes pleurs nous font injure, et ce jour...

CASSANDRE.

                              Oui, Cassandre,
Vois Ilion fumant, et chante sur sa cendre.
Suis-les au temple, unis ta voix à leurs concerts,
Chante Troie expirée et ses enfans aux fers !
Ah ! je vous vois encore... Insensés ! c'est la veille
De cette nuit fatale où la mort les réveille...
Vous entraînez ce monstre, ouvrage de Pallas,
Dont les flancs habités recélaient le trépas.
Moi seule, l'œil en feu, saisie, épouvantée,
Respirant l'avenir dont j'étais agitée,
J'accours soudain, je vole, et crie : Ah ! malheureux !
Quel temps choisissez-vous pour ces hymnes, ces jeux ?
Vous vous couvrez de fleurs, vous couronnez vos têtes ?
Quelle torche funèbre accompagne vos fêtes ?
Le piége est prêt... Voyez le sang rougir ces bords,
Les flammes éclairant la nuit, l'onde et nos ports...
Inutiles discours ! ils ont fermé l'oreille,
Ils m'osaient dédaigner... Ton erreur est pareille.
Oui, ce jour met un terme aux horreurs de mon sort;
Je touche enfin la terre où m'attendait la mort.

AGAMEMNON.

Sa raison l'abandonne... Hélas ! Troie embrasée
Est présente à ses yeux, et trouble sa pensée.
Entrons ; laissons au temps à calmer ses regrets,
Et de la pompe sainte ordonnons les apprêts.

LEMERCIER.

POÉSIE DRAMATIQUE.

SCÈNES DU PARIA.

Acte II. — Scène VI.
CHOEUR, PRÊTRESSES.

UNE DES PRÊTRESSES.

Néala!

UNE AUTRE.

Néala!

LA PREMIÈRE.

Pourquoi fuir loin de nous?
Mais c'est en vain que je l'appelle.

LA SECONDE.

Aurions-nous donc, mes sœurs, allumé son courroux?

UNE AUTRE.

Quel trouble s'est emparé d'elle?

UNE AUTRE.

Absente, quand le fleuve a reçu nos présens,
Elle n'a point offert les vœux que notre zèle
Adresse chaque jour à ses flots bienfaisans
 Quel trouble s'est emparé d'elle?

CHOEUR.

Confiante amitié, que ton charme vainqueur
 Prête une voix à ses peines secrètes,
 Et que la paix qui règne en ces retraites,
Confiante amitié, rentre enfin dans son cœur.

UNE PRÊTRESSE.

Reprenons nos travaux, et, durant son absence,
 Puissent-ils charmer notre ennui!
Contre l'effort des vents ces myrtes sans appui
 Accusent notre indifférence.
Des banians touffus, par le brame adorés,

Depuis long-temps la langueur nous implore :
Courbés par le midi, dont l'ardeur les dévore,
Ils étendent vers nous leurs rameaux altérés.

UNE AUTRE.

Invoquons la faveur de ces puissans génies,
A qui des bois sacrés les nymphes sont unies.

LA PREMIÈRE.

Esprits aériens de la terre et des eaux,
 Dont les soupirs parfument ces berceaux,
 Qui murmurez dans le creux des ruisseaux,
Et que le vent du soir apporte sur ses ailes !

LA SECONDE.

 Demi-dieux, dont les mains fidèles
Allument de la nuit les innombrables feux,
Épanchent la rosée, ouvrent les fleurs nouvelles,
 Et des insectes amoureux
Suspendent aux gazons les vives étincelles !...

CHOEUR.

Descendez du haut des airs,
Quittez le cristal humide
De vos ruisseaux toujours clairs ;
A des soins qui vous sont chers
Que votre faveur préside ;
Descendez d'un vol rapide,
Légers habitans des airs.

UNE PRÊTRESSE.

Venez, la Nymphe invisible
Qui dans sa prison flexible
Reçoit vos embrassemens,
Sous l'écorce qui la presse
Répond à votre tendresse
Par de doux frémissemens.

UNE AUTRE.

Venez rafraîchir les roses
Qui, sous votre haleine écloses,
Couronnent nos bords heureux ;
Que le parfum qui s'exhale
De ces trésors du Bengale
Vers vous monte avec nos vœux.

CHŒUR.

Quittez le cristal humide
De vos ruisseaux toujours clairs ;
Qu'en ces lieux l'amour vous guide ;
A des soins qui vous sont chers
Que votre faveur préside ;
Descendez d'un vol rapide,
Légers habitans des airs.

UNE PRÊTRESSE.

Quel noir penser vous inquiète ?
Ma sœur, ce vase échappe à vos bras languissans...

UNE AUTRE.

Au bruit de nos concerts votre bouche muette
S'efforce, mais en vain, de mêler ses accens.

UNE AUTRE.

Je songe à Néala ; d'une pitié nouvelle
  Son souvenir vient attrister mes sens.
  Quel trouble s'est emparé d'elle ?

CHŒUR.

Confiante amitié, que ton charme vainqueur
  Prête une voix à ses peines secrètes.
  Et que la paix qui règne en ces retraites,
Confiante amitié, rentre enfin dans son cœur.

UNE PRÊTRESSE.

Quand un lis virginal penche et se décolore

Par un ciel brûlant desséché,
Sous l'urne qui l'arrose il peut renaître encore ;
Mais quand un ver rongeur dans son sein est caché,
Quel remède essayer contre un mal qu'on ignore ?

CHOEUR.

Confiante amitié, que ton charme vainqueur
    Prête une voix à ses peines secrètes,
    Et que la paix qui règne en ces retraites,
Confiante amitié, rentre enfin dans son cœur.

UNE PRÊTRESSE.

Mais que vois-je ? Mirza, par sa tendre éloquence,
    Zaïde, par ses soins touchans,
Sans doute ont de ses maux calmé la violence.
    Chères sœurs, suspendons nos chants :
Respectons ses chagrins ; elle approche, silence !

CHOEUR.

    Chères sœurs, suspendons nos chants :
Respectons ses chagrins ; elle approche, silence !

Acte III.—Scène Première.

NÉALA, ZAIDE, MIRZA, LE CHOEUR.

NÉALA, aux prêtresses.

Zaïde, et toi, Mirza, vous qu'un vœu solennel
Réunit dès l'enfance autour du même autel,
Long-temps par les plaisirs permis en ces demeures
Notre tendre amitié remplit le cours des heures ;
Ces arbres l'ont vu naître, et, témoin de nos jeux,
En croissant chaque jour l'ont vu croître avec eux.
La fête qu'on prépare en va rompre les charmes,
Et vous vous étonnez de voir couler mes larmes ?

ZAÏDE.

Aimable et cher objet de nos soins assidus,

Tes soupirs sont compris et te sont bien rendus ;
Et si ce prompt départ te semble un coup si rude,
Que de fois, en songeant à notre solitude,
Que de fois de nos mains les festons et les fleurs
Préparés pour ton front tombent mouillés de pleurs !

MIRZA.

Notre jeune compagne à nous quitter s'apprête ;
Mais l'avenir pour elle est un long jour de fête.
L'hymen n'a point de gloire ou de rians appas
Dont il ne prenne soin d'environner ses pas.
On l'aime, elle est heureuse, est-ce à nous de nous plaindre ?

NÉALA.

Hélas !

MIRZA.

Pourquoi gémir ?

ZAÏDE.

Ne cherche pas à feindre ;
Tu le voudrais en vain.

MIRZA.

Parle, un songe imposteur
Des troubles de ton ame est peut-être l'auteur.

NÉALA.

Celui par qui du ciel la volonté s'explique,
Mon père, en eût levé le voile prophétique.

ZAÏDE.

Entends-tu quelque dieu que le fer a touché
Se plaindre sous l'écorce où Brama l'a caché ?
Quel bruit te fait pâlir ? quelle voix inconnue
Perce les marbres saints ou déchire la nue ?
Aurait-on profané cet asile de paix ?

NÉALA, vivement.

Non, ne le croyez pas ; eh ! comment ? non, jamais !
Qui l'eût osé ?

MIRZA.

Serait-ce une secrète haine
Qui de ton jeune époux te fait craindre la chaîne ?

NÉALA.

Ah ! je ne le hais pas ! je m'engage aujourd'hui
A vivre, et, s'il le faut, à souffrir avec lui.
Que ses maux soient les miens, et que l'hymen nous lie
Pour toujours, pour le temps et l'éternelle vie.

ZAÏDE.

Cesse donc, Néala, de voir avec effroi
L'existence nouvelle ouverte devant toi.
Va, nos divinités te défendront sans cesse :
Elles n'oublieront pas que tu fus leur prêtresse,
Qu'à tes devoirs par toi nuls objets préférés
N'ont distrait tes esprits sous ces bosquets sacrés ;
Qu'on n'eût pas vu ta bouche approcher d'une eau pure,
Sans que ta piété rafraîchît leur verdure,
Et que ta main jamais, dans son respect pour eux,
Ne leur fit un larcin pour parer tes cheveux.
Ce monde séduisant, qui cause tes alarmes,
Sans danger pour ton cœur, aura pour lui des charmes.
Quel bien à ses plaisirs se pourrait comparer,
Puisqu'à la vertu même on peut les préférer ?

NÉALA.

Ils ne me rendront pas nos tranquilles études,
Nos secrets entretiens, nos douces habitudes.
Je vous quitte à regret, les dieux m'en sont témoins ;
Puissent-ils vous bénir ! Je confie à vos soins
Les plantes que par choix cultivait ma tendresse,
Les rameaux que mes dons courbaient sous leur richesse,
Les oiseaux familiers qui, nourris dans ces bois,
Descendaient sur ma trace, et venaient à ma voix.

Qu'au lever du soleil ma gazelle chérie
Trouve sur vos genoux l'onde et l'herbe fleurie ;
En souvenir de moi, protégez-la toujours ;
Mêlez, en lui parlant, mon nom à vos discours.
De ma longue amitié gardez chacune un gage.

  A une prêtresse.

Toi, ces voiles brillans dont tu vantais l'ouvrage ;
Mirza, les ornemens que mes bras ont portés :
Mais Zaïde, mes sœurs, n'est plus à nos côtés.
D'où vient que ses regards sont troublés par la crainte ?

ZAÏDE.

Voyez, un étranger pénètre en cette enceinte.

NÉALA.

Ce guerrier, dont la bouche honore un autre dieu,
Le devance, lui parle et lui montre ce lieu ;
Il le quitte.

MIRZA.

    Vers nous ce voyageur se traîne
Sous d'obscurs vêtemens qui le couvrent à peine ;
Il vient, un frêle appui guide ses pas pesans ;
Sa barbe et ses cheveux sont blanchis par les ans.
Mes sœurs, rentrons au temple.

NÉALA.

      Eh ! pourquoi ? quelle offense
Craignez-vous d'un vieillard sans force et sans défense ?
Osons le secourir ; ses vœux reconnaissans
Seront pour le Très-Haut plus doux que notre encens.

DELAVIGNE.

II

Comédie.

SCÈNES DU MISANTHROPE.

ALCESTE. PHILINTE.

PHILINTE.
Qu'est-ce donc ? qu'avez-vous ?

ALCESTE, assis.
Laissez-moi, je vous prie.

PHILINTE.
Mais encor, dites-moi, quelle bizarrerie ?

ALCESTE.
Laissez-moi là, vous dis-je, et courez vous cacher.

PHILINTE.
Mais on entend les gens, au moins, sans se fâcher.

ALCESTE.
Moi, je veux me fâcher et ne veux point entendre.

PHILINTE.
Dans vos brusques chagrins, je ne puis vous comprendre !
Et quoique amis, enfin, je suis tout des premiers...

ALCESTE, se levant brusquement.
Moi, votre ami ? rayez cela de vos papiers.

J'ai fait jusques ici profession de l'être ;
Mais, après ce qu'en vous je viens de voir paraître,
Je vous déclare net que je ne le suis plus,
Et ne veux nulle place en des cœurs corrompus.

PHILINTE.

Je suis donc bien coupable, Alceste, à votre compte?

ALCESTE.

Allez, vous devriez mourir de pure honte :
Une telle action ne saurait s'excuser ;
Et tout homme d'honneur s'en doit scandaliser.
Je vous vois accabler un homme de caresses
Et témoigner pour lui les dernières tendresses;
De protestations, d'offres et de sermens
Vous chargez la fureur de vos embrassemens;
Et quand je vous demande après quel est cet homme
A peine pouvez-vous dire comme il se nomme;
Votre chaleur pour lui tombe en vous séparant,
Et vous me le traitez, à moi, d'indifférent !
Morbleu ! c'est une chose indigne, lâche, infâme,
De s'abaisser ainsi jusqu'à trahir son ame;
Et si, par un malheur, j'en avais fait autant,
Je m'irais, de regret, pendre tout à l'instant.

PHILINTE.

Je ne vois pas, pour moi, que le cas soit pendable;
Et je vous supplirai d'avoir pour agréable
Que je me fasse un peu grâce sur votre arrêt,
Et ne me pende pas pour cela, s'il vous plaît.

ALCESTE.

Que la plaisanterie est de mauvaise grâce !

PHILINTE.

Mais, sérieusement, que voulez-vous qu'on fasse?

ALCESTE.

Je veux qu'on soit sincère, et qu'en homme d'honneur

On ne lâche aucun mot qui ne parte du cœur.

PHILINTE.

Lorsqu'un homme vous vient embrasser avec joie,
Il faut bien le payer de la même monnoie,
Répondre comme on peut à ses embrassemens,
Et rendre offre pour offre, et sermens pour sermens.

ALCESTE.

Non, je ne puis souffrir cette lâche méthode,
Qu'affectent la plupart de vos gens à la mode;
Et je ne hais rien tant que les contorsions
De tous ces grands faiseurs de protestations;
Ces affables donneurs d'embrassades frivoles,
Ces obligeans diseurs d'inutiles paroles,
Qui de civilités avec tous font combat,
Et traitent du même air l'honnête homme et le fat.
Quel avantage a-t-on qu'un homme vous caresse,
Vous jure amitié, foi, zèle, estime, tendresse,
Et vous fasse de vous un éloge éclatant,
Lorsqu'au premier faquin il court en faire autant?
Non, non, il n'est point d'ame un peu bien située
Qui veuille d'une estime ainsi prostituée;
Et la plus glorieuse a des régals peu chers
Dès qu'on voit qu'on nous mêle avec tout l'univers.
Sur quelque préférence une estime se fonde,
Et c'est n'estimer rien qu'estimer tout le monde.
Puisque vous y donnez, dans ces vices du temps,
Morbleu! vous n'êtes pas pour être de mes gens;
Je refuse d'un cœur la vaste complaisance
Qui ne fait de mérite aucune différence.
Je veux qu'on me distingue, et, pour le trancher net,
L'ami du genre humain n'est point du tout mon fait.

PHILINTE.

Mais, quand on est du monde, il faut bien que l'on rende

Quelques dehors civils que l'usage demande.

ALCESTE.

Non, vous dis-je; on devrait châtier sans pitié
Ce commerce honteux de semblans d'amitié.
Je veux que l'on soit homme, et qu'en toute rencontre
Le fond de notre cœur dans nos discours se montre;
Que ce soit lui qui parle, et que nos sentimens
Ne se masquent jamais sous de vains complimens.

PHILINTE.

Il est bien des endroits où la pleine franchise
Deviendrait ridicule, et serait peu permise ;
Et parfois, n'en déplaise à votre austère honneur,
Il est bon de cacher ce qu'on a dans le cœur.
Serait-il à propos et de la bienséance
De dire à mille gens tout ce que d'eux on pense?
Et quand on a quelqu'un qu'on hait ou qui déplaît,
Lui doit-on déclarer la chose comme elle est?

ALCESTE.

Oui.

PHILINTE.

Quoi ! vous iriez dire à la vieille Émilie
Qu'à son âge il sied mal de faire la jolie,
Et que le blanc qu'elle a scandalise chacun ?

ALCESTE.

Sans doute.

PHILINTE.

A Dorilas, qu'il est trop importun;
Et qu'il n'est à la cour oreille qu'il ne lasse
A conter sa bravoure et l'éclat de sa race?

ALCESTE.

Fort bien.

PHILINTE.

Vous vous moquez.

ALCESTE.

>   Je ne me moque point,
> Et je vais n'épargner personne sur ce point.
> Mes yeux sont trop blessés, et la cour et la ville
> Ne m'offrent rien qu'objets à m'échauffer la bile.
> J'entre en une humeur noire, en un chagrin profond,
> Quand je vois vivre entre eux les hommes comme ils font.
> Je ne trouve partout que lâche flatterie,
> Qu'injustice, intérêt, trahison, fourberie;
> Je n'y puis plus tenir; j'enrage, et mon dessein
> Est de rompre en visière à tout le genre humain.

PHILINTE.

> Ce chagrin philosophe est un peu trop sauvage.
> Je ris des noirs accès où je vous envisage,
> Et crois voir en nous deux, sous mêmes soins nourris,
> Ces deux frères que peint l'*École des maris*,
> Dont..

ALCESTE.

> Mon Dieu! laissons là vos comparaisons fades.

PHILINTE.

> Non: tout de bon, quittez toutes ces incartades;
> Le monde, par vos soins, ne se changera pas;
> Et puisque la franchise a pour vous tant d'appas,
> Je vous dirai tout franc que cette maladie,
> Partout où vous allez, donne la comédie;
> Et qu'un si grand courroux contre les mœurs du temps
> Vous tourne en ridicule auprès de bien des gens.

ALCESTE.

> Tant mieux, morbleu! tant mieux; c'est ce que je demande;
> Ce m'est un fort bon signe, et ma joie en est grande.
> Tous les hommes me sont à tel point odieux,
> Que je serais fâché d'être sage à leurs yeux.

23.

PHILINTE.
Vous voulez un grand mal à la nature humaine.
ALCESTE.
Oui ; j'ai conçu pour elle une effroyable haine.
PHILINTE.
Tous les pauvres mortels, sans nulle exception,
Seront enveloppés dans cette aversion ;
Encore en est-il bien, dans le siècle où nous sommes?...
ALCESTE.
Non, elle est générale, et je hais tous les hommes ;
Les uns, parce qu'ils sont méchans et malfaisans ;
Et les autres, pour être aux méchans complaisans,
Et n'avoir pas pour eux ces haines vigoureuses
Que doit donner le vice aux ames vertueuses.
De cette complaisance on voit l'injuste excès
Pour le franc scélérat avec qui j'ai procès.
Au travers de son masque on voit à plein le traître ;
Partout il est connu pour tout ce qu'il peut être ;
Et ses roulemens d'yeux et son ton radouci
N'imposent qu'à des gens qui ne sont point d'ici.
On sait que ce pied plat, digne qu'on le confonde,
Par de sales emplois s'est poussé dans le monde,
Et que, par eux, son sort, de splendeur revêtu,
Fait gronder le mérite et rougir la vertu.
Quelques titres honteux qu'en tous lieux on lui donne,
Son misérable honneur ne voit pour lui personne.
Nommez-le fourbe, infâme, et scélérat maudit,
Tout le monde en convient, et nul n'y contredit.
Cependant sa grimace est partout bien venue ;
On l'accueille, on lui rit ; partout il s'insinue ;
Et s'il est par la brigue un rang à disputer,
Sur le plus honnête homme on le voit l'emporter.
Têtebleu ! ce me sont de mortelles blessures,

De voir qu'avec le vice on garde des mesures,
Et parfois il me prend des mouvemens soudains
De fuir dans un désert l'approche des humains.

PHILINTE.

Mon Dieu ! des mœurs du temps mettons-nous moins en peine,
Et faisons un peu grâce à la nature humaine ;
Ne l'examinons point dans la grande rigueur,
Et voyons ses défauts avec quelque douceur.
Il faut parmi le monde une vertu traitable :
A force de sagesse, on peut être blâmable ;
La parfaite raison fuit toute extrémité,
Et veut que l'on soit sage avec sobriété.
Cette grande raideur des vertus des vieux âges
Heurte trop notre siècle et les communs usages ;
Elle veut aux mortels trop de perfection :
Il faut fléchir au temps sans obstination ;
Et c'est une folie, à nulle autre seconde,
De vouloir se mêler de corriger le monde.
J'observe, comme vous, cent choses tous les jours,
Qui pourraient mieux aller, prenant un autre cours ;
Mais quoi qu'à chaque pas je puisse voir paraître,
En courroux, comme vous, on ne me voit point être ;
Je prends tout doucement les hommes comme ils sont ;
J'accoutume mon ame à souffrir ce qu'ils font,
Et je crois qu'à la cour, de même qu'à la ville,
Mon flegme est philosophe autant que votre bile.

ALCESTE.

Mais ce flegme, monsieur, qui raisonne si bien,
Ce flegme pourra-t-il ne s'échauffer de rien ?
Et s'il faut, par hasard, qu'un ami vous trahisse,
Que, pour avoir vos biens, on dresse un artifice,
Ou qu'on tâche à semer de méchans bruits de vous,
 Verrez-vous tout cela sans vous mettre en courroux ?

PHILINTE.

Oui ; je vois ces défauts, dont votre ame murmure,
Comme vices unis à l'humaine nature ;
Et mon esprit enfin n'est pas plus offensé
De voir un homme fourbe, injuste, intéressé,
Que de voir des vautours affamés de carnage,
Des singes malfaisans et des loups pleins de rage.

ALCESTE.

Je me verrai trahir, mettre en pièces, voler,
Sans que je sois... morbleu ! je ne veux point parler;
Tant ce raisonnement est plein d'impertinence.

PHILINTE.

Ma foi, vous feriez bien de garder le silence.
Contre votre partie éclatez un peu moins,
Et donnez au procès une part de vos soins.

ALCESTE.

Je n'en donnerai point; c'est une chose dite.

PHILINTE.

Mais qui voulez-vous donc qui pour vous sollicite ?

ALCESTE.

Qui je veux ? la raison, mon bon droit, l'équité.

PHILINTE.

Aucun juge par vous ne sera visité ?

ALCESTE.

Non ; est-ce que ma cause est injuste ou douteuse ?

PHILINTE.

J'en demeure d'accord ; mais la brigue est fâcheuse,
Et...

ALCESTE.

    Non. J'ai résolu de n'en pas faire un pas :
J'ai tort ou j'ai raison.

PHILINTE.
Ne vous y fiez pas.
ALCESTE.
Je ne remuerai point.
PHILINTE.
Votre partie est forte,
Et peut, par sa cabale, entraîner...
ALCESTE.
Il n'importe.
PHILINTE.
Vous vous tromperez.
ALCESTE.
Soit. J'en veux voir le succès.
PHILINTE.
Mais...
ALCESTE.
J'aurai le plaisir de perdre mon procès.
PHILINTE.
Mais enfin...
ALCESTE.
Je verrai dans cette plaidoirie
Si les hommes auront assez d'effronterie,
Seront assez méchans, scélérats et pervers,
Pour me faire injustice aux yeux de l'univers.
PHILINTE.
Quel homme !
ALCESTE.
Je voudrais, m'en coûtât-il grand'chose,
Pour la beauté du fait, avoir perdu ma cause.
PHILINTE.
On se rirait de vous, Alceste, tout de bon,
Si l'on vous entendait parler de la façon.

ALCESTE.

Tant pis pour qui rirait.

PHILINTE.

Mais cette rectitude
Que vous voulez en tout avec exactitude,
Cette pleine droiture où vous vous renfermez,
La trouvez-vous ici dans ce que vous aimez?
Je m'étonne, pour moi, qu'étant, comme il le semble,
Vous et le genre humain si fort brouillés ensemble,
Malgré tout ce qui peut vous le rendre odieux,
Vous ayez pris chez lui ce qui charme vos yeux;
Et, ce qui me surprend encore davantage,
C'est cet étrange choix où votre cœur s'engage.
La sincère Eliante a du penchant pour vous,
La prude Arsinoé vous voit d'un œil fort doux :
Cependant, à leurs vœux votre ame se refuse,
Tandis qu'en ses liens Célimène l'amuse;
De qui l'humeur coquette et l'esprit médisant
Semblent si fort donner dans les mœurs d'à présent;
D'où vient que, leur portant une haine mortelle,
Vous pouvez bien souffrir ce qu'en tient cette belle?
Ne sont-ce plus défauts dans un objet si doux?
Ne les voyez-vous pas, ou les excusez-vous?

ALCESTE.

Non, l'amour que je sens pour cette jeune veuve
Ne ferme point mes yeux aux défauts qu'on lui treuve :
Et je suis, quelque ardeur qu'elle m'ait pu donner,
Le premier à les voir comme à les condamner;
Mais, avec tout cela, quoi que je puisse faire,
Je confesse mon faible, elle a l'art de me plaire;
J'ai beau voir ses défauts, et j'ai beau l'en blâmer,
En dépit qu'on en ait, elle se fait aimer;
Sa grâce est la plus forte, et sans doute ma flamme

De ces vices du temps pourra purger son ame.
####### PHILINTE.
Si vous faites cela, vous ne ferez pas peu.
Vous croyez être donc aimé d'elle?
####### ALCESTE.
       Oui, parbleu !
Je ne l'aimerais pas, si je ne croyais l'être.
####### PHILINTE.
Mais, si son amitié pour vous se fait paraître,
D'où vient que vos rivaux vous causent de l'ennui?
####### ALCESTE.
C'est qu'un cœur bien atteint veut qu'on soit tout à lui ;
Et je ne viens ici qu'à dessein de lui dire
Tout ce que là-dessus ma passion m'inspire.
####### PHILINTE.
Pour moi, si je n'avais qu'à former des désirs,
Sa cousine Éliante aurait tous mes soupirs;
Son cœur, qui vous estime, est solide et sincère,
Et ce choix plus conforme était mieux votre affaire.
####### ALCESTE.
Il est vrai : ma raison me le dit chaque jour ;
Mais la raison n'est pas ce qui règle l'amour.

. . . .

####### ORONTE, ALCESTE, PHILINTE.
####### ORONTE, à Alceste.
J'ai su là-bas que, pour quelques emplettes,
Éliante est sortie, et Célimène aussi,
Mais, comme l'on m'a dit que vous étiez ici,
J'ai monté pour vous dire, et d'un cœur véritable,
Que j'ai conçu pour vous une estime incroyable,
Et que, depuis long-temps, cette estime m'a mis
Dans un ardent désir d'être de vos amis.

Oui, mon cœur au mérite aime à rendre justice,
Et je brûle qu'un nœud d'amitié nous unisse.
Je crois qu'un ami chaud, et de ma qualité,
N'est pas assurément pour être ... .5.

Pendant le discours d'Oronte, Alceste est rêveur, sans faire attention que c'est à lui qu'on parle, et ne sort de sa rêverie que quand Oronte lui dit :

C'est à vous, s'il vous plaît, que ce discours s'adresse.

ALCESTE.

A moi, monsieur?

ORONTE.

A vous. Trouvez-vous qu'il vous blesse?

ALCESTE.

Non pas. Mais la surprise est fort grande pour moi,
Et je n'attendais pas l'honneur que je reçoi.

ORONTE.

L'estime où je vous tiens ne doit point vous surprendre,
Et de tout l'univers vous la pouvez prétendre.

ALCESTE.

Monsieur...

ORONTE.

L'état n'a rien qui ne soit au-dessous
Du mérite éclatant que l'on découvre en vous.

ALCESTE.

Monsieur...

ORONTE.

Oui, de ma part, je vous tiens préférable
A tout ce que j'y vois de plus considérable.

ALCESTE.

Monsieur.

ORONTE.

Sois-je du ciel écrasé, si je mens;
Et, pour vous confirmer ici mes sentimens,
Souffrez qu'à cœur ouvert, monsieur, je vous embrasse,

Et qu'en votre amitié je vous demande place.
Touchez là, s'il vous plaît. Vous me la promettez,
Votre amitié ?

ALCESTE.

Monsieur...

ORONTE.

Quoi, vous y résistez ?

ALCESTE.

Monsieur, c'est trop d'honneur que vous me voulez faire;
Mais l'amitié demande un peu plus de mystère,
Et c'est assurément en profaner le nom,
Que de vouloir le mettre à toute occasion.
Avec lumière et choix cette union veut naître;
Avant de nous lier, il faut nous mieux connaître;
Et nous pourrions avoir telles complexions,
Que tous deux du marché nous nous repentirions.

ORONTE.

Parbleu, c'est là-dessus parler en homme sage,
Et je vous en estime encore davantage.
Souffrons donc que le temps forme des nœuds si doux,
Mais, cependant, je m'offre entièrement à vous.
S'il faut faire à la cour pour vous quelque ouverture,
On sait qu'auprès du roi je fais quelque figure;
Il m'écoute : et, dans tout, il en use, ma foi,
Le plus honnêtement du monde avecque moi.
Enfin, je suis à vous de toutes les manières;
Et, comme votre esprit a de grandes lumières,
Je viens, pour commencer entre nous ce beau nœud,
Vous montrer un sonnet que j'ai fait depuis peu,
Et savoir s'il est bon qu'au public je l'expose.

ALCESTE.

Monsieur, je suis peu propre à décider la chose,
Veuillez m'en dispenser.

ORONTE.

Pourquoi?

ALCESTE.

J'ai le défaut
D'être un peu plus sincère en cela qu'il ne faut.

ORONTE.

C'est ce que je demande, et j'aurais lieu de plainte
Si, m'exposant à vous pour me parler sans feinte,
Vous alliez me trahir, et me déguiser rien.

ALCESTE.

Puisqu'il vous plaît ainsi, monsieur, je le veux bien.

ORONTE.

Sonnet... C'est un sonnet. *L'espoir*... c'est une dame,
Qui de quelque espérance avait flatté ma flamme.
L'espoir... Ce ne sont point de ces grands vers pompeux,
Mais de petits vers doux, tendres et langoureux.

ALCESTE.

Nous verrons bien.

ORONTE.

L'espoir... Je ne sais si le style
Pourra vous en paraître assez net et facile,
Et si du choix des mots vous vous contenterez.

ALCESTE.

Nous allons voir, monsieur.

ORONTE.

Au reste, vous saurez
Que je n'ai demeuré qu'un quart d'heure à le faire.

ALCESTE.

Voyons, monsieur; le temps ne fait rien à l'affaire.

ORONTE, lit.

L'espoir, il est vrai, nous soulage,
Et nous berce un temps notre ennui;

Mais, Philis, le triste avantage,
Lorsque rien ne marche après lui !

PHILINTE.

Je suis déjà charmé de ce petit morceau.

ALCESTE, bas à Philinte.

Quoi ! vous avez le front de trouver cela beau ?

ORONTE.

Vous eûtes de la complaisance ;
Mais vous en deviez moins avoir,
Et ne vous pas mettre en dépense,
Pour ne me donner que l'espoir.

PHILINTE.

Ah ! qu'en termes galans ces choses-là sont mises !

ALCESTE, bas à Philinte.

Hé quoi ! vil complaisant, vous louez des sottises ?

ORONTE.

S'il faut qu'une attente éternelle
Pousse à bout l'ardeur de mon zèle,
Le trépas sera mon recours.
Vos soins ne peuvent m'en distraire :
Belle Philis, on désespère
Alors qu'on espère toujours.

PHILINTE.

La chute en est jolie, amoureuse, admirable.

ALCESTE, bas à part.

La peste de ta chute, empoisonneur, au diable !
En eusses-tu fait une à te casser le nez !

PHILINTE.

Je n'ai jamais ouï des vers si bien tournés.

ALCESTE, à part.

Morbleu !

ORONTE, à Philinte.

Vous me flattez, et vous croyez peut-être...

PHILINTE.

Non, je ne flatte point.

ALCESTE, bas à part.

He! que fais-tu donc, traître?

ORONTE, à Alceste.

Mais, pour vous, vous savez quel est notre traité.
Parlez-moi, je vous prie, avec sincérité.

ALCESTE.

Monsieur, cette matière est toujours délicate,
Et, sur le bel-esprit, nous aimons qu'on nous flatte.
Mais un jour, à quelqu'un dont je tairai le nom,
Je disais, en voyant des vers de sa façon,
Qu'il faut qu'un galant homme ait toujours grand empire
Sur les démangeaisons qui nous prennent d'écrire;
Qu'il doit tenir la bride aux grands empressemens
Qu'on a de faire éclat de tels amusemens;
Et que, par la chaleur de montrer ses ouvrages,
On s'expose à jouer de mauvais personnages.

ORONTE.

Est-ce que vous voulez me déclarer par-là
Que j'ai tort de vouloir...

ALCESTE.

Je ne dis pas cela.
Mais je lui disais, moi, qu'un froid écrit assomme,
Qu'il ne faut que ce faible à décrier un homme,
Et qu'eût-on d'autre part cent belles qualités,
On regarde les gens par leurs méchans côtés.

ORONTE.

Est-ce qu'à mon sonnet vous trouvez à redire?

ALCESTE.

Je ne dis pas cela. Mais pour ne point écrire,
Je lui mettais aux yeux comme, dans notre temps,
Cette soif a gâté de fort honnêtes gens.

ORONTE.

Est-ce que j'écris mal, et leur ressemblerais-je?

ALCESTE.

Je ne dis pas cela. Mais enfin, lui disais-je,
Quel besoin si pressant avez-vous de rimer?
Et qui diantre vous pousse à vous faire imprimer?
Si l'on peut pardonner l'essor d'un mauvais livre,
Ce n'est qu'aux malheureux qui composent pour vivre.
Croyez-moi. Résistez à vos tentations,
Dérobez au public ces occupations,
Et n'allez point quitter, de quoi que l'on vous somme,
Le nom que, dans la cour, vous avez d'honnête homme
Pour prendre, de la main d'un avide imprimeur,
Celui de ridicule et misérable auteur.
C'est ce que je tâchai de lui faire comprendre.

ORONTE.

Voilà qui va fort bien, et je crois vous entendre.
Mais, ne puis-je savoir ce que dans mon sonnet...

ALCESTE.

Franchement, il est bon à mettre au cabinet;
Vous vous êtes réglé sur de méchans modèles,
Et vos expressions ne sont point naturelles.
   Qu'est-ce que, *nous berce un temps notre ennui*,
      Et que, *rien ne marche après lui?*
      Que, *ne vous pas mettre en dépense*
      Pour ne me donner que l'espoir?
      Et que, *Philis, on désespère*
      Alors qu'on espère toujours?
Ce style figuré, dont on fait vanité,
Sort du bon caractère et de la vérité;
Ce n'est qu'un jeu de mots, qu'affectation pure,
Et ce n'est point ainsi que parle la nature.
Le méchant goût du siècle en cela me fait peur;

Nos pères, tout grossiers, l'avaient beaucoup meilleur;
Et je prise bien moins tout ce que l'on admire,
Qu'une vieille chanson que je m'en vais vous dire.

>Si le roi m'avait donné
>Paris sa grand'ville,
>Et qu'il me fallût quitter
>L'amour de ma mie,
>Je dirais au roi Henri :
>Reprenez votre Paris,
>J'aime mieux ma mie, oh gay!
>J'aime mieux ma mie.

La rime n'est pas riche, et le style en est vieux :
Mais ne voyez-vous pas que cela vaut bien mieux
Que ces colifichets dont le bon sens murmure,
Et que la passion parle là toute pure ?

>Si le roi m'avait donné, etc., etc.

Voilà ce que peut dire un cœur vraiment épris.
>A Philinte, qui rit.

Oui, monsieur le rieur, malgré vos beaux esprits,
J'estime plus cela que la pompe fleurie
De tous ces faux brillans où chacun se récrie.

ORONTE.

Et moi, je vous soutiens que mes vers sont fort bons.

ALCESTE.

Pour les trouver ainsi vous avez vos raisons;
Mais vous trouverez bon que j'en puisse avoir d'autres,
Qui se dispenseront de se soumettre aux vôtres.

ORONTE.

Il me suffit de voir que d'autres en font cas.

ALCESTE.

C'est qu'ils ont l'art de feindre, et moi, je ne l'ai pas.

ORONTE.
Croyez-vous donc avoir tant d'esprit en partage?
ALCESTE.
Si je louais vos vers, j'en aurais davantage.
ORONTE.
Je me passerai fort que vous les approuviez.
ALCESTE.
Il faut bien, s'il vous plaît, que vous vous en passiez.
ORONTE.
Je voudrais bien, pour voir, que de votre manière
Vous en composassiez sur la même matière.
ALCESTE.
J'en pourrais, par malheur, faire d'aussi méchans ;
Mais je me garderais de les montrer aux gens.
ORONTE.
Vous me parlez bien ferme, et cette suffisance...
ALCESTE.
Autre part que chez moi cherchez qui vous encense.
ORONTE.
Mais, mon petit monsieur, prenez-le un peu moins haut.
ALCESTE.
Ma foi, mon grand monsieur, je le prends comme il faut.
PHILINTE, se mettant entre deux.
Eh ! messieurs, c'en est trop. Laissez cela, de grâce.
ORONTE.
Ah ! j'ai tort, je l'avoue, et je quitte la place.
Je suis votre valet, monsieur, de tout mon cœur.
ALCESTE.
Et moi, je suis, monsieur, votre humble serviteur.

MOLIÈRE.

LES FACHEUX.

ÉRASTE.

Sous quel astre, bon Dieu! faut-il que je sois né,
Pour être de fâcheux toujours assassiné?
Il semble que partout le sort me les adresse,
Et j'en vois chaque jour quelque nouvelle espèce.
Mais il n'est rien d'égal au fâcheux d'aujourd'hui :
J'ai cru n'être jamais débarrassé de lui;
Et cent fois j'ai maudit cette innocente envie
Qui m'a pris, à dîner, de voir la comédie,
Où, pensant m'égayer, j'ai misérablement
Trouvé de mes péchés le rude châtiment.
Il faut que je te fasse un récit de l'affaire,
Car je m'en sens encor tout ému de colère.
J'étais sur le théâtre en humeur d'écouter
La pièce qu'à plusieurs j'avais ouï vanter;
Les acteurs commençaient, chacun prêtait silence,
Lorsque, d'un air bruyant et plein d'extravagance,
Un homme à grands canons est entré brusquement,
En criant : « Holà, oh! un siége promptement! »
Et, de son grand fracas surprenant l'assemblée,
Dans le plus bel endroit a la pièce troublée.
« Eh! mon Dieu! nos Français, si souvent redressés,
Ne prendront-ils jamais un air de gens sensés?
Ai-je dit, et faut-il, sur nos défauts extrêmes,
Qu'en théâtre public nous nous jouions nous-mêmes,
Et confirmions ainsi, par des éclats de fous,
Ce que chez nos voisins on dit partout de nous! »
Tandis que là-dessus je haussais les épaules,
Les acteurs ont voulu continuer leurs rôles;
Mais l'homme, pour s'asseoir, a fait nouveau fracas :
Et traversant encor le théâtre à grands pas,

Bien que dans les côtés il pût être à son aise,
Au milieu du devant il a planté sa chaise,
Et, de son large dos masquant les spectateurs,
Aux trois quarts du parterre a caché les acteurs.
Un bruit s'est élevé, dont un autre eût eu honte ;
Mais lui, ferme et constant, n'en a fait aucun compte,
Et se serait tenu comme il s'était posé,
Si, pour mon infortune, il ne m'eût avisé :
« Ah ! marquis, m'a-t-il dit, prenant près de moi place,
Comment te portes-tu ? souffre que je t'embrasse. »
Au visage sur l'heure un rouge m'est monté
Que l'on me vît connu d'un pareil éventé.
Je l'étais peu pourtant ; mais on en voit paraître
De ces gens qui de rien veulent fort vous connaître,
Dont il faut au salut les baisers essuyer,
Et qui sont familiers jusqu'à vous tutoyer.
Il m'a fait à l'abord cent questions frivoles,
Plus haut que les acteurs élevant ses paroles.
Chacun le maudissait ; et moi, pour l'arrêter :
« Je serais, ai-je dit, bien aise d'écouter.
—Tu n'as point vu ceci, marquis ? Ah ! Dieu me damne !
Je le trouve assez drôle, et je n'y suis pas âne !
Je sais par quelles lois un ouvrage est parfait,
Et Corneille me vient lire tout ce qu'il fait. »
Là-dessus, de la pièce il m'a fait un sommaire.
Scène à scène averti de ce qui s'allait faire,
Et jusques à des vers qu'il en savait par cœur,
Il me les récitait tout bas avant l'acteur.
J'avais beau m'en défendre, il a poussé sa chance,
Et s'est devers la fin levé long-temps d'avance ;
Car les gens du bel air, pour agir galamment,
Se gardent bien surtout d'ouïr le dénoûment.
Je rendais grâce au ciel, et croyais, de justice,
Qu'avec la comédie eût fini mon supplice ;

Mais, comme si c'en eût été trop bon marché,
Sur nouveaux frais mon homme à moi s'est attaché,
M'a conté ses exploits, ses vertus non communes,
Parlé de ses chevaux, de ses bonnes fortunes,
Et de ce qu'à la cour il avait de faveur,
Disant qu'à m'y servir il s'offrait de grand cœur.
Je le remerciais doucement de la tête,
Minutant à tous coups quelque retraite honnête;
Mais lui, pour le quitter me voyant ébranlé :
« Sortons, ce m'a-t-il dit, le monde est écoulé. »
Et sortis de ce lieu, me la donnant plus sèche :
« Marquis, allons au cours faire voir ma calèche;
Elle est bien entendue, et plus d'un duc et pair
En fait, à mon faiseur, faire une du même air. »
Moi de lui rendre grâce, et, pour mieux m'en défendre,
De dire que j'avais certain repas à rendre.
« Ah ! parbleu, j'en veux être, étant de tes amis,
Et manque au maréchal, à qui j'avais promis.
— De la chère, ai-je dit, la dose est trop peu forte
Pour oser y prier des gens de votre sorte.
— Non, m'a-t-il répondu, je suis sans compliment,
Et j'y vais pour causer avec toi seulement;
Je suis de grands repas fatigué, je te jure.
— Mais, si l'on vous attend, ai-je dit, c'est injure.
— Tu te moques, marquis ; nous nous connaissons tous,
Et je trouve avec toi des passe-temps plus doux. »
Je pestais contre moi, l'ame triste et confuse
Du funeste succès qu'avait eu mon excuse,
Et ne savais à quoi je devais recourir
Pour sortir d'une peine à me faire mourir,
Lorsqu'un carrosse, fait de superbe manière,
Et comblé de laquais et devant et derrière,
S'est, avec un grand bruit, devant nous arrêté;
D'où sautant un jeune homme amplement ajusté,

Mon importun et lui, courant à l'embrassade,
Ont surpris les passans de leur brusque incartade;
Et, tandis que tous deux étaient précipités
Dans les convulsions de leurs civilités,
Je me suis doucement esquivé sans rien dire,
Non sans avoir long-temps gémi d'un tel martyre,
Et maudit le fâcheux dont le zèle obstiné
M'ôtait au rendez-vous qui m'est ici donné.

MOLIÈRE.

FRAGMENTS DU MENTEUR.

GÉRONTE.

Êtes-vous gentilhomme?

DORANTE, *à part les premiers mots.*

Ah! rencontre fâcheuse!
Étant sorti de vous, la chose est peu douteuse.

GÉRONTE.

Croyez-vous qu'il suffit d'être sorti de moi?

DORANTE.

Avec toute la France aisément je le croi.

GÉRONTE.

Et ne savez-vous pas avec toute la France,
D'où ce titre d'honneur a tiré sa naissance,
Et que la vertu seule a mis en ce haut rang
Ceux qui l'ont jusqu'à moi fait passer dans leur sang?

DORANTE.

J'ignorerais un point que n'ignore personne,
Que la vertu l'acquiert, comme le sang le donne.

GÉRONTE.

Où le sang a manqué, si la vertu l'acquiert,
Où le sang l'a donné le vice aussi le perd.
Ce qui naît d'un moyen périt par son contraire;
Tout ce que l'un a fait, l'autre peut le défaire;
Et, dans la lâcheté du vice où je te voi,
Tu n'es plus gentilhomme, étant sorti de moi.

DORANTE.

Moi?

GÉRONTE.

Laisse-moi parler, toi, de qui l'imposture
Souille honteusement ce don de la nature ;
Qui se dit gentilhomme, et ment comme tu fais,
Il ment quand il le dit, et ne le fut jamais.
Est-il vice plus bas ? est-il tache plus noire,
Plus indigne d'un homme élevé pour la gloire ?
Est-il quelque faiblesse, est-il quelque action
Dont un cœur vraiment noble ait plus d'aversion,
Puisqu'un seul démenti lui porte une infamie
Qu'il ne peut effacer s'il n'expose sa vie,
Et si dedans le sang il ne lave l'affront
Qu'un si honteux outrage imprime sur son front !

DORANTE.

Qui vous dit que je mens ?

GÉRONTE.

Qui me le dit, infâme !
Dis-moi, si tu le peux, dis le nom de ta femme.
Le conte qu'hier au soir tu m'en fis publier...

CLITON, *à Dorante.*

Dites que le sommeil vous l'a fait oublier.

GÉRONTE.

Ajoute, ajoute encore avec effronterie
Le nom de ton beau-père et de sa seigneurie,
Invente à m'éblouir quelques nouveaux détours.

CLITON, *à Dorante.*

Appelez la mémoire ou l'esprit au secours,

GÉRONTE.

De quel front cependant faut-il que je confesse
Que ton effronterie a surpris ma vieillesse,
Qu'un homme de mon âge a cru légèrement
Ce qu'un homme du tien débite impudemment?
Tu me fais donc servir de fable et de risée,
Passer pour esprit faible et pour cervelle usée !
Mais, dis-moi, te portais-je à la gorge un poignard?
Voyais-tu violence ou courroux de ma part?
Si quelque aversion t'éloignait de Clarisse,
Quel besoin avais-tu d'un si lâche artifice?
Et pouvais-tu douter que mon consentement
Ne dût tout accorder à ton contentement,
Puisque mon indulgence, au dernier point venue,
Approuvait à tes yeux l'hymen d'une inconnue?
Ce grand excès d'amour que je t'ai témoigné
N'a point touché ton cœur, et ne l'a point gagné.
Ingrat, tu m'as payé d'une impudente feinte,
Et tu n'as eu pour moi respect, amour, ni crainte.
Va, je te désavoue.

DORANTE.

Eh ! mon père, écoutez...

GÉRONTE.

Quoi ? des contes en l'air et sur l'heure inventés ?

DORANTE.

Non, la vérité pure.

GÉRONTE

En est-il dans ta bouche?

CLITON, *à Dorante.*

Voici pour votre adresse une assez rude touche.

DORANTE.

Épris d'une beauté qu'à peine j'ai pu voir,
Qu'elle a pris sur mon âme un absolu pouvoir ;
De Lucrèce, en un mot... vous la pouvez connaître.

GÉRONTE.

Dis vrai : je la connais, et ceux qui l'ont fait naître ;
Son père est mon ami.

DORANTE.

              Mon cœur, en un moment,
Étant de ses regards charmé si puissamment,
Le choix que vos bontés avaient fait de Clarisse,
Sitôt que je le sus, me parut un supplice ;
Mais, comme j'ignorais si Lucrèce et son sort
Pouvait avec le vôtre avoir quelque rapport,
Je n'osai pas encor vous découvrir la flamme
Que venaient ses beautés d'allumer dans mon âme ;
Et j'avais ignoré, monsieur, jusqu'à ce jour
Que l'adresse d'esprit fût un crime en amour.
Mais, si je vous osais demander quelque grâce,
A présent que je sais et son bien et sa race,
Je vous conjurerais, par les nœuds les plus doux
Dont l'amour et le sang puissent m'unir à vous,
De seconder mes vœux auprès de cette belle ;
Obtenez-la d'un père, et je l'obtiendrai d'elle.

GÉRONTE.

Tu me fourbes encor.

DORANTE.

              Si vous ne m'en croyez,
Croyez-en pour le moins Cliton que vous voyez ;
Il sait tout mon secret.

GÉRONTE.

Tu ne meurs point de honte,
Qu'il faille que de lui je fasse plus de compte,
Et que ton père même, en doute de ta foi,
Donne plus de croyance à ton valet qu'à toi !
Ecoute : je suis bon, et, malgré ma colère,
Je veux encore un coup montrer un cœur de père ;
Je veux encore un coup pour toi me hasarder.
Je connais ta Lucrèce, et la vais demander ;
Mais si de ton côté le moindre obstacle arrive...

DORANTE.

Pour vous mieux assurer, souffrez que je vous suive.

GÉRONTE.

Demeure ici, demeure, et ne suis point mes pas ;
Je doute, je hasarde, et je ne te crois pas.
Mais sache que tantôt si pour cette Lucrèce
Tu fais la moindre fourbe ou la moindre finesse,
Tu peux bien fuir mes yeux et ne me voir jamais ;
Autrement, souviens-toi du serment que je fais :
Je jure les rayons du jour qui nous éclaire
Que tu ne mourras point que de la main d'un père,
Et que ton sang indigne, à mes pieds répandu,
Rendra prompte justice à mon honneur perdu.

CORNEILLE.

FRAGMENTS DU JOUEUR.

HECTOR, *à part.*

Le voici : ses malheurs sur son front sont écrits ;
Il a tout le visage et l'air d'un premier pris.

VALÈRE.

Non, l'enfer en courroux et toutes ses furies
N'ont jamais exercé de telles barbaries.
Je te loue, ô destin, de tes coups redoublés.
Je n'ai plus rien à perdre, et tes vœux sont comblés!
Pour assouvir encor la fureur qui t'anime,
Tu ne peux rien sur moi ; cherche une autre victime[1].

HECTOR, *à part*.

Il est sec.

VALÈRE.

De serpens mon cœur est dévoré.
Tout semble en un moment contre moi conjuré.
Parle. As-tu jamais vu le sort et son caprice
Accabler un mortel avec plus d'injustice,
Le mieux assassiner ? Perdre tous les paris ;
Vingt fois le coupe-gorge, et toujours premier pris !
Réponds-moi donc, bourreau !

HECTOR.

Mais ce n'est pas ma faute.

VALÈRE.

As-tu vu, de tes jours, trahison aussi haute?
Sort cruel, ta malice a bien su triompher,
Et tu ne me flattais que pour mieux m'étouffer !
Dans l'état où je suis, je puis tout entreprendre ;
Confus, désespéré, je suis prêt à me pendre.

HECTOR.

Heureusement pour vous, vous n'avez pas un sou

---

[1] Ces vers et ceux qui précèdent ont l'air d'une parodie du début des fureurs d'Oreste, dans la pièce d'*Andromaque*.

Dont vous puissiez, monsieur, acheter un licou...
Voudriez-vous souper ?

VALERE.

Que la foudre t'écrase !
Ah ! charmante Angélique, en l'ardeur qui m'embrase,
A vos seules bontés je veux avoir recours.
Je n'aimerai que vous ; m'aimerez-vous toujours ?
Mon cœur, dans les transports de sa fureur extrême
N'est point si malheureux, puisqu'enfin il vous aime.

HECTOR, *à part*.

Notre bourse est à fond, et par un sort nouveau,
Notre amour recommence à revenir sur l'eau.

VALÈRE.

Calmons le désespoir où la fureur me livre.
Approche ce fauteuil.
Hector approche un fauteuil.

VALÈRE, *assis*.

Va me chercher un livre.

HECTOR.

Quel livre voulez-vous lire en votre chagrin ?

VALÈRE.

Celui qui te viendra le premier sous la main ;
Il m'importe peu : prends dans ma bibliothèque.

HECTOR *sort, et rentre tenant un livre*.

Voilà Sénèque.

VALÈRE.

Lis.

HECTOR.

Que je lise Sénèque?

VALÈRE.

Oui. Ne sais-tu pas lire?

HECTOR.

Eh! vous n'y pensez pas,
Je n'ai lu de mes jours que dans des almanachs.

VALÈRE.

Ouvre, et lis au hasard.

HECTOR.

Je vais le mettre en pièces.

VALÈRE.

Lis donc.

HECTOR *lit.*

« CHAPITRE SIX. *Du mépris des richesses.*
La fortune offre aux yeux des brillans mensongers ;
Tous les biens d'ici-bas sont faux et passagers,
Leur possession trouble, et leur perte est légère :
Le sage gagne assez quand il peut s'en défaire. »
Lorsque Sénèque fit ce chapitre éloquent,
Il avait, comme vous, perdu tout son argent.

VALÈRE, *se levant.*

Vingt fois le premier pris! Dans mon cœur il s'élève
Des mouvemens de rage. Allons, poursuis, achève.

HECTOR.

« L'or est comme une femme : on n'y saurait toucher
Que le cœur, par amour, ne s'y laisse attacher.
L'un et l'autre, en ce temps, sitôt qu'on les manie,

Sont deux grands rémoras pour la philosophie. »
N'ayant plus de maîtresse, et n'ayant pas un sou,
Nous philosopherons maintenant tout le saoul.

VALÈRE.

De mon sort désormais vous serez seule arbitre,
Adorable Angélique.. Achève ton chapitre.

HECTOR.

« Que faut-il?.. »

VALÈRE.

Je bénis le sort et ses revers,
Puisqu'un heureux malheur me rengage en vos fers.
Finis donc.

HECTOR.

« Que faut-il à la nature humaine?
Moins on a de richesse, et moins on a de peine :
C'est posséder les biens que savoir s'en passer. »
Que ce mot est bien dit, et que c'est bien penser!
Ce Sénèque, monsieur, est un excellent homme.
Etait-il de Paris?

VALÈRE.

Non, il était de Rome.
Dix fois à carte triple être pris le premier!

HECTOR.

Ah! monsieur, nous mourrons un jour sur un fumier.

VALÈRE.

Il faut que de mes maux enfin je me délivre;
J'ai cent moyens tout prêts pour m'empêcher de vivre :
La rivière, le feu, le poison et le fer.

HECTOR.

Si vous vouliez, monsieur, chanter un petit air ;
Votre maître à chanter est ici : la musique
Peut-être calmerait cette humeur frénétique.

VALÈRE.

Que je chante !

HECTOR.

Monsieur !...

VALÈRE.

    Que je chante, bourreau !
Je veux me poignarder : la vie est un fardeau
Qui pour moi désormais devient insupportable.

HECTOR.

Vous la trouviez pourtant tantôt bien agréable.
« Qu'un joueur est heureux ! sa poche est un trésor ;
Sous ses heureuses mains le cuivre devient or, »
Disiez-vous.

VALÈRE.

Ah ! je sens redoubler ma colère.

REGNARD.

FRAGMENT DES DEUX GENDRES.

DERVIÈRE.

Ah ! monsieur, permettez que je vous félicite ;
Je vois qu'on sait encore honorer le mérite :
Vous voilà donc ministre !

DALAINVILLE.

      Ah ! bon Dieu, quelle erreur !
Je suis loin de prétendre à cet excès d'honneur ;
D'en soutenir le poids je me sens incapable.

DERVIÈRE.

On ne pouvait pas faire un choix plus honorable ;
Je ne vous flatte point : malgré nos différends,
On m'a toujours vu rendre hommage à vos talents.

DALAINVILLE.

Quoi ! je serais nommé ?

DERVIÈRE.

      Mais le fait est notoire ;
C'est un bruit général, et vous devez y croire.

DALAINVILLE.

Jusqu'ici cependant je ne l'ai pas appris.

DERVIÈRE.

Vous seul assurément l'ignorez dans Paris.
Bientôt vous allez voir cette foule importune
Qui s'attache toujours au char de la fortune.
J'arrive le premier, mais guidé par mon cœur ;
Je ne demande ici ni place ni faveur :
Je viens pour vous parler de la classe indigente ;
Daignez la protéger de votre main puissante ;
Vous sentirez un jour que cet objet sacré
Est digne des regards d'un ministre éclairé.

DALAINVILLE.

Si j'occupe en effet cette place éminente,
Je servirai d'abord l'humanité souffrante :
C'est de l'homme public le plus noble devoir.

DERVIÈRE.

Sans doute. Si jamais j'ai le moindre pouvoir...
Que dis-je ? le pouvoir ne saurait me séduire ;
Et j'ai mal exprimé ce que je voulais dire :
Satisfait de mon sort, je ne désire rien ;
Je mets tout mon bonheur à faire un peu de bien.

DALAINVILLE.

Aujourd'hui cependant on parlait de finances,
Et chacun a beaucoup vanté vos connaissances ;
On a même pensé, pour le bien de l'état,
Qu'il faudrait vous charger de ce soin délicat ;
Mais d'un mot vous sentez que je les ai fait taire.

DERVIÈRE.

Comment donc ?

DALAINVILLE.

La réponse était facile à faire :
J'ai dit que vous seriez honoré d'un tel choix,
Mais que vous refusiez toute espèce d'emplois.

DERVIÈRE.

Vous avez eu grand tort.

DALAINVILLE.

Comment !

DERVIÈRE.

Je le répète,
J'aime à vivre ignoré, je chéris la retraite ;
Mais lorsque le public veut bien me désigner,
Je sais que mon devoir est de me résigner.
Tout homme vertueux se doit à sa patrie,
Et c'est avec plaisir que je me sacrifie.

DALAINVILLE.

Eh ! que ne parliez-vous ? Fort bien ; je vous entends.

DERVIÈRE.

Vous avez contre moi donné prise aux méchans.
Mon humeur, en effet, n'est que trop légitime ;
Bientôt de mon refus on va me faire un crime :
Peut-être a-t-on déjà disposé de l'emploi :
Cela serait fâcheux.

DALAINVILLE.

Reposez-vous sur moi ;
Vous obtiendrez la place.

DERVIÈRE.

Elle va m'être chère,
Car je l'exercerai sous votre ministère.
Dans des cas importans, si je viens à douter,
Permettez qu'aussitôt j'aille vous consulter :
J'aurai souvent besoin de votre expérience.

DALAINVILLE.

Oui, vous serez toujours sûr de mon assistance.
A part.
Je ne puis pas souffrir cet air bas et flatteur.

DERVIÈRE, *à part*.

Je ne saurais me faire à ce ton protecteur.
Haut.
L'intérêt général aujourd'hui nous rassemble :
Nos deux noms quelque jour seront bénis ensemble.

ETIENNE.

POÈMES DIALOGUÉS.

POÈMES DIALOGUÉS.

LA PANHYPOCRISIADE.

(Chant cinquième.)

AGATHÉMI, DAVE, UN PÊCHEUR.

AGATHÉMI.
Pourquoi ce nom de Dave et ce mince équipage?
DAVE.
Pour déguiser mon rang et mon secret message,
Je m'en vais de ma cour transmettre les rapports
Au noble André Dorie, amiral dans ces ports.
AGATHÉMI.
Vous volez donc toujours en oiseau diplomate?
DAVE.
Et toi, toujours en paix, tu rêves en Socrate:
Je naquis agissant : trop heureux mon métier,
S'il m'acquiert la faveur du grand François premier.
AGATHÉMI.
De complaire à ses rois l'homme eut toujours l'envie,
L'amour de s'élever qui consume sa vie
Est sans cesse attisé par les regards jaloux

Qu'il porte sur les grands, non moins petits que nous
Moi, jugeant la valeur sous les vaines surfaces,
Je mesure leur taille et non pas leurs échasses ;
Et pour n'être ébloui ni des titres d'honneur,
Ni par l'éclat de l'or, ni par un faux bonheur,
J'ai toujours des humains regardé le visage ;
Et mon seul maître est Dieu, qui règne d'âge en âge.

DAVE.

Je confesse avec vous qu'il est le roi des rois,
Si j'en juge au destin du malheureux Valois.

AGATHÉMI.

Le bruit de son désastre a percé ma montagne.

DAVE.

Lannoy, dans ce moment, le conduit en Espagne.
Aux pieds de son vainqueur il se laisse attirer
Pour sortir de ses fers que l'on va resserrer.
Si l'on m'eût écouté, certes, la Ligurie
Le garderait encor aux vœux de sa patrie.
Songeant à réparer ses crimes envers lui,
Bourbon fût devenu son invincible appui ;
Et déjà, de son prince achetant la clémence,
Il voulait à Milan rétablir sa puissance.
Pesquaire, qui dans Naples eût pu se couronner,
Mécontent de la cour, jaloux de dominer,
Oubliait de Bourbon les rivalités vaines,
Et du roi, leur espoir, tous deux brisaient les chaînes.
Quand Lannoy, plus rusé (peignez-vous leur fureur),
Leur enlevant leur proie, a fui chez l'empereur.

AGATHÉMI.

Ah ! prince infortuné, que la brigue environne !
On se vend ta faveur, et même ta personne.
Qui croirait qu'un monarque ait ce honteux destin,
De se voir disputé, ravi comme un butin ?

DAVE.

Qu'entends-je sur les flots?

AGATHÉMI.

Un pêcheur qui soupire.

LE PÊCHEUR, à lui-même.

Le souffle de la nuit veut que je me retire.
Ah! cessons d'amorcer tous nos vains hameçons,
Et levons mon filet vide encor de poissons.
Les eaux grondent... ployons ma voile misérable!
Je jette avec ennui mon ancre sur le sable.
Mes enfans chercheront, hélas! à mon retour,
Le produit de ma pêche, attendu chaque jour...
Perfide mer! avant que le soleil arrive,
Je viens sonder ton lit et côtoyer ta rive;
Sur ton sein immobile, et pur comme un miroir,
Je fixe mon esquif, mon œil et mon espoir.
Voici l'ombre; ton calme a trompé mon attente.
Eh bien! que cette nuit l'orage te tourmente,
Mer fatale aux pêcheurs, dangereuse aux nochers,
Plains-toi, rugis, aboie, hurle sous tes rochers,
Capricieuse, avare, infidèle, traîtresse!

DAVE.

Ecoutez les clameurs qu'à la mer il adresse.
Le pauvre est sans raison quand il est courroucé.

AGATHÉMI.

L'opulent roi Xercès était-il plus sensé,
Quand il fouetta l'Euxin à ses flottes rebelle?
L'homme est partout semblable et faible de cervelle.
Holà, pêcheur! ce soir tu grondes en tes dents.

LE PÊCHEUR.

Hélas! comment nourrir mes trois pauvres enfans?
Mes filets aujourd'hui n'ont fait nulle capture...
J'ai bien maudit la mer depuis mon aventure.

25.

En songe, l'autre nuit, Jésus vint brillant d'or,
M'avertir que sur l'eau flottait un gros trésor :
Je cours, et du matin je devance l'étoile ;
Rien sur l'eau, rien au bord ; mais, auprès de leur voile,
Étaient deux compagnons dans leur barque assoupis.
Ils s'éveillent ; du ciel je leur conte l'avis,
« Voguons, me dirent-ils, nous aurons chance heureuse, »
Notre pêche bientôt fut si miraculeuse,
Qu'ayant fait de poissons un troupeau prisonnier,
Nous nommions le plus gros notre François premier.
Vous riez... Il était beau, doré, grand de taille ;
C'était un roi des flots tout cuirassé d'écaille.
Nous bénissions le sort, contens de l'avoir pris :
Avec moi l'un des deux en disputait le prix ;
Il me suit chez le juge ; et, pour clore l'affaire,
L'autre, qui le gardait, nous l'enlève en corsaire.

AGATHÉMI.

Seigneur, qu'en dites-vous ? C'est ainsi qu'un grand roi
A Pesquaire, à Bourbon, fut ravi par Lannoy.
Les petits et les grands ont les mêmes querelles ;
Tous ont l'amour du gain et des ruses cruelles.

Au pêcheur.

Tiens, prends ce peu d'argent, bonhomme.

LE PÊCHEUR.

Grand merci.

AGATHÉMI.

L'entendez-vous qui siffle et marche sans souci ?
Au moins dans son état peu de chose console.

DAVE.

La paix de la chaumière est une triste idole ;
Je ne vis qu'à la cour.

AGATHÉMI.

Moi, je respire aux champs !

DAVE.

J'escorte les seigneurs.

AGATHÉMI.

J'évite les méchants.

DAVE.

J'apprends l'art de régner.

AGATHÉMI.

Moi, l'industrie agreste.

DAVE.

Je vois des lambris d'or.

AGATHÉMI.

Et moi, l'azur céleste.

DAVE.

J'ai de pompeux banquets.

AGATHÉMI.

Moi, de prompts appétits.

DAVE.

J'ai la faveur des grands.

AGATHÉMI.

J'ai l'amour des petits.

DAVE.

J'éblouis par mon faste et soumets Vénus même.

AGATHÉMI.

Moi, quand on m'aime un peu, c'est pour moi seul qu'on m'aime.

DAVE.

Je marche décoré.

AGATHÉMI.

Moi, sans vain appareil.

DAVE.

Je vois lever le roi.

AGATHÉMI.

Moi, lever le soleil.

DAVE.

Mes pieds foulent la pourpre.

AGATHÉMI.

Et les miens, la verdure.

DAVE.

Je parle au souverain.

AGATHÉMI.

J'écoute la nature.

DAVE.

J'entends les bruits publics, j'admire les héros.

AGATHÉMI.

J'entends murmurer l'onde, et vois s'enfler les flots.

DAVE.

Tu t'endors sans honneur au sein de la paresse.

AGATHÉMI.

Je veille à conserver une libre sagesse.

DAVE.

Dédaignes-tu la gloire où je suis parvenu?

AGATHÉMI.

Qui de nous, dans mille ans, sera le plus connu?

DAVE.

Tu n'es jaloux de rien !... Comment es-tu si sage?

AGATHÉMI.

En regardant toujours les hommes au visage.

DAVE.

Adieu ! je m'en vais lire au front des souverains.

AGATHÉMI.

Adieu ! moi, je vais lire au front des cieux sereins.

N. LEMERCIER.

SCÈNE DE CROMWELL.

CROMWELL, apercevant lady Francis qui entre.

Ah ! Francis !... on dirait qu'à mes maux attentive,
Rayonnante, elle vient charmer mes noirs ennuis,
Comme un jeune astre, éclos dans les profondes nuits !
Viens, ma fille !—Toujours, ange à figure humaine,
Près de moi quand je souffre un instinct te ramène.
Je suis toujours heureux lorsque je te revois.
Ton œil vif et brillant, ta pure et douce voix
Ont un charme pour moi, qui me rend ma jeunesse;
Viens, enfant ! que ton père à tes côtés renaisse !
Toi seule ici du monde ignores les noirceurs.
Embrasse-moi.— Je t'aime avant toutes tes sœurs.

LADY FRANCIS, l'embrassant d'un air de joie.

De grâce, dites-moi : serait-il vrai, mon père ?
Vous relevez le trône ?

CROMWELL.

On le dit.

LADY FRANCIS.

Jour prospère !
L'Angleterre, mylord, vous devra son bonheur.

CROMWELL.

Ce fut toujours mon but.

LADY FRANCIS.

Ah ! mon père et seigneur,
Que votre bonne sœur, mylord, sera contente !
Nous allons donc revoir, après huit ans d'attente,
Notre Charles Stuart !

CROMWELL, étonné.

Quoi ?

LADY FRANCIS.

Que vous êtes bon !

CROMWELL.

Ce n'est pas un Stuart.

LADY FRANCIS, surprise.

Quoi donc? Est-ce un Bourbon ?
Mais ils n'ont pas de droit au trône d'Angleterre.

CROMWELL.

Je le pense de même.

LADY FRANCIS.

Au sceptre héréditaire
Qui donc ose toucher ?

CROMWELL, à part.

Que répondre en effet ?
Mon nom me pèse à dire et me semble un forfait.

Haut.

Ma Francis, d'autres temps veulent une autre race.
N'auriez-vous pu penser pour remplir cette place...?

LADY FRANCIS.

A qui donc ?

CROMWELL, avec douceur.

Par exemple, — à ton père ? à Cromwell ?

LADY FRANCIS, vivement.

Si je l'avais pensé, me punisse le ciel !

CROMWELL, à part.

Hélas !

LADY FRANCIS.

Mon père ! moi, vous faire cette injure !
Vous croire usurpateur, sacrilége, parjure !

CROMWELL.

Ma fille !... vous jugez trop bien de ma vertu.

LADY FRANCIS.

D'un pouvoir passager vous êtes revêtu ;
C'est un malheur des temps, dont vous souffrez vous-même ;
Mais vous du roi-martyr prendre le diadème !

Vous joindre à ses bourreaux ! régner par son trépas !
Ah !...—

CROMWELL.

Sais-tu qui causa sa mort ?

LADY FRANCIS.

Je ne sais pas.
Toute jeune, élevée en une solitude,
J'ai souffert de nos maux, sans en faire une étude.

CROMWELL.

On ne te lut jamais, dans le procès du roi,
La liste de la cour... des juges... de ceux... ?

LADY FRANCIS.

Quoi !
Des régicides ?

CROMWELL.

Oui, Francis... des régicides !

LADY FRANCIS.

Personne ne m'a dit quels étaient ces perfides.
Je maudissais leur crime, et j'ignorais leurs noms :
On ne parlait point d'eux aux lieux d'où nous venons.

CROMWELL.

Ma sœur ne vous parlait jamais de moi ?

LADY FRANCIS.

Mon père !
Qui dit cela ? j'appris à vous aimer...

CROMWELL.

J'espère...
Oui.—Mais tu hais donc bien ces sujets si hardis
Qui condamnèrent Charle ?...

LADY FRANCIS.

Ah ! qu'ils soient tous maudits !

CROMWELL.

Tous ?

LADY FRANCIS.

Oui, tous !

CROMWELL, à part.

Quoi, frappé dans ma propre famille !
Trahi par mon fils même, et maudit par ma fille !
LADY FRANCIS.
Que chacun d'eux ressemble à Caïn, le banni !
CROMWELL, à part.
Implacable innocence ! — On me croit impuni !
Ma fille la plus chère et la dernière née
Semble une conscience à mes pas acharnée.
La candeur d'un enfant, son œil naïf, sa voix,
Font trembler ce Cromwell, l'épouvante des rois !
Devant sa pureté toute ma force expire.
Dois-je persévérer ? — Dois-je saisir l'empire ?
Prosterné sous le trône où je serais assis,
Le monde se tairait : — mais que dirait Francis ?
Que dirait son regard, doux comme sa parole,
Et qui m'enchante encore alors qu'il me désole ?
Chère enfant ! que son cœur saurait avec effroi
Que je suis régicide, et que j'ose être roi !
Dans sa province obscure il faut qu'on la renvoie.
Au but de mon destin sacrifions ma joie,
Privons mes derniers ans de ses soins que j'aimais.
N'attristons pas surtout, ne détrompons jamais
Le seul être qui m'aime encor, sans ma puissance,
Et dans le monde entier croie à mon innocence !
Ange heureux ! que mon sort ne touche pas au sien !
Il le faut : soyons roi, sans qu'elle en sache rien.
Haut à Francis.
Conserve ce cœur pur ! je t'aime ainsi, ma fille !

Il sort.

LADY FRANCIS, le suivant du regard.
Qu'a-t-il ? C'est dans ses yeux une larme qui brille !
Bon père ! il m'aime tant !

VICTOR HUGO.

FIN.

LE SACRIFICE DES PETITS ENFANTS.

IDYLLE.

MIRTIL ET CHLOÉ.

Le tendre enfant Mirtil, au lever de l'aurore,
    Vit la plus jeune de ses sœurs
Tristement occupée à rassembler des fleurs.
En les réunissant, Chloé mêlait ses pleurs
Aux larmes du matin qui les baignaient encore.
Elle laissa couler deux ruisseaux de ses yeux,
    Sitôt qu'elle aperçut son frère.

CHLOÉ.

Hélas ! Mirtil, bientôt nous n'aurons plus de père !
    Que notre sort est douloureux !

MIRTIL.

Ah ! s'il allait mourir, ce père qui nous aime !
    Ma sœur, il est si vertueux !
    Il a tant d'amour pour les dieux !

CHLOÉ.

Oui, Mirtil, et les dieux devraient l'aimer de même.

MIRTIL.

O ma sœur, comme ici tout me paraît changer !
Comme tous les objets semblent dans la tristesse !
    En vain mon agneau me caresse ;
    Depuis cinq jours je le délaisse,
Et c'est une autre main qui lui donne à manger.
Vainement mon ramier s'approche de ma bouche ;
De mes plus belles fleurs je n'ai point de souci ;
Enfin, ce que j'aimais n'a plus rien qui me touche :
Mon père, si tu meurs, je veux mourir aussi.

CHLOÉ.

Hélas ! il t'en souvient, mon frère !
Cinq jours bien longs se sont passés

Depuis que, sur son sein nous tenant embrassés,
Il se mit à pleurer..

MIRTIL.

Oui, Chloé. Ce bon père !
Comme il devint pâle et tremblant !
« Mes enfans, disait-il, je suis bien chancelant :
» Laissez-moi... Je succombe au mal qui me tourmente. »
Il se traîna jusqu'à son lit.
Depuis ce temps il s'affaiblit,
Et tous les jours son mal augmente.

CHLOÉ.

Écoute quel est mon dessein :
Si tu me vois de grand matin
Occupée à cette guirlande,
C'est qu'au dieu des bergers j'en veux faire une offrande.
Notre mère nous dit toujours
Que les dieux sont cléments, qu'ils prêtent leur secours
Aux simples vœux de l'innocence ;
Moi, je veux du dieu Pan implorer la clémence.
Et vois-tu cet oiseau, mon unique trésor ?
Eh bien ! je veux au dieu le présenter encor.

MIRTIL.

O ma sœur ! attends-moi, je n'ai qu'un pas à faire :
De mes fruits les plus beaux j'ai rempli mon panier ;
Je vais l'aller chercher ; et, pour sauver mon père,
Je veux y joindre mon ramier.

Ces mots finis, il court, va saisir sa richesse,
Et sous un poids si doux il revole à l'instant :
Il souriait en le portant,
Tour à tour agité d'espoir et de tristesse.
Les voilà tous deux en chemin
Pour arriver au pied de la statue.
Elle se présentait sur un coteau voisin

Que des pins ombrageaient de leur cime touffue.
Là, s'étant prosternés devant le dieu des champs,
Ils élèvent vers lui leurs timides accents.

CHLOÉ.

Daigne, ô dieu des bergers, agréer mon offrande,
Et laisse-toi toucher aux pleurs que je répands !
    Tu vois, je n'ai qu'une guirlande ;
    A tes genoux je la suspends :
J'en ornerais ton front, si j'étais assez grande.
O dieu ! rends notre père à ses pauvres enfants.

MIRTIL.

Conserve ce bon père, ô dieu ! sois-nous propice.
Voilà mes plus beaux fruits, que j'ai cueillis pour toi !
Si mon plus beau chevreau n'était plus fort que moi,
    J'en aurais fait le sacrifice.
Quand je serai plus grand, j'en immolerai deux,
Si tu vois en pitié deux enfants malheureux.

CHLOÉ.

Nous partageons les maux que notre père endure.
Quel don peut te fléchir?... Tiens, voilà mon oiseau !
C'est pourtant tout mon bien, ô Pan, je te le jure.
Vois, il vient dans ma main chercher sa nourriture,
Et je veux que ma main lui serve de tombeau.

MIRTIL.

O Pan ! que faut-il pour te plaire?
Regarde mon ramier, je le vais appeler.
    Veux-tu sa vie? elle m'est chère :
    Mais, pour que tu sauves mon père,
Je vais... oui, dieu puissant, je vais te l'immoler.
    Et leurs petites mains tremblantes
Saisissaient des oiseaux les ailes frémissantes.
Déjà, glacés de crainte, ils détournaient les yeux,
    Pour commencer leurs sacrifices.
Mais une voix s'élève : « Enfants trop généreux !

» Arrêtez ! L'innocence intéresse les dieux.
» Gardez-vous d'immoler ce qui fait vos délices !
   » Je rends votre père à vos vœux. »
Leur père fut sauvé. Ce jour même avec eux
Il alla du dieu Pan bénir la bienfaisance :
Il passa de longs jours au sein de l'abondance,
Et vit naître les fils de ses petits-neveux.
Léonard.

CHARLOTEMBOURG,

OU LE TOMBEAU DE LA REINE DE PRUSSE.

(Berlin 1821.)

LE VOYAGEUR.

Sous les hauts pins qui protégent ces sources,
Gardien, dis-moi quel est ce monument nouveau ?

LE GARDIEN.

Un jour, il deviendra le terme de tes courses :
   O voyageur ! c'est un tombeau.

LE VOYAGEUR.

Qui repose en ces lieux ?

LE GARDIEN.

   Un objet plein de charmes.

LE VOYAGEUR.

Qu'on aima ?

LE GARDIEN.

   Qui fut adoré.

LE VOYAGEUR.

Ouvre-moi.

LE GARDIEN.

   Si tu crains les larmes,
N'entre pas.

LE VOYAGEUR.
J'ai souvent pleuré.

Le voyageur et le gardien entrent.

LE VOYAGEUR.
De la Grèce ou de l'Italie,
On a ravi ce marbre à la pompe des morts.
Quel tombeau l'a cédé pour enchanter ces bords?
Est-ce Antigone ou Cornélie?

LE GARDIEN.
La beauté dont l'image excite tes transports
Parmi nos bois passa sa vie.

LE VOYAGEUR.
Qui pour elle à ces murs de marbre revêtus,
A suspendu ces couronnes fanées?

LE GARDIEN.
Les beaux enfans dont ses vertus
Ici-bas furent couronnées.

LE VOYAGEUR.
On vient!

LE GARDIEN.
C'est un époux; il porte ici ses pas
Pour nourrir en secret un souvenir funeste.

LE VOYAGEUR.
Il a donc tout perdu?

LE GARDIEN.
Non : un trône lui reste.

LE VOYAGEUR.
Un trône ne console pas!

CHATEAUBRIAND.

TABLE

DES MATIÈRES CONTENUES DANS CE VOLUME

Lettre à une jeune amie.................................... 1

POÉSIE LYRIQUE.

ÉPÎTRES, SATIRES, ÉLÉGIES, IDYLLES.

P. Corneille.	Remerciement au cardinal Mazarin,	3
Boileau.	Epître à Racine.	6
Id.	A Louis XIV,	9
Mme Deshoulières.	A ses enfants,	11
La Fontaine.	Elégie aux Nimphes de Vaux,	14
Gresset.	Ma Chartreuse,	16
Ducis.	Le ménage des deux Corneille,	26
Id.	A mon petit logis,	32
Voltaire.	Le lac de Genève,	32
Gilbert.	Le dix-huitième siècle,	35
M. J. Chénier.	La promenade (*élégie*),	42
Pyrny.	Epitaphe d'une jeune fille,	46
Millevoye.	La chute des feuilles,	47
Mme D. Valmore.	Le rossignol aveugle,	48
Id.	L'exilée,	51
Mme Dufrénoy.	Plaintes d'une jeune Israélite,	52
Mlle Félicie d'Ayzac.	Le nid,	54
Alex. Soumet.	La pauvre fille,	56
Casimir Delavigne.	La mort de Jeanne-d'Arc,	58
C. A. de Montesquieu.	Adieux à un ruisseau.	61
L'auteur de Marie.	Fragment,	62
Dovalle.	Le Convoi d'un enfant,	62
Soumet.	La pauvre fille,	64
Al. Guiraud.	La Sœur Grise,	65

STANCES, ODES, CHANSONS, HYMNES.

Racan.	Les plaisirs de la solitude,	71
Chaulieu.	Les louanges de la vie champêtre,	74
Justin Maurice.	Simple vie,	76
Berquin.	Le nid de fauvettes,	78
André Chénier.	Versailles,	79
Id.	Iambes,	80
Id.	La jeune captive,	81
Alex. Dumas.	Le sylphe,	83

Mme Janvier.	La vieille fille,	84
Mme Mennessier-Nodier.	A une jeune fille,	87
Mlle Elisa Mercœur.	La feuille flétrie,	88
Mme A. Tastu.	Les feuilles de saule,	89
Mme E. de Girardin (Delphine Gay).	Le petit frère,	91
Mlle Élise Moreau.	Bonne fille et bonne mère,	93
Mme Anaïs Segalas.	L'enfant et le vieillard,	95
Mme D. Valmore.	L'oreiller d'une petite fille,	96
Mme Guinard.	A Noémi, chant d'une mère	97
Mme Victoire Babois.	Le saule des regrets,	100
Sainte-Beuve.	Sonnet, imité de Wordsworth,	101
Chateaubriand	Le montagnard émigré,	102
Béranger.	Les hirondelles,	103
Id.	L'ange exilé,	105
Victor Hugo.	L'enfant,	106
Id.	Moïse sauvé des eaux,	108
Malherbe	A un père sur la mort de sa fille,	111
Id.	Paraphrase du psaume CXLV,	112
J. B. Rousseau.	Ode tirée du cantique d'Ézéchias,	113
Gilbert.	Derniers momens d'un jeune poète,	116
Lamartine.	Le crucifix,	117
Mme A. Tastu.	La veille de Noël,	120
Lamartine.	Hymne de l'enfant à son réveil,	123
Victor Hugo.	La prière pour tous,	125
Racine.	Hymnes traduites du bréviaire,	131
Id.	Cantiques spirituels.	142

POÉSIE ÉPIQUE.

FRAGMENS ÉPIQUES. — RÉCITS POÉTIQUES.

Chapelain.	Fragments de la Pucelle,	153
Id.	Jeanne d'Arc à Charles VII.	156
Lemoine.	Fragments de S. Louis,	157
Brébeuf.	— de la Pharsale,	161
Boileau.	— du Lutrin,	163
Voltaire.	— de la Henriade,	169
Corneille.	Combat de Rodrigue contre les Maures,	172
Raynouard.	La mort des Templiers,	174
Barthélemy et Méry.	Une nuit au désert (*Napoléon en Égypte*),	175
Id.		
Lamartine.	Instructions du curé aux petits enfans,	
Id.	Fragment de (*Jocelyn*),	178
Id.	Le chien (*Jocelyn*),	183
La Fontaine.	Philémon et Baucis,	185

LA FONTAINE.	Le paysan du Danube,	190
ANDRÉ CHÉNIER.	Le mendiant,	193
AL. GUIRAUD.	Le petit Savoyard,	203
L'AUTEUR DE MARIE.	Le pont Kerlo,	208

POÈMES DIDACTIQUES ET DESCRIPTIFS.

RACINE (fils).	Dieu révélé par la nature,	213
S. LAMBERT.	L'orage,	217
RACINE (fils).	Les miracles de Jésus-Christ,	219
CHÊNEDOLLÉ.	La gelée d'avril,	220
DELILLE.	Les Catacombes de Rome,	224
Id.	Le coin du feu,	227
MICHAUD.	Les fleurs,	229
COLARDEAU.	La ville et les champs,	230
D. FONTANES.	La bible,	231
LEBRUN.	La liberté,	233
MILLEVOYE.	L'amour maternel,	235
J. DE RESSÉGUIER.	La mort d'une fille de village,	238
AIMÉ MARTIN.	Le chevalier,	239
Mlle DELPHINE GAY.	La chapelle de S.-Edmond,	240

CONTES.

ANDRIEUX.	Le meunier Sans-Souci	243
Id.	Socrate et Glaucon,	246
Mme D. VALMORE.	L'écolier,	248
Id.	Conte d'enfant,	250

FABLES ET ALLÉGORIES.

LA FONTAINE.	Le loup et l'agneau,	257
Id.	L'enfant et le maître d'école,	258
Id.	Le meunier, son fils et l'âne,	259
Id.	Le chêne et le roseau,	261
Id.	Le laboureur et ses enfans,	262
Id.	La laitière et le pot au lait,	263
Id.	Le vieillard et les trois jeunes hommes,	264
Id.	Les deux pigeons,	265
Id.	Les animaux malades de la peste,	267
Id.	Le coche et la mouche,	269
Id.	Le rat retiré du monde	270
FLORIAN.	L'aveugle et le paralytique,	271
Id.	La brebis et le chien,	273
Id.	Le grillon,	273
Id.	Le danseur de corde et le balancier,	274

458   TABLE

Florian.	L'âne et la flûte,	275
Id.	La mère, l'enfant et les sarigues,	276
Id.	Le lapin et la sarcelle,	277
Lamotte.	La montre et le cadran solaire,	280
Arnault.	Le chêne et les buissons,	281
Id.	Les dés pipés,	284
Id.	Le colimaçon,	286
Lebrun.	Le cèdre du Liban,	286
Perrault.	Portrait de l'amitié,	287
Arnault.	La feuille,	288
Florian.	Le voyage,	288

POÉSIE DRAMATIQUE.

TRAGÉDIE.

P. Corneille.	Scènes d'Horace,	291
Id.	Scène de Polyeucte,	299
Rotrou.	Fragment de Venceslas,	304
Racine.	Scènes d'Athalie,	309
Id.	Scènes d'Esther,	343
Id.	Scène d'Iphigénie,	363
Voltaire.	Scène de Zaïre,	364
Id.	Scène de Mérope,	366
Ducis.	Scène d'OEdipe à Colonne,	376
Lemercier.	Scène d'Agamemnon,	385
Delavigne.	Scènes du Paria,	391

COMÉDIE.

Molière.	Scènes du Misanthrope,	401
Id.	des Fâcheux,	420
Corneille.	Scène du Menteur,	424
Regnard.	Scène du Joueur,	428
Etienne.	Scène des deux Gendres,	433

POEMES DIALOGUÉS.

Lemercier.	La Panhypocrisiade (chant 5e).	439
Victor Hugo.	Scène de Cromwel,	445
Léonard.	Le Sacrifice des petits enfans,	449
Chateaubriand.	Charlotembourg.	452

FIN.

www.ingramcontent.com/pod-product-compliance
Lightning Source LLC
Chambersburg PA
CBHW072108220426
43664CB00013B/2039